AS ÚLTIMAS TESTEMUNHAS

SVETLANA ALEKSIÉVITCH

As últimas testemunhas

Crianças na Segunda Guerra Mundial

Tradução do russo
Cecília Rosas

3ª reimpressão

PRÊMIO NOBEL
COMPANHIA DAS LETRAS

Grafia atualizada segundo o Acordo Ortográfico da Língua Portuguesa de 1990, que entrou em vigor no Brasil em 2009.

Título original
Последние свидетели

Capa
Daniel Trench

Foto de capa
The Montifraulo Collection/ Getty Images

Preparação
Paula Colonelli

Revisão
Isabel Cury

Dados Internacionais de Catalogação na Publicação (CIP)
(Câmara Brasileira do Livro, SP, Brasil)

Aleksiévitch, Svetlana
As últimas testemunhas : Crianças na Segunda Guerra Mundial / Svetlana Aleksiévitch; tradução do russo Cecília Rosas. — 1ª ed. — São Paulo: Companhia das Letras, 2018.

Título original: Последние свидетели.
ISBN 978-85-359-3151-8

1. Guerra Mundial, 1939-1945 – Crianças – União Soviética 2. Guerra Mundial, 1939-1945 – Narrativas pessoais 3. Memórias I. Título.

16-18033 CDD-940.54217082

Índice para catálogo sistemático:
1. Russas: Narrativas pessoais : Guerra Mundial, 1939-1945 940.54217082

Iolanda Rodrigues Biode — Bibliotecária — CRB-8/10014

EDITORA SCHWARCZ S.A.
Rua Bandeira Paulista, 702, cj. 32
04532-002 — São Paulo — SP
Telefone: (11) 3707-3500
www.companhiadasletras.com.br
www.blogdacompanhia.com.br
facebook.com/companhiadasletras
instagram.com/companhiadasletras
twitter.com/cialetras

Em lugar de prefácio...

... uma citação

Na época da Grande Guerra Patriótica (1941-5), morreram milhões de crianças soviéticas: russas, bielorrussas, ucranianas, judias, tártaras, letãs, ciganas, cazaques, uzbeques, armênias, tajiques...

Revista *Drujba Naródov*, 1985, n. 5

... e uma pergunta de um clássico russo

No passado, Dostoiévski fez a seguinte pergunta: e será que encontraremos absolvição para o mundo, para a nossa felicidade e até para a harmonia eterna se, em nome disso, para solidificar essa base, for derramada uma lagrimazinha de uma criança inocente? E ele mesmo respondeu: essa lagrimazinha não legitima nenhum progresso, nenhuma revolução. Nenhuma guerra. Ela sempre pesa mais.

Uma só lagrimazinha...

"ELE TINHA MEDO DE OLHAR PARA TRÁS..."

Jênia Belkiévitch, seis anos. Hoje: operária

Junho de 1941...

Ficou na minha memória. Eu era bem pequena, mas guardei tudo na memória...

A última coisa que me lembro da vida de paz é uma historinha, mamãe a lia de noite. Era a minha preferida, a do Peixinho Dourado. Eu também sempre pedia algo para o Peixinho Dourado: "Peixinho Dourado... Querido Peixinho Dourado...". Minha irmãzinha também pedia. Mas pedia de outro jeito: "Por ordem do lúcio, por minha vontade...".* Queríamos ir para a casa da vovó no verão, e que o papai fosse conosco. Ele era tão alegre.

Uma manhã acordei de medo. Uns sons desconhecidos...

* Referência a dois contos infantis em que o peixe concede desejos ao personagem. [Esta e as demais notas são da tradutora.]

Mamãe e papai achavam que estávamos dormindo, mas eu estava deitada ao lado da minha irmãzinha e fingia que estava dormindo. Vi que papai ficou muito tempo beijando a mamãe, beijava o rosto, as mãos, e eu me espantei: nunca antes ele a havia beijado daquele jeito. Eles saíram para o pátio de mãos dadas, dei um pulo e fui para a janela: minha mãe estava pendurada no pescoço do meu pai e não o deixava ir. Ele a arrancou e saiu correndo, ela o perseguiu, de novo não soltava e gritava algo. Então eu também comecei a gritar: "Papai! Papai!". Minha irmãzinha e meu irmãozinho Vássia acordaram, ela viu que eu estava chorando e soltou um grito: "Papai!". Todos nós saímos para o terraço da entrada: "Papai!!". Meu pai nos viu, lembro como se fosse hoje, cobriu a cabeça com as mãos e foi andando, até sair correndo. Ele tinha medo de olhar para trás.

O sol batia no meu rosto. Tão quente... Mesmo agora não consigo acreditar que naquela manhã meu pai foi para a guerra. Na época eu era bem pequena, mas acho que tinha consciência de que eu o estava vendo pela última vez. Nunca mais me encontraria com ele. Eu era muito... muito pequena...

Foi assim que ficou associado na minha memória — guerra é quando o meu pai não está...

E depois me lembro do céu preto e dos aviões pretos. Ao lado da rodovia estava minha mãe, deitada, com os braços abertos. Nós pedíamos que ela se levantasse, e ela não levantava. Não ficava de pé. Os soldados enrolaram a mamãe numa *plasch palatka** e a enterraram na areia, naquele lugar mesmo. Nós gritávamos e pedíamos: "Não enterrem a nossa mãe na vala. Ela vai acordar e vamos continuar o caminho". Uns besouros grandes rastejavam pela areia... Eu não conseguia imaginar como mamãe ia viver embaixo da terra com eles. Como a gente ia localizá-la

* Uma "capa-barraca" é uma capa de chuva que podia ser usada como barraca.

depois, como a gente ia se encontrar? Quem iria escrever para o nosso pai? Um dos soldados me disse: "Menina, como você se chama?". Mas eu tinha esquecido. "Menina, qual é o seu sobrenome? Como é o nome da sua mãe?" Eu não lembrava... Ficamos sentados junto ao montinho da mamãe até a noite, até que nos pegaram e nos puseram em uma telega. Uma telega cheia de crianças. Um velho conduzia, recolhia todas pela estrada. Chegamos a uma aldeia desconhecida e nos distribuíram pelas *khatas** de pessoas desconhecidas.

Passei muito tempo sem falar. Só olhava.

Depois, me lembro, era verão. Um verão luminoso. Uma mulher desconhecida me fazia cafuné. Eu comecei a chorar. E comecei a falar... A contar sobre minha mãe e sobre meu pai. Como papai correu de nós e nem olhou para trás... Como a mamãe estava deitada... Como os besouros rastejavam pela areia...

A mulher me fazia cafuné. Naquele momento eu entendi: ela parecia minha mãe...

"MEU PRIMEIRO E ÚLTIMO CIGARRO..."

Guena Iuchkiévitch, doze anos. Hoje: jornalista

Na manhã do primeiro dia de guerra...

Fazia sol. E uma tranquilidade incomum. Um silêncio incompreensível.

Nossa vizinha, esposa de um militar, saiu para o pátio chorando muito. Ela cochichou algo para mamãe, mas fez sinal para não falar. Todos estavam com medo de proferir em voz alta o que havia acontecido, mesmo quando já sabiam pois alguém já tinha

* Casa típica da Ucrânia.

lhes dito. Mas eles tinham medo de ser chamados de provocadores. De alarmistas. E isso era mais terrível do que a guerra. Eles tinham medo… É o que eu acho agora… E, claro, ninguém acreditava. Imagina só!? Nosso Exército estava nas fronteiras, nossos líderes no Krémlin! O país estava seguramente protegido, era impenetrável para os inimigos! Era o que eu achava na época… Eu era pioneiro.*

Ligamos o rádio. Esperávamos pelo discurso de Stálin. A voz dele era necessária. Mas Stálin ficou calado. Depois Mólotov fez um discurso. Todos ficaram escutando… Mólotov falou: "Guerra". Mesmo assim ninguém acreditou. Onde estava Stálin?

Aviões atacaram a cidade… Dezenas de aviões desconhecidos. Com cruzes. Eles cobriram o céu, cobriram o sol. Um horror! Choviam bombas… A gente escutava explosões sem parar. Um estrondo. Tudo acontecia como se fosse num sonho. Não na realidade. Eu já não era pequeno, lembro dos meus sentimentos. Do meu medo, que se espalhava por todo o corpo. Por todas as palavras. Pelos pensamentos. Saíamos de casa, corríamos para algum lugar pelas ruas… Eu tinha a impressão de que a cidade já não existia, que era só escombros. Fumaça. Fogo. Alguém falou: tem que correr para o cemitério, porque lá não vão bombardear. Para que bombardear mortos? No nosso bairro havia um grande cemitério judeu, com árvores velhas. E todos saíram correndo para lá, milhares de pessoas se reuniram ali. Abraçavam as pedras, se escondiam atrás das lajes.

Eu e mamãe ficamos sentados lá até a noite. Ninguém ao redor pronunciava a palavra "guerra", escutei outra palavra: "provocação". Todos repetiam. As conversas diziam que logo mais nossas tropas iriam para o ataque. Stálin tinha dado a ordem. Acreditavam nisso.

* A Organização dos Pioneiros da União Soviética promovia atividades com crianças entre dez e quinze anos.

Mas as chaminés das fábricas apitaram a noite toda nos arredores de Minsk…

Os primeiros mortos…

Primeiro… vi um cavalo morto… Depois… uma mulher morta… Isso me surpreendeu. Eu imaginava que na guerra só matavam homens.

Acordava de manhã… Queria levantar, mas depois lembrava: guerra, e fechava os olhos. Não queria acreditar.

Nas ruas haviam parado de atirar. De repente, um silêncio. Por alguns dias tudo ficou calmo. E depois, subitamente, o movimento começou… Por exemplo, ia andando um homem branco, todo branco, das botas ao cabelo. Coberto de farinha. E carregava um saco branco. Outro corria… Dos bolsos caíam latas de conserva, nas mãos levava latas de conserva. Balas… Pacotes de tabaco… Alguém leva consigo um gorro cheio de açúcar. Uma panela com açúcar. Não tem como descrever! Um arrasta um rolo de tecido, outro anda todo embrulhado em chita azul. Vermelha… Era engraçado, mas ninguém ria. É porque haviam bombardeado os armazéns de produtos alimentícios. Uma loja grande, perto da nossa casa… As pessoas correram para escolher o que tinha sobrado. Na fábrica de açúcar algumas pessoas se afogaram nas tinas de melado. Um horror! A cidade inteira roía sementinhas. Em algum lugar tinham achado um depósito de sementes. Diante dos meus olhos uma mulher chegou correndo à loja… Ela não tinha nada: nem saco nem sacola — então tirou a combinação. As calças de baixo. E as encheu de trigo-sarraceno. Levou arrastando. Tudo isso, por algum motivo, em silêncio. Ninguém falava.

Quando chamei minha mãe, havia sobrado mostarda, latas amarelas de mostarda. "Não pegue nada", mamãe pediu. Depois ela admitiu que estava com vergonha, porque por toda a vida havia me ensinado outra coisa. Mesmo quando estávamos passando fome e lembrávamos daquele dia, mesmo assim não lamentávamos. Minha mãe era assim.

Pela cidade… Os soldados alemães passeavam tranquilamente por nossas ruas. Filmavam tudo. Riam. Antes da guerra tínhamos uma brincadeira que adorávamos, desenhar alemães. Nós os desenhávamos com dentes grandes. Com caninos. E eles estavam andando ali… Jovens, bonitos… Com belas granadas enfiadas nos canos das botas resistentes. Tocavam gaita. Até brincavam com as nossas moças bonitas.

Um alemão idoso estava puxando alguma caixa. A caixa era pesada. Ele me chamou e fez um sinal: "me ajude". A caixa tinha duas alças, nós as pegamos. Quando terminamos de levar, o alemão deu umas palmadinhas no meu ombro e tirou do bolso um maço de cigarros. "Aqui, o pagamento", disse. Cheguei em casa. Não resisti, sentei na cozinha e acendi um cigarro. Não escutei que a porta bateu e minha mãe entrou:

— Está fumando?

— Hum…

— E de quem é o cigarro?

— Dos alemães.

— Está fumando, e ainda por cima cigarro do inimigo? Isso é traição à pátria.

Aquele foi meu primeiro e último cigarro.

Uma tarde, minha mãe se sentou ao meu lado:

— Não suporto que eles estejam aqui. Você está me entendendo?

Ela queria lutar. Desde os primeiros dias. Decidimos procurar os clandestinos, não tínhamos dúvidas de que existiam. Não duvidamos nem por um minuto.

— Eu te amo mais do que todo mundo — disse mamãe. — Mas você me entende? Vai me perdoar se acontecer algo conosco?

Fiquei encantado pela minha mãe, a partir dali a escutava sem questionar. E isso depois me marcou para toda a vida.

"A VOVÓ REZAVA... PEDIA QUE MINHA ALMA VOLTASSE..."

Natacha Gólik, cinco anos. Hoje: revisora

Eu aprendi a rezar... Sempre me lembro de como aprendi a rezar na guerra.

Disseram: "guerra", e eu — é compreensível — aos cinco anos não imaginei nenhuma situação. Nenhum medo. Mas dormi por medo, justamente por medo. E dormi por dois dias. Passei dois dias deitada, como uma boneca. Todos pensavam que eu havia morrido. Mamãe chorava e vovó rezava. Ela rezou por dois dias e duas noites.

Abri os olhos, e a primeira coisa de que me lembro é a luz. Uma luz forte, forte, extraordinariamente forte. Senti uma dor por causa dessa luz. Escutei a voz de alguém e reconheci: era a voz da minha avó. Vovó estava diante de um ícone e rezava. "Vovó... Vovó...", chamei. Ela não olhou para trás. Não acreditava que era eu que a estava chamando... E eu já tinha acordado... tinha aberto os olhos...

— Vovó — eu perguntava depois —, como você rezava quando eu morri?

— Eu pedia que a sua alma voltasse.

Um ano depois nossa avó morreu. Eu já sabia como rezar. Eu rezava e pedia que a alma dela voltasse.

Mas ela não voltou.

"ELES FICAVAM DEITADOS SOBRE O CARVÃO, ROSADOS..."

Kátia Korotáieva, treze anos. Hoje: engenheira hidrotécnica

Vou contar do cheiro... Qual é o cheiro da guerra...

A guerra começou logo depois que eu terminei o sexto ano. Na época, o regulamento que havia na escola dizia que a partir do quarto ano todos faziam provas. E tínhamos feito a última prova. Era junho, mas maio e junho de 1941 foram frios. Se na nossa terra o lilás floresce em algum momento de maio, naquele ano ele floresceu no meio de junho. E assim o começo da guerra para mim está para sempre ligado ao cheiro do lilás. Ao cheiro da cereja-galega... Para mim, essas árvores sempre vão ter cheiro de guerra...

Nós morávamos em Minsk, e eu nasci em Minsk. Meu pai era regente de uma orquestra militar. Eu ia para as paradas militares com ele. Além de mim, na família havia também dois irmãos mais velhos. Claro, todos me amavam e mimavam por eu ser a mais nova, e ainda por cima menina.

Tinha o verão pela frente, tinha as férias pela frente. Era uma alegria. Eu fazia esportes, ia para a Casa do Exército Vermelho para nadar na piscina. E tinham muita inveja de mim, até os meninos da sala tinham inveja. E eu me achava importante porque sabia nadar bem. No dia 22 de junho, um domingo, íamos comemorar a abertura do Komsomolskoe Ozero.* Passaram muito tempo cavando, construindo, até nossa escola tinha ido em mutirões aos sábados. Eu me aprontava para ser uma das primeiras a chegar para nadar. Mas é claro!

De manhã costumávamos buscar pães frescos. Isso era considerado minha obrigação. Encontrei uma amiga na estrada, ela me disse que a guerra tinha começado. Na nossa rua havia muitos jardins, as casinhas estavam afundadas em flores. Eu pensei: "Que guerra? O que essa menina foi inventar?".

Em casa, meu pai estava aprontando o samovar... Não con-

* Lago artificial de Minsk.

segui dizer nada, e os vizinhos começaram a vir correndo, e todos tinham a mesma palavra na boca: "Guerra! Guerra!". E no dia seguinte, às sete da manhã, trouxeram para meu irmão a notificação do centro de recrutamento. De tarde ele correu para o trabalho e lhe deram dinheiro, ele recebeu o acerto de contas. Com esse dinheiro ele foi para casa e disse para a mamãe: "Estou indo para o front, não preciso de nada. Tome esse dinheiro. Compre um novo casaco para a Kátia". Eu, logo que passei para o sétimo ano, me tornando uma aluna do ensino médio, comecei a sonhar com que costurassem para mim um casaco azul de Boston com gola cinza de pele de cordeiro caracul. E ele sabia disso.

Até hoje lembro que, ao ir embora para o front, o meu irmão me deu dinheiro para o casaco. E nós levávamos uma vida modesta, mal chegava para tapar os buracos do orçamento familiar. Mas minha mãe teria comprado o sobretudo para mim, já que meu irmão tinha pedido. Ela não teve tempo de nada.

Começaram a bombardear Minsk. Eu e minha mãe nos mudamos para o porão de pedra dos vizinhos. Minha gata preferida, muito arisca, não ia a lugar nenhum além do pátio, mas, quando começaram a bombardear, e eu corria do pátio para a casa dos vizinhos, a gata me seguia. Eu a enxotava, "Vá para casa!", mas ela me seguia. Ela também tinha medo de ficar só. As bombas alemãs voavam com um zumbido, um gemido. Eu era uma menina musical, isso tinha uma influência forte sobre mim. Esses sons... Davam tanto medo que as palmas das minhas mãozinhas ficavam molhadas. No porão, o filho dos vizinhos, de quatro anos, ficava conosco, ele não chorava. Só os olhos dele ficavam grandes.

No começo queimavam casas isoladas, depois a cidade pegou fogo. Gostamos de olhar para o fogo, para uma fogueira, mas dá medo quando uma casa queima, e ali o fogo vinha de todos os lados, a fumaça cobria todas as ruas. E em alguns lugares havia uma luminosidade forte... Do fogo... Lembro de três janelas abertas numa casa de madeira, e, no peitoril, alguns cactos luxuosos. Já não havia gente naquela casa, só os cactos florescendo. Sentia que não eram flores vermelhas, e sim chamas. As flores estavam queimando.

Corremos.

Nos alimentavam nas estradas com pão e leite, não havia mais nada. E estávamos sem dinheiro. Saí de casa com um lencinho, e minha mãe por algum motivo fugiu com o casaco de inverno e sapatos de salto. Nos davam comida assim, por nada, ninguém mencionava dinheiro. Os refugiados passavam em multidões.

Depois, algum dos que iam na frente informou que a estrada estava interrompida por motociclistas alemães. Corremos para trás passando pelas mesmas aldeias, pelas mesmas tias com jarras de leite. Chegamos correndo à nossa rua... Ainda poucos dias antes ali havia verde, havia flores, e agora fora tudo consumido pelo fogo. Mesmo das tílias centenárias não sobrara nada. Tudo fora queimado até ficar só areia amarela. A terra negra, na qual tudo cresce, havia sumido, e só sobrara uma areia amarela, amarela. Só areia. Como se você estivesse ao lado de túmulos recém-cavados...

Sobraram os fornos das fábricas; eles estavam brancos, calcinados pelo forte fogo. Não havia mais nada conhecido... A rua inteira tinha queimado. Queimaram as avós e os avôs e muitas crianças pequenas, porque eles não haviam fugido junto com todo mundo, achavam que não tocariam neles. O fogo não poupou ninguém. Você andava e havia um cadáver negro, um velho havia sido queimado. E se você via ao longe algo pequeno, rosado, isso queria dizer que era uma criança. Eles ficavam deitados sobre o carvão, rosados...

Mamãe tirou o lenço e vendou meus olhos. Assim, chegamos à nossa casa, ao mesmo lugar onde, alguns dias antes, ficava nossa casa. Não havia casa. Fomos recebidas por nossa gata, que fora salva por um milagre. Ela se apertou contra mim, e pronto. Ninguém conseguia falar. Nem a gata miava. Ela passou alguns dias calada. Todos emudeceram.

Avistei os primeiros fascistas, nem avistei, mas ouvi — todos eles usavam botas com chapas de ferro, faziam barulho quando pisavam. Batiam pela nossa calçada. Eu achava que até a terra sentia dor quando eles andavam.

E o lilás floresceu tanto naquele ano… A cereja-galega floresceu tanto…

"MESMO ASSIM, EU QUERO A MAMÃE…"

Zina Kossiak, oito anos. Hoje: cabeleireira

No primeiro ano na escola…

Terminei o primeiro ano em maio de 1941, e meus pais me levaram para um acampamento dos pioneiros em Gorodische, perto de Minsk. Cheguei, nadei uma vez, e dois dias depois: guerra. Puseram a gente num trem e nos levaram. Os aviões alemães voavam, e nós gritávamos: "Viva!". Não entendíamos que podiam ser aviões do inimigo. Até que começaram a bombardear. Então, sumiu todo o colorido. Todas as cores. Apareceu pela primeira vez a palavra "morte", todos começaram a falar essa palavra incompreensível. Mas a mamãe e o papai não estavam por perto.

Quando saímos do acampamento, para cada um despejaram algo numa fronha — um recebeu cereais; outro, açúcar. Não pouparam nem os menores, todos receberam algo para levar. Queriam levar a maior quantidade de comida possível para a estrada, eles cuidavam muito desses produtos. Mas no trem vimos soldados feridos. Eles estavam gemendo, estavam com tanta dor, dava vontade de entregar tudo para esses soldados. Entre nós isso se chamava "alimentar os papais". Chamávamos todos os militares de papai.

Nos contaram que Minsk estava queimando, havia queimado inteira, os alemães já estavam lá, e nós estávamos indo para a retaguarda. Estávamos indo para o lugar onde não havia guerra.

Viajamos por mais de um mês. Nos enviaram para alguma cidade, chegamos ao endereço mas não podiam nos deixar ali porque os alemães já estavam próximos. E assim fomos até a Mordóvia.

É um lugar muito bonito, havia umas igrejas ali por perto. As casas eram baixas, e as igrejas, altas. Não havia lugar para dormir, dormíamos sobre a palha. Veio o inverno, para cada quatro só tínhamos um par de botinhas. E depois começou a fome. Não só os orfanatos passavam fome, as pessoas ao nosso redor também, porque entregavam tudo para o front. Moravam 250 crianças no orfanato, e uma vez nos chamaram para o almoço, mas não havia nada para comer. A educadora e a diretora estavam sentadas no refeitório olhando para a gente, e os olhos delas estavam cheios de lágrimas. Tínhamos uma égua, a Maika... Ela era muito velha e muito carinhosa, nós a usávamos para carregar água. No dia seguinte mataram a Maika. E nos davam água e uns pedacinhos assim pequenininhos da Maika... Esconderam isso de nós por muito tempo. Não conseguiríamos comê-la... De jeito nenhum! Era o único cavalo do nosso orfanato. E também tinha dois gatos famintos. Uns esqueletos! Que bom, pensamos depois, que sorte que os gatos são tão magros, não vamos ter que comê-los. Não havia nada para comer.

Tínhamos barrigas enormes: eu, por exemplo, podia tomar um balde de sopa porque nessa sopa não havia nada. Quanto mais pusessem para mim, mais eu tomava e tomava. A natureza nos salvou, éramos como animais ruminantes. Na primavera, num raio de alguns quilômetros ao redor do orfanato, não brotava uma só árvore... Tínhamos comido todos os brotos, arrancávamos até a casca nova. Comíamos capim, comíamos tudo o que havia pela frente. Haviam dado umas jaquetas para a gente, e nessas jaquetas fizemos bolsos e carregávamos capim, carregávamos e mastigávamos. O verão nos salvava, e no inverno ficava muito difícil. De crianças pequenas éramos umas quarenta, nos instalaram separadamente. À noite — berros. Chamávamos por mamãe e papai. Os educadores e professores tentavam não dizer a palavra "mãe" na nossa frente. Eles nos contavam histórias e escolhiam os livrinhos que não tinham essa palavra. Se de repente alguém falava "mãe", na hora começava um chororô. Um choro inconsolável.

Fui para o primeiro ano de novo. E aconteceu assim: terminei o primeiro ano com um diploma de aprovada com honra, mas, quando chegamos ao orfanato e nos perguntaram quem tinha o exame de segundo ano, eu disse que tinha, porque entendi que segundo ano era quem tinha sido aprovada com honra. No terceiro ano, fugi do orfanato. Fui procurar a mamãe. O vovô Bolchakov me encontrou na floresta, faminta e esgotada. Soube que eu era do orfanato e me levou para a família dele. Ali viviam os dois, ele e a vovó. Eu me fortaleci e comecei a ajudá-los nas tarefas da casa: juntava capim, sachava a batata — fazia de tudo. Comíamos pão, mas era um pão que não tinha quase nada de pão. Amargo, amargo. Misturávamos na farinha tudo o que se mói: anserina, flores de castanha, batata. Até hoje não consigo olhar para capim-gordura e como muito pão. Não consigo me cansar de comer pão... Depois de décadas...

E ainda assim, de quanta coisa me lembro. Ainda me lembro de muita coisa...

Lembro de uma menina pequena e louca que se enfiava na horta, encontrava uma toca e ficava ao lado dela vigiando o rato. A menina queria comer. Lembro do rosto dela, até do sarafazinho* que ela usava. Uma vez eu cheguei perto dela e ela me... contou... Do rato... Nos sentamos e ficamos vigiando esse rato...

Passei a guerra toda esperando que, quando acabasse, eu e o vovô fôssemos atrelar o cavalo e buscar a mamãe. Passavam evacuados pela casa, eu perguntava para todos se não tinham visto minha mãe. Havia muitos evacuados, tantos que cada casa possuía um pote de ferro com urtiga quente. Assim, se alguém viesse, haveria algo quente para mordiscar. Não havia mais nada para oferecer. Mas o pote de ferro com urtiga tinha em todas as casas. Disso me lembro bem. Eu colhia essa urtiga.

A guerra acabou... Esperei um dia, dois, ninguém veio me procurar. Minha mãe não veio me buscar, e papai estava no Exército, eu sabia. Esperei assim por duas semanas, já não tinha mais forças para esperar. Me enfiei em algum trem, debaixo de um banco, e fui... Para onde? Não sabia. Eu achava (ainda era uma consciência de criança) que todos os trens iam para Minsk. E que em Minsk a mamãe me esperava! Depois viria papai... Um herói! Com condecorações, com medalhas.

Eles tinham sumido num bombardeio. Depois os vizinhos me contaram que eles tinham saído juntos para me procurar. Correram para a estação de trem.

Eu já tenho 51 anos, tenho meus filhos. Mesmo assim, eu quero a mamãe...

“OS BRINQUEDOS ALEMÃES ERAM TÃO BONITOS...”

Taíssa Nasviétnikova, sete anos. Hoje: professora escolar

Antes da guerra...

* Tipo de vestido.

Como me lembro... Tudo estava bem: o jardim de infância, as matinês, nosso pátio. As meninas e os meninos. Eu lia muito, tinha medo de vermes e amava cachorros. Morávamos em Vítebsk, papai trabalhava num departamento de construção. Da infância, o que mais me ficou na memória é como papai me ensinou a nadar no rio Duína.

E depois veio a escola. Da escola só me ficou esta impressão: uma escada muito ampla, uma parede transparente de vidro e muito sol, muita alegria. Havia uma sensação de que a vida era uma festa.

Bem nos primeiros dias papai foi para o front. Lembro da despedida na estação de trem... Papai passou o tempo todo dizendo para mamãe que eles expulsariam os alemães, mas queria que evacuássemos. Mamãe não entendia: para quê? Se ficássemos em casa, ele nos encontraria mais rápido. Na hora. E eu ficava falando: "Papaizinho, querido! Só volte logo. Papaizinho querido...".

Meu pai foi embora, alguns dias depois nós também fomos. Na estrada nos bombardeavam o tempo todo, era fácil porque os trens para a retaguarda andavam a quinhentos metros um do outro. Viajávamos com pouca bagagem: mamãe, com um vestido de cetim de bolinhas brancas; eu, com um sarafazinho de chita vermelha com florzinhas. Todos os adultos diziam que o vermelho era muito fácil de ver de cima, e logo que começava um ataque todos corriam para os arbustos e me cobriam como podiam para que esse meu sarafazinho não fosse visto, senão eu seria como uma lamparina.

Bebíamos água de pântanos e valas. Começaram as doenças intestinais. Eu também fiquei doente. Passei três dias inconsciente... Depois, minha mãe me contou como me salvaram. Quando paramos em Briansk, havia um vagão militar nos trilhos ao lado. Minha mãe tinha 26 anos, ela era muito bonita. Nosso trem passou muito tempo parado. Ela saiu do vagão, e algum oficial daquele trem lhe fez um elogio. Mamãe pediu: "Saia, não consigo olhar para o seu sorriso. Minha filha está morrendo". Acabou que o oficial era um enfermeiro militar. Ele subiu no vagão, me examinou e chamou um camarada. "Rapidinho, traga chá, torradas e beladona." Pois essas torradas dos soldados... um litro de chá forte e alguns comprimidos de beladona salvaram minha vida.

Enquanto íamos para Aktiúbinsk, todo o trem ficou doente. Não deixavam que nós, crianças, fôssemos para onde estavam os mortos e assassinados, nos preservavam dessa cena. Só escutávamos as conversas: ali enterraram tantos na vala, ali tantos... Mamãe vinha com um rosto pálido, pálido, as mãos tremendo. E eu perguntava: "Onde foram parar aquelas pessoas?".

Não me lembro de nenhuma paisagem. Isso é muito surpreendente, porque eu amava a natureza. Lembro só dos arbustos sob os quais nos escondíamos. Os barrancos. Por algum motivo me parecia que não havia florestas em lugar nenhum, viajávamos apenas por entre campos, por entre uma espécie de deserto. Uma vez senti tanto medo que, depois disso, já não temia nenhum bombardeio. Não nos avisaram que o trem pararia por dez, quinze minutos. Pouco. O trem partiu, e eu fiquei. Sozinha... Não me lembro quem me agarrou... Literalmente me jogaram para dentro do vagão. Não do nosso vagão, mas num dos últimos. Então pela primeira vez me assustei com a ideia de que ficaria sozinha, e mamãe fora embora. Enquanto mamãe estava por perto, nada dava medo. Mas ali eu fiquei muda de medo. E, enquanto mamãe não veio correndo até mim e me agarrou nos braços, fiquei muda, ninguém conseguiu tirar uma palavra de mim. Mamãe era meu mundo. Meu planeta. Mesmo se eu sentisse alguma dor, pegava na mão da mamãe, e a dor passava. À noite eu sempre dormia juntinho dela, quanto mais grudada nela, menos medo sentia. Se a mamãe estivesse perto, parecia que tínhamos tudo: como era antes, em casa. Fechava os olhos, e não havia nenhuma guerra.

Mamãe só não gostava de conversar sobre a morte. E eu perguntava o tempo todo...

De Aktiúbinsk fomos para Magnitogorsk, lá vivia o irmão de papai. Antes da guerra ele tinha uma família grande, com muitos homens, mas quando chegamos só moravam mulheres na casa. Todos os homens tinham ido para a guerra. No fim de 1941 recebemos dois comunicados de morte em combate — os filhos do meu tio haviam morrido.

Daquele inverno também me ficou na memória uma catapora que toda a escola pegou. E as calças vermelhas... Com os cartões de racionamento, mamãe recebeu um corte de flanela bordô, e com ele costurou calças para mim. As crianças me provocavam, me chamavam de "abelha da calça vermelha". Eu ficava muito ofendida. Um pouco depois, com os cartões, recebemos galochas, eu as amarrava e corria assim. Elas machucavam perto dos ossos, e toda hora tinha que pôr algo debaixo dos calcanhares, para que o pé ficasse mais alto e eu não me machucasse. Mas o inverno era tão frio que minhas mãos e pés estavam sempre gelados. Na escola o aquecimento vivia quebrando, nas salas a água congelava no chão e nós deslizávamos entre as carteiras. Estudávamos vestindo o casaco e as luvinhas, das quais cortávamos os dedos para conseguir segurar a caneta. Lembro que não podíamos ofender nem provocar os que tinham perdido o pai. O castigo para isso era severo. E também todos líamos muito. Como nunca... Lemos e relemos a biblioteca infantil e juvenil. E começaram a nos dar livros de adultos. As outras meninas tinham medo... Nem os meninos gostavam, pulavam as páginas onde se escrevia sobre a morte. Mas eu lia.

Nevou muito. Todas as crianças saíam correndo para a rua e faziam bonecos de neve. Mas eu não entendia: não conseguia fazer um boneco de neve e me alegrar se estávamos em guerra.

Os adultos escutavam rádio o tempo todo, não conseguiam

viver sem o rádio. Nós também. Nos alegrávamos por cada salva de artilharia em Moscou, sofríamos com cada comunicado: como está lá no front? Na clandestinidade, entre os *partisans*? Saíram filmes sobre a batalha de Stalingrado e Moscou, nós os vimos umas quinze, vinte vezes. Passavam três vezes seguidas, nós assistíamos as três vezes. Passavam os filmes nas escolas, não havia uma sala de cinema especial, passavam no corredor e nos sentávamos no chão. Ficávamos sentados por volta de duas, três horas. A morte ficava na minha memória... Mamãe brigava comigo por isso. Se aconselhava com médicos, perguntava por que eu era assim... Por que eu me interessava por coisas tão pouco infantis como a morte? Como me ensinar a pensar em coisas de criança...?

Eu reli as histórias... Histórias infantis... O que eu notei de novo? Notei como nelas se mata muito. Há muito sangue. Isso foi uma descoberta para mim...

No fim de 1941... Vi os primeiros prisioneiros alemães... Eles estavam andando em uma coluna larga pela rua. E eu fiquei estupefata de ver que as pessoas se aproximavam deles e davam pão. Fiquei tão estupefata que corri para o trabalho da minha mãe para perguntar: "Por que os nossos estão dando pão para os alemães?". Mamãe não disse nada, só começou a chorar. Nessa mesma época vi o primeiro morto com uniforme alemão, ele estava andando, andando na fileira e caiu. A fila parou e depois seguiu em frente, e puseram um soldado nosso ao lado dele. Eu corri para perto... Fui atraída pela vontade de ver a morte de perto, de estar ao lado. Quando declaravam as baixas do inimigo no rádio, nós sempre nos alegrávamos... Mas ali... Eu vi... O homem parecia dormir... Ele nem estava deitado, e sim sentado, meio curvado, a cabeça um pouco sobre o ombro. Eu não sabia: é para odiar ou para ter pena? Era o inimigo. Nosso inimigo! Não me lembro: era jovem ou velho? Parecia muito cansado. Por isso me era difícil odiá-lo. Também contei isso para a mamãe. Ela chorou de novo.

No dia 9 de maio acordamos de manhã com alguém gritando muito na portaria. Ainda era muito cedo. Minha mãe foi saber o que tinha acontecido, chegou correndo desnorteada: "Vitória! É mesmo a vitória?". Era tão inesperado: a guerra tinha acabado, uma guerra tão longa. Um chorava, outro ria, outro gritava... Choravam os que tinham perdido alguém próximo, se alegravam porque mesmo assim era a Vitória! Alguém tinha um punhadinho de cereais, outra pessoa tinha batata, um outro beterraba: todos trouxeram algo para o apartamento. Nunca vou me esquecer desse dia. Daquela manhã... Mesmo de tarde já não era a mesma coisa...

Durante a guerra, por algum motivo, todos falavam baixo, até me parecia que sussurravam, e de repente todos começaram a falar alto. O tempo todo ficávamos perto dos adultos, eles nos davam comida, faziam carinho e nos mandavam embora: "Vá para a rua. Hoje é festa". E chamavam de volta. Nunca nos abraçaram e beijaram tanto como naquele dia.

Mas eu sou uma pessoa de sorte, meu pai voltou da guerra. Papai trouxe brinquedos lindos. Eram brinquedos alemães. Eu não conseguia entender como podiam ser tão bonitos...

Também tentei começar a falar sobre a morte com o papai. Sobre os bombardeios que eu e mamãe sofremos quando fomos evacuadas... Como ao longo dos dois lados das estradas nossos soldados jaziam mortos. O rosto deles estava coberto com galhos. Acima, zumbiam moscas... Nuvens de moscas... Sobre o alemão morto... Contei do pai da minha amiguinha que tinha voltado da guerra e poucos dias depois morreu. Morreu de uma doença do coração. Eu não conseguia entender: como era possível morrer depois da guerra, quando todos estavam felizes?

Papai ficava calado.

"UM TORRÃO DE SAL... É TUDO O QUE SOBROU DA NOSSA CASA..."

Micha Maiórov, cinco anos. Hoje: doutor em agronomia

Na guerra eu amava os sonhos. Amava os sonhos da vida de paz, de como vivíamos antes da guerra...

O primeiro sonho...

Vovó havia feito as tarefas da casa... Eu estava esperando por aquele momento. Então ela deslocava a mesa para a janela, estendia um tecido, botava algodão sobre ele, cobria com outro pedaço de tecido e começava a acolchoar um edredom. Eu também tinha um trabalho: de um lado do edredom a vovó dispunha alguns cravos, pelos quais passava um cordão coberto de giz, e eu o puxava do outro lado. "Michenka, estique mais forte", pedia a vovó. Eu puxava — ela soltava: pronto, estava feita uma risca de giz no cetim vermelho ou azul. As listrinhas se cruzavam, apareciam losangos, pontos de fios pretos correriam por eles. Operação seguinte: a vovó estendia cortezinhos de papel (agora isso se chama molde) e sobre o edredom alinhavado aparecia um desenho. Era muito bonito e interessante. Minha avó era mestre, era muito boa em costurar camisas, especialmente as golas. A máquina manual dela, Singer, trabalhava mesmo quando eu já estava dormindo. Vovô também estava dormindo.

No segundo sonho...

Vovô está trabalhando como sapateiro. Ali também tinha uma coisa para fazer — afiar palitos de madeira. Agora, todas as solas têm tachas de ferro, mas elas enferrujam, e a sola se desprende. Talvez na época também se usassem tachinhas de ferro, mas eu lembro como sendo de madeira. Era preciso serrar um tronco liso, sem galhos, de uma velha bétula e deixar para secar debaixo do alpendre, depois rachar barras com mais ou menos três centímetros de espessura e uns dez de comprimento, e também deixar secar. Dessas barras era fácil quebrar placas transversais de dois, três milímetros de espessura. A faca de sapateiro é afiada e corta facilmente as bordas da placa dos dois lados: você a apoia no banco de carpinteiro e — zás — a placa está afiada, depois já parte as tachinhas. Meu avô abria com uma sovela os orifícios da sola da bota, introduzia as tachinhas, batia com um martelo de sapateiro! — e o prego estava na sola. As tachinhas eram pregadas em duas fileiras, e não só ficava bonito, mas também muito firme: os pregos de bétula seca só incham com a umidade e seguram a sola de forma ainda mais firme, e ela não se solta até ficar gasta.

Vovô também solava botas de feltro, melhor dizendo, fazia uma segunda sola nelas, e então duravam mais e se podia andar com elas e sem galochas. Ou revestia de couro o contraforte das botas de feltro, para que as galochas não se gastassem tão rápido. Minha obrigação era torcer um fio de linho, passar breu, encerar o linhol e enfiá-lo na agulha. Mas a agulha de sapateiro era muito valiosa, e por isso o vovô muitas vezes usava uma cerda, a cerda mais comum do pescoço do javali selvagem; podia ser doméstico, mas essa era mais mole. Vovô tinha um molho inteiro dessas cerdas. Também se podia usá-las para pregar a sola e fazer um pequeno remendo em lugares incômodos: a cerda era flexível e entrava em qualquer lugar.

Terceiro sonho...

Em um grande galpão dos vizinhos, rapazes mais velhos organizaram um teatro, uma apresentação sobre soldados de fronteira e espiões. As entradas custam dez copeques cada uma, mas eu não tenho um tostão, não me deixam entrar e começo a chorar muito: também quero "ver a guerra". Espio às escondidas dentro do galpão: os "soldados de fronteira" ali usam camisas militares de verdade. O espetáculo é impressionante...

Depois parei de ter sonhos…

Logo vi camisas militares na nossa casa… Vovó dava de comer a soldados cansados e empoeirados, e eles diziam: "Os alemães estão vindo". Comecei a importunar minha avó: "Como eles são, os alemães?".

Carregamos a telega com trouxas, me sentaram sobre ela. Estávamos indo para algum lugar. Depois voltamos. Havia alemães em nossa casa! Pareciam com os nossos soldados, só que com outro uniforme e alegres. Eu, a vovó e a mamãe agora morávamos atrás do fogão, e o vovô no galpão. A minha avó já não acolchoava edredons, vovô já não trabalhava como sapateiro. Uma vez afastei a cortina: no canto ao lado da janela havia um alemão com fones de ouvido que girava as manivelas de um rádio, dava para ouvir a música, depois algo nitidamente em russo… Ao mesmo tempo, outro alemão passava manteiga no pão, me viu e agitou a faca bem perto do meu nariz, eu me escondi atrás da cortina e já não saí mais de detrás do fogão.

Na rua, na frente da nossa casa levam um homem com a camisa queimada, descalço, as mãos amarradas com arame. Está todo preto… Depois eu o vi enforcado ao lado do soviete rural. Diziam que era nosso piloto. À noite, sonhei com ele. No sonho ele estava enforcado no nosso pátio…

Lembro de tudo na cor preta: tanques pretos, motos pretas, os soldados alemães de uniformes pretos. Não tenho certeza se tudo isso era de fato só preto, mas é assim que eu lembro. Um filme em preto e branco…

… Me agasalham com algo e nos escondemos no pântano. Um dia inteiro e uma noite inteira. A noite é fria. Aves desconhecidas gritam com vozes terríveis. Parece que a lua está brilhando muito, muito forte. Medo! E se os cachorros alemães nos avistarem ou escutarem? Às vezes os latidos roucos deles nos alcançavam. De manhã, para casa! Quero ir para casa! Todos querem ir para casa, para o quentinho. Mas nossa casa já não existe, é só um monte de tições esfumaçados. Um lugar queimado... Depois de uma grande fogueira... Encontramos nas cinzas um torrão de sal, que sempre ficava na boca do fogão. Com cuidado juntamos o sal, depois a argila misturada com sal, e pusemos num jarro. É tudo o que sobrou da nossa casa...

Minha avó passou muito tempo calada, calada, mas à noite começou a chorar: "Ah, minha pequena *khata*! Ah, minha pequena *khata*! Aqui eu farreei quando era mocinhaaaa... Os casamenteiros vieram aquiiii... Aqui dei à luz meus filhooos...". Ela andava por nosso pátio preto como um fantasma.

De manhã abri os olhos: estávamos dormindo na terra. Na nossa horta.

"E BEIJEI TODOS OS RETRATOS DO LIVRO DIDÁTICO..."

Zina Chimánskaia, onze anos. Hoje: funcionária de caixa

Eu olho para trás com um sorriso... Com espanto. Será que isso foi comigo?

No dia em que a guerra começou, havíamos ido ao circo. A classe toda. Na apresentação matinal. Não desconfiávamos de nada. Nadinha. Os adultos já sabiam, mas nós não. Batíamos palmas. Ríamos. Lá havia um elefante grande. Um elefantão! Os macacos dançavam... E eis que... Aparecemos alegremente na rua — e as pessoas gritavam: "Guerra!". Todas as crianças disseram: "Viva!". Nos alegramos. Imaginávamos a guerra assim: pessoas usando *budiônovkas** e montando cavalos. Agora íamos mostrar, ajudaríamos nossos soldados. Viraríamos heróis. Eu amava livros

* Tipo de gorro usado pelo Exército Vermelho.

de guerra mais do que tudo. Sobre batalhas, façanhas. Todo tipo de sonho que havia ali... Como me inclinaria sobre um combatente ferido, como o tiraria da fumaça. Do fogo. Em casa, eu havia colado por toda a parede acima da minha mesa fotografias de guerra dos jornais. Lá havia Vorochílov, havia Budiônni...

Eu e uma amiga escapulíamos para a guerra da Finlândia, e os meninos que conhecíamos iam para a espanhola. A guerra nos parecia o acontecimento mais interessante da vida. A maior aventura. Sonhávamos com ela, éramos filhos do nosso tempo. Bons filhos! Minha amiguinha sempre usava uma *budiônovka* velha, de onde tirou eu já esqueci, mas era o gorro preferido dela. E como escapulimos para ir para a guerra? Nem lembro para qual era, devia ser a da Espanha. Vou contar... Ela ficou na minha casa para dormir, de propósito, claro, e ao amanhecer escapamos juntas quietinhas. Na pontinha dos pés... Psss... Levamos um pouco de comida conosco. Meu irmão mais velho, pelo visto, já estava acompanhando nos últimos dias como cochichávamos e enfiávamos coisas em saquinhos. Ele nos alcançou no pátio e nos trouxe de volta. Deu uma bronca e ameaçou tirar todos os livros de guerra da minha biblioteca. Chorei o dia todo. Era assim que éramos!

E então veio a guerra de verdade...

Uma semana depois, as tropas alemãs entraram em Minsk. Não me lembro imediatamente dos próprios alemães, lembro dos veículos deles. Carros grandes, motocicletas grandes... Não tínhamos daquelas, não víamos daquelas. As pessoas ficaram mudas e surdas. Andavam com os olhos assustados... Nas cercas e postes apareciam cartazes e folhinhas estrangeiros. Comandos estrangeiros. Estabeleceu-se uma "nova ordem". Depois de algum tempo abriram as escolas de novo. Mamãe decidiu que, com ou sem guerra, eu não devia interromper os estudos, mesmo assim eu devia estudar. Na primeira aula, a professora de geografia, a mesma que nos dava aula antes da guerra, começou a falar contra o poder soviético. Contra Lênin. Eu disse para mim mesma: "não vou mais estudar nesta escola. Nananinanão... Não quero!". Cheguei em casa e beijei todos os retratos do livro didático... Todos os amados retratos dos nossos líderes.

Os alemães invadiam os apartamentos, estavam sempre procurando por alguém. Judeus, ou *partisans*... Mamãe disse: "Esconda seu lenço de pioneira". De dia eu escondia o lenço, mas de noite, quando ia dormir, usava. Mamãe tinha medo: e se os alemães baterem à noite? Ela tentava me convencer. Chorava. Eu esperava até mamãe dormir, a casa e a rua ficarem quietas. Então pegava do armário o lenço vermelho, pegava os livrinhos soviéticos. E minha amiguinha dormia de *budiônovka*.

Até hoje me agrada que fôssemos assim.

"EU JUNTEI COM A MÃO... É BRANCO, BRANCO..."

Jênia Selénia, cinco anos. Hoje: jornalista

Naquele domingo... Dia 22 de junho...

Eu e meu irmão fomos colher cogumelos. Já era época daqueles cogumelos boletos gordos. Nosso bosquezinho era pequeno, conhecíamos nele cada arbustozinho, cada clareirinha, onde cresciam tais cogumelos, quais frutinhas e até as flores. Onde havia epilóbio, onde havia erva-de-são-joão. A urze cor-de-rosa... Já estávamos voltando para casa quando escutamos um barulho estrondoso. O barulho vinha do céu. Levantamos a cabeça: acima de nós havia uns doze, quinze aviões... Eles voavam alto, muito alto, eu achava que antes nossos aviões não voavam tão alto. Ouviu-se um barulho: u-u-u!

Ali mesmo vimos nossa mãe, ela vinha correndo na nossa direção — chorando, a voz falhava. Essa foi a impressão que ficou do primeiro dia de guerra — mamãe não chamava com carinho como de hábito, mas gritava: "Crianças! Minhas crianças!". Tinha os olhos grandes, no lugar do rosto eram só os olhos…

Dois dias depois, acho, um grupo de soldados do Exército Vermelho veio para o nosso sítio. Empoeirados, suados, com os lábios rachados, bebiam água do poço avidamente. E como eles reviveram… Como o rosto deles se iluminou quando apareceram no céu quatro aviões nossos. Notamos neles aquelas estrelas vermelhas. "Os nossos! Os nossos!", gritamos junto com os soldados do Exército Vermelho. Mas, de repente, não se sabe de onde, emergiram pequenos aviões pretos, eles giravam em volta dos nossos, algo estalava e trovejava. Um som estranho chegava à terra… Como se alguém estivesse rasgando uma lona ou um pano… Assim, alto. Eu ainda não sabia que era daquele jeito que estrepitavam as rajadas de metralhadora de longe ou do alto. Atrás de nossos aviões que caíam se estendiam faixas vermelhas de fogo e fumaça. Cataploft! Os soldados do Exército Vermelho estavam parados, chorando, sem vergonha das lágrimas. Eu estava vendo pela primeira vez… Primeira vez… Soldados do Exército Vermelho chorando… Nos filmes de guerra que eu ia ver no nosso povoado eles nunca choravam.

Ainda uns dias depois… Veio correndo da aldeia de Kabaki a irmã da minha mãe — tia Kátia. Estava sombria, terrível. Ela contou que os alemães haviam entrado na aldeia deles, reunido os ativistas e levado para depois da cerca da aldeia; lá, fuzilaram-nos com metralhadoras. Entre os fuzilados estava o irmão da mamãe, deputado do soviete rural. Um comunista veterano.

Até hoje me lembro das palavras da tia Kátia:

— Quebraram a cabeça dele, e eu juntei o cérebro com a mão. É branco, branco…

Ela ficou dois dias conosco. E contava isso o dia inteiro… Repetia… Nesses dois dias os cabelos dela ficaram brancos. E quando a mamãe se sentava ao lado da tia Kátia, a abraçava e chorava, eu fazia carinho na cabeça dela. Tinha medo.

Eu tinha medo de que mamãe também ficasse com os cabelos brancos…

“QUERO VIVER! QUERO VIVER!…”

Vássia Khárevski, quatro anos. Hoje: arquiteto

Essas cenas, esses fogos. São minha riqueza. É um luxo eu ter sobrevivido…

Ninguém acredita em mim, nem mamãe acreditava. Quando começamos a recordar depois da guerra, ela se surpreendia: “Você não pode se lembrar disso, era pequeno. Alguém te contou…”.

Não, eu mesmo lembro…

As bombas explodiam, e eu me agarrava ao meu irmão mais velho: “Quero viver! Quero viver!”. Tinha medo de morrer, mas o que eu podia saber sobre morte na época? O quê?

Eu mesmo lembro…

Minha mãe entregou para mim e para meu irmão as duas últimas batatinhas, e ela só olhava para nós. Sabíamos que essas batatinhas eram as últimas. Eu queria deixar para ela… um pedacinho pequenininho… E não consegui. Meu irmão também não conseguiu. Ficamos com vergonha. Com muita vergonha.

Não, eu mesmo…

Vi nosso primeiro soldado… Acho que era tanquista, mas não sei dizer exatamente… Corri até ele: “Papai!!”. E ele me levantou nos braços para o céu: “Filhinho!”.

Eu me lembro de tudo…

Lembro que os adultos falavam: “Ele é pequeno. Não entende”. E eu me surpreendia: “Como esses adultos são estranhos, por que eles decidiram que eu não entendo nada? Entendo tudo". Eu até achava que entendia mais do que os adultos, porque eu não chorava, e eles choravam.

A guerra é meu livro de história. Minha solidão... Perdi a época da infância, ela fugiu da minha vida. Sou uma pessoa sem infância, em vez de infância tenho a guerra.

Na vida, a única coisa que depois me abalou desse jeito foi o amor. Quando me apaixonei... Conheci o amor...

"PELA CASA DO BOTÃO..."

Inna Levkiévitch, dez anos. Hoje: engenheira civil

Nos primeiros dias... Desde a manhã...

Explodiam bombas acima de nós. Sobre a terra estavam jogados postes e fios. As pessoas estavam assustadas, todos corriam das casas. Todos saíam de casa e corriam para a rua, avisavam uns aos outros: "Cuidado com o fio! Cuidado com o fio!", para que ninguém se enganchasse, não caísse. Como se isso fosse o mais assustador.

Ainda na manhã de 26 de junho, mamãe entregava o pagamento — ela trabalhava como contadora em uma fábrica —, e à noite éramos refugiados. E quando saímos de Minsk, vimos como ardia nossa escola. As chamas subiam em todas as janelas. Tão vivas... Tão... Tão fortes, iam até o céu... Nós soluçávamos porque nossa escola estava pegando fogo. Éramos quatro e mais a mamãe, três iam a pé e a mais nova "viajava" no colo da mamãe. Mamãe ainda se preocupava por ter trazido a chave mas se esquecera de fechar o apartamento. Ela tentava parar os carros, gritava e pedia: "Levem nossas crianças, nós vamos defender a cidade". Não queria acreditar que os alemães já estavam na cidade. Havíamos entregado a cidade.

Tudo o que estava acontecendo diante dos nossos olhos era assustador e incompreensível. E o que acontecia conosco. Especialmente a morte... Ao lado dos mortos estavam jogadas umas chaleiras e panelas. Tudo estava queimando... Parecia que estávamos correndo sobre pedaços de carvão... Sempre fui amiga dos meninos. Cresci uma menina encapetada. Achava que seria interessante observar como as bombas voavam, como elas assobiavam e caíam. Quando mamãe gritava: "Vamos deitar no chão!", eu espiava pela casa do botão... O que era aquilo no céu? E como as pessoas corriam... Havia algo pendurado na árvore... Quando eu entendi que era um pedaço de uma pessoa que estava pendurado na árvore, fiquei pasma. Fechei os olhos...

Minha irmã Irma tinha sete anos, ela levava o fogareiro e os sapatos da mamãe, morria de medo de perder aqueles sapatos. Eram sapatos novos, rosa-claro, com saltos talhados. Mamãe os pegou por acidente, talvez porque eram o objeto mais bonito que ela tinha.

Com a chave e com os sapatos, nós logo voltamos para a cidade onde estava tudo queimando. Não demorou para começarmos a passar fome. Colhíamos anserina e comíamos. Comíamos umas flores murchas! O inverno estava se aproximando. Os alemães haviam queimado o grande jardim do colcoz fora da cidade, tinham medo dos *partisans*, assim, todos andavam e cortavam tocos por lá, para levar ao menos um pouquinho de lenha. Para acender o fogão de casa. Com a levedura fazíamos fígado: fritávamos a levedura na frigideira e ficava com gostinho de fígado. Mamãe me deu dinheiro para comprar pão na feira. Lá, uma mulher velha estava vendendo cabritos, e eu imaginei que salvaria toda a nossa família comprando um cabritinho. Ele ia crescer e teríamos muito leite. E eu comprei o cabritinho, e paguei por ele todo o dinheiro que haviam me dado. Não lembro se mamãe me deu uma bronca, só lembro que passamos alguns dias com fome: o dinheiro tinha acabado. Cozinhávamos uma espécie de *zatirka*,* com ela alimentávamos o cabrito, eu o levava para dormir comigo para que ficasse quentinho, mas ele ficava gelado. E logo morreu. Isso foi uma tragédia. Nós choramos muito, não deixávamos que o levassem de casa. Eu chorava mais forte do que todos, me sentia culpada. Mamãe o levou à noite quietinha, e nos disse que os ratos tinham comido o cabrito.

Mas durante a ocupação nós comemorávamos todos os feriados de maio e outubro. Nossos feriados! Os nossos! Sempre cantávamos canções, nossa família era cantadora. Que fosse uma batata assada, às vezes um pedacinho de açúcar para todos, mas nesse dia tentávamos cozinhar algo um pouquinho melhor; mesmo que no dia seguinte ficássemos com fome, sempre comemorávamos os feriados. Cantávamos a canção preferida da mamãe sussurrando: "A manhã pinta com uma cor delicada os muros do velho Krémlin...". Sem exceção.

Certa feita, a vizinha assou pãezinhos recheados para vender e nos propôs: "Levem por atacado e vendam a varejo. Vocês são jovens, têm as pernas leves". Decidi fazer isso por saber como era difícil para a mamãe conseguir comida para nós. A vizinha trouxe os pãezinhos, eu e minha irmã Irma ficamos olhando para eles:

— Irma, você não acha que esse salgado é maior do que aquele? — falei.

— Acho...

Você não imagina como dava vontade de provar um pedacinho.

— Vamos cortar um pedacinho, depois vendemos.

Passamos duas horas assim, e no fim não havia nada para vender na feira. Depois, a vizinha começou a cozinhar travesseirinhos; são umas balas, há muito tempo já não existem nas lojas,

* Espécie de sopa bielorrussa.

não sei por quê. Ela nos deu esses travesseirinhos para vender. De novo eu e Irma nos sentamos com eles:

— Um travesseirinho é grande, maior do que os outros. Vamos dar umas lambidinhas, Irma.

— Vamos...

Tínhamos um casaco para três, um par de botas de feltro. Muitas vezes ficávamos em casa. Contávamos histórias umas para as outras... Uns livrinhos... Mas não tinha graça. O que tinha graça para a gente era sonhar com quando acabaria a guerra e como começaríamos a viver depois. Só iríamos comer salgadinhos e bombons.

Quando a guerra acabou, mamãe vestiu o casaquinho de crepe. Como ela conseguiu ficar com aquele casaquinho, não lembro. Havíamos trocado todas as nossas coisas boas por comida. Esse casaquinho tinha punhos pretos, mamãe os descosturou para não ter nada sombrio, só coisas claras.

Fomos para a escola imediatamente e desde os primeiros dias começamos a ensaiar as músicas para a parada.

"SÓ ESCUTAVA COMO NOSSA MÃE GRITAVA"

Lida Pogorjiélskaia, oito anos. Hoje: doutora em biologia

Lembro desse dia por toda a vida... O primeiro dia sem o papai...

Queria dormir. Mamãe nos acordou de manhã cedo e disse: "É guerra!". E o sono depois disso? Começamos a nos preparar para pegar a estrada. Ainda não tinha medo. Todos olhavam para o meu pai, e ele estava tranquilo. Como sempre. Era um funcionário do partido. Cada um devia levar algo, dizia a mamãe. Eu não arrumei nada para levar, mas minha irmã mais nova pegou uma boneca. Mamãe pegou nosso irmãozinho menor nos braços. Papai nos alcançou já no caminho.

Esqueci de dizer que morávamos na cidade de Kobrin. Perto de Brest. Por isso a guerra nos alcançou logo no primeiro dia. Não tivemos tempo de recobrar os sentidos. Os adultos quase não falavam, andavam calados, montavam seus cavalos calados. Isso foi aterrorizante. As pessoas andavam e andavam, muita gente, e todos calados.

Quando papai nos apanhou, ficamos um pouco mais tranquilos. Na nossa família, meu pai era o líder em tudo, porque mamãe era muito jovem, tinha se casado com dezesseis anos. Não sabia nem cozinhar. E papai era órfão, ele sabia fazer tudo. Lembro como adorávamos quando ele tinha tempo e podia cozinhar algo gostoso para nós. Era uma festa para todos. Até hoje acho que não existe nada mais gostoso do que o mingau de semolina que papai fazia. Quanto andamos sem ele, quanto esperamos por ele! Ficar na guerra sem o meu pai, isso não conseguíamos imaginar. Nossa família era assim.

A caravana acabou por ficar grande. Nos deslocávamos lentamente. Às vezes todos paravam e olhavam o céu. Procurávamos com os olhos nossos aviões… Procurávamos em vão…

No meio do dia vimos uma coluna de militares. Eles andavam a cavalo e vestiam uniformes do Exército Vermelho, novinhos. Os cavalos estavam bem alimentados. Eram grandes. Ninguém imaginou que seriam infiltrados. Decidimos: são dos nossos! Nos alegramos. Papai saiu ao encontro deles, e eu escutei o grito da mamãe. O tiro não ouvi… Só o grito da mamãe: "Aaaaaah… Uuuuuu…". Lembro que os militares nem desceram do cavalo… Quando mamãe começou a gritar, eu saí correndo. Todos correram para algum lugar. Corríamos calados. Eu só escutava como nossa mãe gritava. Corri até me emaranhar e cair no capim alto…

Nossos cavalos ficaram parados até anoitecer. Esperando. Todos nós voltamos para o mesmo lugar quando começou a escurecer. Mamãe estava sentada lá, sozinha, esperando. Alguém disse: "Vejam, ela está grisalha". Lembro que os adultos cavaram uma vala... Depois empurraram a mim e a minha irmãzinha: "Vão. Despeçam-se do seu pai". Dei dois passos e não pude mais ir em frente. Me sentei na terra. E minha irmãzinha ficou ao meu lado. Meu irmãozinho estava dormindo, ele era bem pequenininho, não entendia nada. Nossa mãe estava deitada inconsciente na telega, não nos deixavam ir até ela.

E assim nenhuma de nós viu o papai morto. Nem guardamos na memória a imagem dele morto. Sempre que me lembrava dele, por algum motivo o imaginava vestindo uma camisa militar branca. Jovem e bonito. Até agora, mesmo agora que já sou mais velha que nosso pai.

Na região de Stalingrado, para onde nos evacuaram, mamãe trabalhava no colcoz. Mamãe, que não conseguia fazer nada, não sabia como sachar um canteiro, não via diferença entre trigo e aveia, virou uma *udárenitsa*.* Não tínhamos pai, mais gente não tinha pai. O outro não tinha mãe. Ou irmão. Ou irmã. Ou avô. Mas não nos sentíamos órfãos. Todos tinham pena de nós e nos criavam. Lembro da tia Tânia Morózova. Ela tinha perdido dois filhos, morava sozinha. E ela separava tudo para nós, era como nossa mãe. Antes era uma completa desconhecida, mas com a guerra virou uma parente. Meu irmãozinho, quando cresceu, dizia que não tínhamos pai, mas por outro lado tínhamos duas mães: nossa mãe e a tia Tânia. Todos nós crescemos assim. Com duas, três mães.

Também lembro que nos bombardeavam na estrada durante a evacuação, e corríamos para nos esconder. Corríamos para nos

* Termo usado para os trabalhadores-modelo, que possuíam alta produtividade.

esconder não rumo a mamãe, mas rumo aos soldados. Acabava o bombardeio, mamãe nos dava uma bronca porque corríamos para longe dela. Mas mesmo assim, quando começavam a bombardear de novo, corríamos para os soldados.

Quando libertaram Minsk, decidimos voltar. Para casa. Para a Bielorrússia. Nossa mãe era uma autêntica nativa de Minsk, mas, quando saímos na estação de trem da cidade, ela não sabia para onde ir. Era outra cidade. Só ruínas... Areia feita de pedra...

Eu já estudava na academia agrícola de Goretskaia... Morava no alojamento estudantil; no nosso quarto havia oito pessoas. Todos órfãos. Ninguém nos pôs juntos de propósito, não nos juntaram — mas éramos muitos. Não havia apenas um quarto. Lembro que à noite todos gritávamos... Eu conseguia sair da cama e bater na porta... Queria escapar para algum lugar... As meninas me pegavam. Aí eu começava a chorar. Elas também choravam em seguida. Todo o quarto chorava. De manhã era preciso estudar, assistir às aulas.

Uma vez, na rua, encontrei um homem que parecia o papai. Passei muito tempo andando atrás dele. É que eu não vi o papai morto...

"NÓS TOCÁVAMOS, E OS SOLDADOS CHORAVAM..."

Volódia Tchistokliétov, dez anos. Hoje: músico

Era uma manhã bonita...

O mar da manhã... Calmo e azul. Eram os primeiros dias da minha chegada ao sanatório infantil Soviet-Kvadje, no mar Negro. Escutamos o barulho dos aviões... Eu mergulhava nas ondas, mas mesmo lá, debaixo d'água, era possível ouvir aquele barulho. Não nos assustamos, começamos a brincar de "ir para a guerra", sem suspeitar que em algum lugar a guerra estava acontecendo. Não era um jogo, não eram exercícios militares, era uma guerra.

Depois de alguns dias nos mandaram para casa. Fui para Rostov. Na cidade já estavam caindo as primeiras bombas. Todos estavam se preparando para as batalhas de rua: cavavam trincheiras, construíam barricadas. Aprendemos a atirar. Nós, crianças, vigiávamos as caixas de garrafas com líquido inflamável, trouxéramos areia e água para o caso de um incêndio.

Todas as escolas foram transformadas em hospitais militares. Na nossa Septuagésima Escola foi instalado o hospital de campanha do Exército para pacientes com ferimentos leves. Mamãe foi mandada para lá. Ela recebeu permissão para me levar junto, para que eu não ficasse sozinho em casa. Mas na retirada, para onde quer que fosse o hospital, nós íamos junto.

Depois de um bombardeio, ficou na minha memória um monte de livros entre as pedras destruídas; peguei um, ele se chamava *A vida dos animais*. Um livro grande, com ilustrações bonitas. Não dormi a noite toda, fiquei lendo o livro e não conseguia largar... Lembro que não peguei livros de guerra, já não tinha vontade de ler sobre isso. Mas sobre animais, pássaros...

Em novembro de 1942... O chefe do hospital ordenou que me entregassem um uniforme, mas tiveram que ajustar. Não acharam botas para mim por um mês inteiro. E assim eu me tornei aluno do hospital militar. Soldado. O que fazia? Só com as ataduras dava para ficar louco. Nunca havia o suficiente. Tinha que lavar, secar, dobrar. Tente dobrar mil unidades por dia! Peguei o jeito ainda mais rápido do que os adultos. Até meu primeiro cigarro improvisado eu enrolei com habilidade. No dia em que completei doze anos, com um sorriso o suboficial me entregou um pacote de tabaco, como a um guerreiro com plenos direitos. Fumava um pouco. Quietinho, escondido da mamãe. Era o que eu imaginava, claro. Bem... e sentia medo... Tive dificuldade em me acostumar com sangue. Tinha medo dos queimados. Com o rosto preto...

Quando bombardearam vagões de sal e parafina, tanto uma coisa como a outra foram aproveitadas. O sal para os cozinheiros, a parafina para mim. Foi preciso dominar uma especialidade que não estava prevista em nenhuma lista militar — fazer velas. Era pior do que com as ataduras! Minha tarefa era cuidar para que as velas queimassem por muito tempo, era o que usávamos quando não tínhamos eletricidade. Os médicos não interrompiam as operações nem sob bombardeio, nem sob tiroteio. À noite só fechávamos as janelas. Cobríamos com lençóis. Cobertores.

Mamãe chorava, mas mesmo assim eu sonhava em fugir para o front. Não acreditava que podiam me matar. Uma vez nos mandaram buscar pão... Logo que fomos, começou um tiroteio de artilharia. Eram morteiros. O sargento foi morto, o cocheiro foi morto, eu fiquei ferido. Perdi a fala, e quando depois de algum tempo comecei a falar, mesmo assim fiquei gago. Até hoje tenho isso. Todos se surpreendiam por eu ter sobrevivido, eu tinha outro sentimento — então podem me matar? Como é que podem me matar? Percorremos toda a Bielorrússia e a Polônia com o hospital. Aprendi umas palavras em polonês...

Em Varsóvia... Entre os feridos havia um tcheco que era trombonista da Ópera de Praga. O chefe do hospital se encantou com ele e, quando estava melhor, pediu que percorresse todas as enfermarias procurando músicos. Formou-se uma orquestra ótima. Me ensinaram a tocar viola, e violão eu já aprendi sozinho. Nós tocávamos, e os soldados choravam. Tocávamos músicas alegres...

E assim chegamos até a Alemanha...

Em um povoado alemão destruído eu vi uma bicicleta infantil jogada. Fiquei alegre. Subi e comecei a andar. Andava tão bem!

Durante a guerra eu não tinha visto nenhum objeto infantil. Havia esquecido que eles existiam em algum lugar. Os brinquedos de criança…

"NO CEMITÉRIO, OS MORTOS ESTAVAM DEITADOS NA SUPERFÍCIE… COMO SE TIVESSEM SIDO ASSASSINADOS DE NOVO…"

Vânia Titov, cinco anos. Hoje: especialista em melhoramento do solo

O céu preto…

Aviões gordos e pretos… Eles zumbiam baixo. Bem acima da terra. É a guerra. Como lembro dela… Lembro de vislumbres isolados…

Nos bombardeavam, e nós nos escondíamos no jardim, atrás das velhas macieiras. Todos os cinco. Eu tinha mais quatro irmãozinhos, o mais velho com dez anos. Ele nos ensinou a nos escondermos dos aviões atrás das macieiras grandes, onde havia muitas folhas. Mamãe nos reunia e levava para o porão. Mas o porão dava medo. Lá viviam ratos com pequenos olhos penetrantes que brilhavam na escuridão. Ardiam com brilho antinatural. Os ratos também gritavam um pouco de noite. Brincavam.

Quando os soldados alemães entraram na *khata*, nos escondemos no forno à lenha. Embaixo de uns trapos velhos. Ficamos deitados com os olhos fechados. De medo.

Queimaram nossa aldeia. Bombardearam o cemitério do povoado. As pessoas correram para lá: os mortos estavam deitados na superfície… Jaziam como se tivessem sido assassinados de novo… Estava lá nosso avô, que tinha morrido havia pouco tempo. Foram enterrados de novo…

Na guerra nós brincávamos de "guerra". Quando cansávamos de "brancos e vermelhos" e de "Tchapáiev", brincávamos de "russos e alemães". Lutávamos. Fazíamos prisioneiros. Fuzilávamos. Usávamos capacetes de soldado na cabeça, nossos e dos alemães, havia capacetes jogados por todos os lados — na floresta, nos campos. Ninguém queria ser alemão, nós até brigávamos por isso. Brincávamos em abrigos e trincheiras de verdade. Lutávamos com paus, corríamos para o combate corpo a corpo. E as mães nos davam bronca…

Nos surpreendíamos porque antes… antes da guerra… elas não brigavam conosco por isso.

"E ENTENDI QUE ERA O MEU PAI… MEUS JOELHOS TREMIAM…"

Liônia Khosseniévitch, cinco anos. Hoje: projetista

Ficou na minha memória uma cor…

Eu tinha cinco anos, mas lembro muito bem… A casa do meu avô era amarela, de madeira, e atrás da sebe havia troncos sobre a grama. A areia branca na qual brincávamos parecia lavada. Era branca, branca. Ainda lembro de quando a mamãe levou a mim e a minha irmãzinha para tirar fotos em algum lugar da cidade, e de como Éllotchka chorava e eu a consolava. Essa fotografia se conservou, nossa única foto juntas antes da guerra… Não sei por que ela ficou na minha memória com a cor verde.

Depois, todas as lembranças têm cor escura… Se essas primeiras são em tom claro — a grama verde, verde, uma aquarela viva; a areia branca, branca, e o tapume amarelo, amarelo… Então depois tudo passa a ter cor escura: estava sufocado pela fumaça, me levaram para algum lugar do lado de fora, nossas coisas estavam na rua, as trouxas, uma só cadeira, não sei por quê. As pessoas estavam chorando. Eu e a mamãe passamos muito tempo andando pelas ruas, eu ia segurando na saia dela. A todo mundo com quem a mamãe se encontrava, ela repetia a mesma frase: "Nossa casa pegou fogo".

Passamos a noite em alguma portaria. Eu estava com frio. Aquecia as mãos no bolso da blusa da mamãe. Tateei algo frio ali. Era a chave da nossa casa.

De repente a mamãe não está. Mamãe desapareceu, ficaram só vovó e vovô. Apareceu um amigo meu, dois anos mais velho: Jênia Savotchkin. Ele tinha sete anos, e eu, cinco. Me ensinavam a ler com um livro de histórias dos irmãos Grimm. A vovó ensinava segundo seu método, por ele podia-se receber um peteleco ofensivo na testa: "Ê!". Jênia também me ensinava. Quando lia o livro, ele mostrava as letras. Mas o que eu mais amava era escutar as histórias, especialmente quando a vovó contava. A voz dela parecia a da mamãe. Uma vez, à noite, veio uma mulher bonita e trouxe algo muito gostoso. Das palavras dela entendi que mamãe estava viva, ela e papai estavam lutando. Gritei, feliz: "Mamãe logo vai voltar!". Queria saltar para o pátio e contar a novidade aos meus amigos. Vovó me bateu com o cinto. Vovô intercedeu por mim. Quando eles foram dormir, peguei todos os cintos da casa e joguei atrás do armário.

Queria comer o tempo todo. Eu e Jênia andávamos no centeio, que crescia logo atrás das casas. Amassávamos as espigas e mastigávamos os grãozinhos. O campo já era dos alemães... as espigas também eram dos alemães... Vimos um automóvel de passeio, fugimos. Um oficial de uniforme verde com dragonas brilhantes literalmente me arrancou do nosso portão e, ora batia com a chibata, ora me açoitava com o cinto. Fiquei petrificado de medo — não senti dor. De repente vi a vovó: "Meu senhor, meu querido, me dê meu neto. Peço por Deus, me dê meu neto!". A vovó ficou de joelhos na frente do oficial. O oficial foi embora, e eu fiquei na areia. Vovó me levou no colo para casa. Eu mexia os lábios com dificuldade. Depois disso passei muito tempo doente.

Também lembro que as carroças andavam pela rua, muitas carroças. Vovô e vovó abriam o portão. Os refugiados também ficavam alojados na nossa casa. Depois de um certo tempo eles adoeciam de tifo. Como me explicavam, eles eram levados para o hospital. Após um tempo o vovô ficou doente. Eu dormia com ele. Vovó emagreceu e mal andava pela casa. De dia eu saí para brincar com os meninos. Voltei à tarde e não encontrei nem vovó nem vovô em casa. Os vizinhos disseram que eles também haviam sido levados para o hospital. Fiquei com medo — eu estava só. Já havia adivinhado que daquele hospital para onde eram levados os refugiados, e agora a vovó e o vovô, ninguém voltava. Dava medo morar sozinho em casa, à noite a casa era grande e desconhecida. Mesmo de dia dava medo. O irmão do vovô me levou com ele. Eu tinha um novo vovô.

Estavam bombardeando Minsk, nos escondemos no porão. Quando eu saí de lá para a luz, o sol cegava os olhos, e eu fiquei surdo pelo estrondo dos motores. Havia tanques andando pela rua. Me escondi atrás de um poste. De repente vi que na torre de tiro havia uma estrela vermelha. Eram os nossos! Na hora corri para casa: se os nossos haviam chegado, isso significava que mamãe também tinha chegado! Me aproximei de casa — do lado de fora do terraço de entrada estavam umas mulheres com metralhadoras, elas me pegaram no colo e começaram a me interrogar. Uma delas me parecia conhecida. Lembrava alguém. Ela chegou mais perto de mim, me abraçou. As outras mulheres começaram a chorar. Eu dei um grito: “Mamãe!”. Depois me afundei em algum lugar…

Logo mamãe trouxe minha irmãzinha do orfanato, e ela não me reconheceu: tinha esquecido completamente. Esquecera durante a guerra. Eu estava tão feliz de ter uma irmãzinha de novo.

Cheguei da escola e descobri meu pai dormindo no sofá, de volta da guerra. Ele estava dormindo, e eu tirei os documentos da pasta dele e li. E entendi que era o meu pai. Fiquei sentado olhando para ele até ele acordar.

O tempo todo meus joelhos tremiam…

"FECHE OS OLHOS, FILHINHO… NÃO OLHE…"

Volódia ParabkÓvitch, doze anos. Hoje: aposentado

Cresci sem mãe…

Nunca lembro de mim mesmo pequeno… Minha mãe morreu quando eu tinha sete anos. Morava com uma tia. Levava as vacas para pastar, armazenava a lenha, fazia os cavalos correrem à noite. Também havia muito que fazer na horta. Mas no inverno andávamos de trenó de madeira e patins que nós mesmos fazíamos — também de madeira, pregados com pedaços de ferro e amarrados com cordões de *lápti** — andávamos de esqui de tábuas e rebites de barris desmontados. Eu mesmo fazia tudo.

Até hoje me lembro de quando calcei pela primeira vez botas compradas por meu pai. E que tristeza quando as arranhei com raminhos na floresta. Fiquei com tanta pena que pensava: seria melhor ter cortado o pé — ele cicatriza. Com essas mesmas botinhas saí de Orcha com meu pai quando os aviões fascistas bombardearam a cidade.

Fora da cidade atiravam contra nós à queima-roupa. As pessoas caíam na terra… Na areia, na grama… "Feche os olhos, filhinho… Não olhe…", pedia meu pai. Eu tinha medo de olhar para o céu — estava preto por causa dos aviões — e para a terra

* Espécie de alpargata feita de entrecasca.

— havia mortos por todo lado. Um avião passou perto de nós... Meu pai também caiu e não se levantou. Sentei perto ele: "Papai, abra os olhos... Papai, abra os olhos...". Algumas pessoas gritavam: "Alemães!", e me puxavam atrás delas. Eu não conseguia entender que meu pai não se levantaria mais, e que eu precisava largá-lo ali no pó, na estrada. Ele não tinha sangue em lugar nenhum, só estava deitado em silêncio. Me tiraram dele à força, mas por muitos dias eu andava e olhava para trás, esperava que meu pai me alcançasse. Acordava à noite, acordava com a voz dele... Não conseguia acreditar que eu já não tinha pai. Assim, fiquei só com uma roupa de feltro.

Depois de muito tempo vagando... Andava de trem, ia a pé... Me puseram no orfanato da cidade de Melekess, da região de Kúibichevski. Tentei fugir para o front algumas vezes, em todas fracassava. Me pegavam e me levavam de volta. E, como se diz, há males que vêm para o bem. Na floresta, quando estava preparando lenha, não consegui segurar o machado, ele saltou da madeira e acertou um dedo meu da mão direita. A educadora me fez um curativo com o lenço dela e me mandou para a clínica municipal.

Voltando para o orfanato com Sacha Liapini, que haviam mandado junto comigo, notamos perto do Comitê Municipal do Komsomol um marinheiro de quepe com fitinhas, ele estava colando um comunicado no quadro. Chegamos mais perto e vimos que eram as regras de admissão na Escola de Grumetes da Frota da Marinha de Guerra nas ilhas Solovétski. A Escola de Grumetes estava recrutando apenas voluntários. Tinham prioridade no alistamento os filhos de marinheiro e as crianças de orfanato. Escuto a voz daquele marinheiro como se fosse agora:

— E então, querem ser marinheiros?

Respondemos a ele:

— Somos do orfanato.

— Então passem no Comitê Municipal e escrevam um requerimento.

Não consigo descrever a animação que tomou conta de nós naquele momento. Era um caminho direto para o front. Eu já nem acreditava que poderia vingar meu pai! Ia conseguir ir para a guerra.

Entramos no Comitê Municipal e escrevemos um requerimento. Alguns dias depois já passamos pela comissão médica. Um dos membros da comissão olhou para mim:

— Ele é muito magrinho e pequeno.

Mas o outro, de uniforme de oficial, suspirou:

— Tudo bem, ele vai crescer.

Nos mandaram trocar de roupa, com dificuldade acharam os tamanhos necessários. Quando me vi no espelho de uniforme de marinheiro e quepe, fiquei feliz. Um dia depois já estávamos no navio a vapor rumo às ilhas Solovétski.

Tudo era novo. Inédito. Alta noite... Estávamos de pé no convés... Os marinheiros nos mandavam dormir:

— Rapazes, vão para o alojamento. Lá está quentinho.

De manhã cedo vimos o mosteiro brilhando ao sol e o bosque dourado. Eram as ilhas Solovétski, onde foi aberta a primeira Escola de Grumetes da Frota da Marinha de Guerra do país. Mas, antes de iniciar as aulas, devíamos construir a escola ou, mais precisamente, os abrigos de terra. A terra de Solovétski é cheia de pedras. Não tínhamos serras, machados nem pás. Aprendemos a fazer tudo à mão: cavar o terreno difícil, serrar árvores centenárias, arrancar os tocos dos pinheiros, fazer carpintaria. Depois do trabalho íamos descansar em tendas frias, as camas eram colchões e fronhas recheados de capim, e sob eles botávamos ramos de pinheiros. Nos cobríamos com os capotes. Nós mesmos os lavávamos, na água com gelo... Chorávamos de tanto que doíam as mãos.

Em 1942... Fizemos o juramento militar. Nos entregaram quepes de marinheiros com a inscrição "Escola de Grumetes FMG", mas, infelizmente, não com raias longas nos ombros, e sim com uma fitinha no lado direito. Deram-nos escopetas. No começo de 1943... Me passaram para o serviço do destróier de guarda *Soobrazítelni*. Para mim era tudo a primeira vez: a crista das ondas, nas quais se escondia o nariz do navio, o caminho "fosfóreo" deixado pelas hélices dos remos... A respiração se cortava...

— Está com medo, meu filho? — perguntou o comandante.

— Não — não hesitei nem por um segundo. — É bonito!

— Se não fosse a guerra seria bonito — disse o comandante, e por algum motivo deu meia-volta.

Eu tinha catorze anos...

"MEU IRMÃOZINHO CHORAVA PORQUE ELE NÃO EXISTIA NA ÉPOCA DO PAPAI..."

Larissa Lissóvskaia, seis anos. Hoje: bibliotecária

Lembro do meu pai... E do meu irmãozinho...

Papai era *partisan*. Os fascistas o pegaram e fuzilaram. Umas mulheres contaram para a mamãe onde eles haviam sido executados — papai e mais algumas pessoas. Ela correu para o lugar onde eles jaziam... Por toda a vida ela lembrou que estava frio, havia uma crosta de gelo sobre as poças. E eles estavam só de meias...

Mamãe estava grávida. Estava esperando nosso irmãozinho.

Precisamos nos esconder. Estavam prendendo as famílias dos *partisans*. Levavam as crianças também. Levavam em veículos fechados com lona...

Passamos muito tempo no porão dos vizinhos. A primavera

já estava começando... Ficávamos deitados sobre batatas, e a batata estava germinando... Você dormia, e à noite um raminho saltava e fazia cócegas no nariz. Como um besourinho. Uns besourinhos moravam nos meus bolsos. Nas meias. Eu não tinha medo deles — nem de dia nem de noite.

Saímos do porão e mamãe deu à luz meu irmãozinho. Ele cresceu e começou a falar; nós nos lembrávamos do papai:

— Papai era alto...

— Forte... Como ele me jogava!

Eu e minha irmã falávamos isso, e meu irmãozinho perguntava:

— E onde eu estava?

— Na época você não existia...

Ele começava a chorar porque não existia na época do papai...

"ESSA MENINA FOI A PRIMEIRA A CHEGAR..."

Nina Iarochévitch, nove anos. Hoje: professora de educação física

Em casa, todos estavam emocionados com um grande acontecimento...

À noite o noivo da minha irmã mais velha viera pedi-la em casamento. Todos ficaram até tarde discutindo quando seria a festa, onde os jovens iam casar, quantos convidados chamar. E na manhã seguinte chamaram o meu pai para o centro de recrutamento. Na aldeia já começavam a correr os rumores: guerra! Mamãe ficou transtornada: como pode ser? Eu só pensava numa coisa: se sobreviveria àquele dia. Ninguém tinha me explicado ainda que a guerra não acontece num dia ou dois, que pode durar muito tempo.

E era verão, um dia quente. Queria ir ao riacho, mas mamãe estava nos aprontando para pegar a estrada. Também tínhamos um irmão, que acabara de voltar do hospital, onde fora operado da perna, e estava de muletas. Mas mamãe disse: "Temos que ir todos". Para onde? Ninguém sabia nada. Percorremos uns cinco quilômetros. Meu irmão mancava e chorava. Para onde ir com ele? Demos meia-volta. Papai nos esperava em casa. Os homens que foram para o centro de recrutamento de manhã haviam voltado, os alemães já tinham ocupado o centro local. A cidade de Slutsk.

Caíam as primeiras bombas — fiquei olhando para elas até tocarem a terra. Alguém tinha me contado que era preciso abrir a boca para não ficar surda. E então abria a boca, tapava os ouvidos e mesmo assim escutava quando elas caíam. Elas berravam. Dava tanto medo que não só a pele do rosto mas de todo o corpo se contraía. Tínhamos um balde que ficava pendurado. Quando tudo se acalmou, tiramos: contamos 58 buracos. O balde era branco, do alto parecia alguém de pé com um lenço branco, e eles atiraram… Estavam se divertindo…

Os primeiros alemães entraram na aldeia em carros grandes enfeitados com galhos de bétula. Assim como fazíamos quando celebrávamos um casamento. Quebravam galhos e galhos de bétula… Observávamos através da cerca, na época não havia muros, e sim cercas. Através dos salgueiros. Olhávamos bem… Eles pareciam pessoas normais… Eu queria ver como era a cabeça deles. Não sei por que eu tinha a impressão de que eles não tinham cabeça humana… Já corriam boatos de que eles matavam… Queimavam. Mas eles passavam de carro rindo. Satisfeitos, bronzeados.

De manhã faziam ginástica no pátio da escola. Tomavam banho de água fria. Arregaçavam as mangas, subiam nas motos e saíam.

Durante alguns dias cavaram uma grande vala ao lado da fábrica de laticínios, fora da aldeia, e todo dia às cinco, seis da manhã vinham tiros de lá. Quando começavam a atirar, até os galos paravam de cantar, se escondiam. Estava indo para a via de acesso com meu pai antes de anoitecer; ele deteve o cavalo perto dessa vala. "Vou lá ver", disse. Lá também tinham fuzilado a prima dele. Ele andava, e eu ia atrás dele.

De repente meu pai se virou e escondeu a vala de mim: "Volte. Você não pode continuar". Eu só vi, quando cruzei o riacho, que a água estava vermelha... E como os corvos subiram. Havia tantos corvos que soltei um grito... Depois disso meu pai passou vários dias sem conseguir comer. Via um corvo e corria para a *khata*, tremendo todo... Com febre...

Em Slutsk, no parque, enforcaram duas famílias de *partisans*. Fazia um frio terrível, os enforcados estavam tão congelados que, quando o vento os balançava, eles tilintavam. Tilintavam como árvores congeladas na floresta... Aquele som...

Quando nos libertaram, meu pai foi para o front. Foi para o Exército. Já sem ele costuraram meu primeiro vestido desde o começo da guerra. Mamãe o costurou com uns trapos, eles eram brancos e ela os tingiu com tinta. A tinta não foi suficiente para uma manga. Mas eu queria mostrar o vestido para minhas amiguinhas. E fiquei de lado na porta, ou seja, a manga boa aparecia, e a manga ruim estava escondida do lado de casa. Eu achava que estava tão arrumada, tão bonita!

Uma menina sentava na minha frente na escola, a Ánia. O pai e a mãe dela haviam morrido, ela morava com a avó. Eles eram refugiados, de perto de Smolensk. A escola comprou para ela um sobretudo, botas de feltro e galochas brilhantes. A professora levou e pôs tudo isso sobre a carteira escolar dela. E nós ficamos calados, porque nenhum de nós tinha botas ou um sobretudo como aqueles. Estávamos com inveja. Um dos meninos cutucou Ánia e disse: "Que sorte!". Ela despencou na carteira e começou a chorar. Chorou de soluçar por todas as quatro aulas.

Meu pai voltou do front, todos vieram ver nosso pai. E nos ver também, porque o papai havia voltado para nós.

Essa menina foi a primeira a chegar...

"EU SOU SUA MÃE..."

Tamara Parkhimóvitch, sete anos. Hoje: secretária datilógrafa

Passei toda a guerra pensando na mamãe. Perdi a mamãe nos primeiros dias...

Estávamos dormindo e bombardearam nosso acampamento de pioneiros. Pulamos para fora das barracas, corremos e gritamos: "Mamãe! Mamãe!". Minha educadora me sacudia pelos ombros para me acalmar, e eu gritava: "Mamãe! Onde está a mamãe?". Até ela me apertar contra si: "Eu sou sua mãe...".

Na minha cama estava pendurada uma sainha, uma blusinha branca e o lenço vermelho. Eu os vesti e fomos a pé para Minsk. Pela estrada muitos pais encontravam seus filhos, mas minha mãe não estava lá. De repente disseram: "Os alemães estão na cidade...". Voltamos todos para trás. Alguém me disse que tinha visto minha mãe morta.

E aí eu tenho uma lacuna na memória...

Como chegamos a Penza, não lembro; como me levaram para o orfanato, não lembro. São páginas em branco da memória. Lembro só que éramos muitos, dormíamos duas meninas em cada cama. Se uma começava a chorar, a outra chorava também: "Mamãe! Cadê minha mãe?". Eu era pequena, uma das babás queria me adotar. E eu ficava pensando na mamãe...

Uma vez, saindo do refeitório, todas as crianças estavam gritando: "Sua mãe chegou!". Ficavam no meu ouvido: "Sua mããããe... Sua mããããe...". Eu sonhava com minha mãe toda noite. Minha verdadeira mãe. E de repente ela apareceu na realidade, mas me parecia que era um sonho. Estava vendo: mamãe! Não acreditava. Passaram alguns dias me convencendo, mas eu tinha medo de me aproximar da mamãe. Vai que era um sonho? Um sonho! Mamãe chorava, e eu gritava: "Não chegue perto! Mataram minha mãe". Estava com medo... Estava com medo de acreditar na minha sorte...

Mesmo agora... Por toda a vida chorei nos momentos felizes. Me acabo de chorar. Por toda a vida... Meu marido... Eu e ele vivemos juntos com amor há muitos anos. Quando ele me propôs: "Eu te amo. Vamos nos casar"; eu me desfiz em lágrimas. Ele se assustou: "Você se ofendeu?". "Não! Não! Estou feliz!" Mas nunca consigo ficar feliz até o fim. Completamente feliz. Felicidade não é para mim. Tenho medo da felicidade. Sempre acho que logo mais ela vai acabar. Em mim sempre vive esse "logo mais". Esse medo infantil...

"PEDÍAMOS: PODE LAMBER?..."

Vera Táchkina, dez anos. Hoje: operária

Antes da guerra eu chorava muito...

Meu pai tinha morrido. Mamãe ficou com sete filhos nos braços. Levávamos uma vida pobre. Era difícil. Mas depois, durante a guerra, ela parecia uma felicidade, a vida dos tempos de paz.

Os adultos choravam — guerra —, e nós não nos assustávamos. Com frequência brincávamos de "vamos para a guerra", e essa palavra era muito conhecida para nós. Fiquei surpresa, por que mamãe soluça a noite toda? Anda com olhos vermelhos. Só depois entendi...

Comíamos... água... Chegava a hora do almoço, mamãe botava uma panela de água quente na mesa. E servíamos as tigelas. Fim de tarde. Jantar. Sobre a mesa, uma panela de água quente. Água quente transparente, no inverno não havia nada com que colori-la. Nem ervas havia.

De fome, meu irmão comeu um canto do fogão. Roía, roía todo dia, quando notaram havia um buraco no fogão. Mamãe pegava as últimas coisas, ia para a feira e trocava por batata, por milho. E então cozinhava polenta, dividia, e nós espiávamos a panela, pedíamos: pode lamber? Fazíamos fila para lamber. Depois de nós ainda lambia o gato, ele também passava fome. Não sei o que ainda ficava na panela para ele. Depois de nós não ficava nem uma gotinha. Nem cheiro de comida tinha. Lambíamos até o cheiro.

Passávamos o tempo todo esperando os nossos...

Quando nossos aviões começaram a bombardear, não corri para me esconder, mas fui a toda a velocidade olhar nossas bombas. Encontrei um estilhaço...

— Onde você se meteu? — minha mãe me recebeu em casa, assustada. — O que está escondendo aí?

— Não estou escondendo. Trouxe um estilhaço.

— Vai te matar, aí você vai ver.

— Que é isso, mamãe! É um estilhaço das nossas bombas. Por acaso vai me matar?

Eu o guardei por muito tempo...

"... MAIS MEIA COLHERINHA DE AÇÚCAR"

Emma Liévina, treze anos. Hoje: tipógrafa

Naquele dia faltava exatamente um mês para eu completar catorze anos...

— Não! Não vamos a lugar nenhum, a lugar nenhum. Olha o que foram me inventar, uma guerra! Não vamos nem ter tempo de sair da cidade, e a guerra já vai terminar. Não vamos! Não va-a-amos! — assim falava meu pai, membro do partido desde 1905. Foi detido mais de uma vez nas prisões tsaristas, participou da Revolução de Outubro.

Mas mesmo assim tivemos que ir embora. Regamos direitinho as flores na janela — tínhamos uma infinidade de flores —, fechamos as janelas e as portas, só deixamos o postigo aberto para o gato poder sair quando precisasse. Levamos o que era mais necessário. Papai convenceu a todos: voltaríamos em alguns dias. Mas Minsk estava em chamas.

Só minha irmã do meio não foi conosco, ela era três anos mais velha do que eu. Passamos muito tempo sem saber nada dela. Ficamos preocupados. Mas isso já foi durante a evacuação... Na Ucrânia... Recebemos uma carta da minha irmã do front, depois mais uma e mais uma. Mais tarde veio um agradecimento da unidade de comando em que ela serviu como enfermeira instrutora. Para quem minha mãe não mostrou esse agradecimento!? Estava orgulhosa. Em honra desse acontecimento, o presidente do colcoz nos deu um quilo de farinha forrageira. Mamãe então serviu panquecas gostosas para todos.

Fazíamos diferentes tipos de trabalho do campo, apesar de sermos as pessoas mais urbanas que havia. Mas trabalhávamos bem. Minha irmã mais velha, que antes da guerra trabalhava como juíza, aprendeu a ser tratorista. Mas logo começaram a bombardear Khárkov, e seguimos adiante.

Já na estrada ficamos sabendo que estavam nos levando para o Cazaquistão. No mesmo vagão iam umas dez famílias conosco, uma delas tinha uma filha grávida. Começaram a bombardear o trem, aviões atacavam, ninguém conseguiu saltar para fora do vagão. Então escutamos um grito: uma perna da grávida havia sido arrancada. Aquele horror até hoje não me sai da memória. A mulher começou a dar à luz. E o próprio pai se pôs a fazer o parto. E tudo isso na frente de todos. Barulho. Sangue, sujeira. A criança nascendo...

Saímos de Khárkov no verão e chegamos à nossa última estação no começo do inverno. Chegamos às estepes cazaques. Passei muito tempo sem conseguir me acostumar com o fato de que não estávamos sob bombas, nem tiros. Havia outro inimigo: os piolhos! Enormes, médios, pequenos! Pretos! Cinzentos! De todo tipo. Mas igualmente impiedosos, não davam sossego dia e noite. Não, minto! Quando o trem estava andando eles não nos mordiam tanto. Ficavam mais ou menos bem-comportados. Mas assim que entrávamos em casa... Meu Deus, o que aprontavam... Meu Deus! Minhas costas e braços inteiros estavam mordidos, com abscessos. Quando eu tirava a blusa ficava um pouco mais fácil, mas eu não tinha nada mais para vestir. Mesmo assim foi preciso queimar a blusa, de tão piolhenta que estava, e eu me cobria com um jornal, andava vestida de jornal. Minha blusinha era feita de jornal. A dona da casa nos dava banho com água tão quente que se hoje eu me lavasse com aquela água minha pele se descamaria. Mas na época... Era uma felicidade tão grande: água morna. Quente!

Nossa mãe era uma dona de casa maravilhosa, uma cozinheira maravilhosa. Só ela conseguia preparar esquilo do campo de um jeito que era possível comer, ainda que a carne do esquilo do campo não seja considerada muito comestível. O esquilo na mesa... O fedor dele se espalhava por uma versta, um fedor impossível de reproduzir. Mas não havia nenhuma outra carne, de jeito nenhum, e nós não tínhamos nada. Então comíamos aqueles esquilos do campo.

Ao lado de casa morava uma mulher muito boa, bondosa. Ela via todo o nosso sofrimento e disse para a mamãe: "Deixe que sua filha me ajude a cuidar da casa". Eu já estava muito adoentada. Ela foi para o campo e me deixou com o neto, mostrou onde ficavam as coisas para que eu desse de comer a ele, e para que eu mesma comesse. Fui para a mesa, olhei para a comida mas tive medo de pegar. Achava que, se pegasse algo, tudo desapareceria na hora, que era um sonho. Não só de comer, mas até de tocar um pedacinho eu tinha medo: vai que tudo aquilo deixava de existir. Era melhor olhar, passaria muito tempo olhando. Eu me aproximava às vezes pelo lado, às vezes por trás. Tinha medo de fechar os olhos. E assim passei o dia todo sem pôr nada na boca. E essa mulher tinha uma vaca, ovelhas, galinhas. Tinha deixado óleo, ovos para mim...

À noite chegou a dona da casa e perguntou:

— Comeu?

Respondi:

— Comi...

— Certo, então vá para casa. E leve isto para sua mãe. — E me deu um pãozinho. — Venha de novo amanhã.

Cheguei em casa e a mulher veio logo depois de mim. Eu me assustei: será que sumiu alguma coisa? Ela me beijava e chorava:

— O que deu em você, bobinha, não comeu nadica de nada? Por que está tudo no mesmo lugar? — E me fazia carinho na cabeça.

Os invernos no Cazaquistão são cruéis. Não tínhamos nada para acender o fogão. O esterco de vaca nos salvou. De manhã cedinho você acordava e esperava as vacas saírem do pátio, aí botava um balde. Corria de uma vaca para outra. Mas eu não estava sozinha, todos os evacuados estavam ali. Você juntava um balde inteiro, esvaziava perto de casa e voltava rápido. Depois misturava-se tudo isso com palha, secava e ficavam uns blocos pretos. *Kiziak.** Nos aquecíamos com isso.

* Esterco seco usado para aquecimento e como combustível.

Papai morreu. Talvez o coração dele tenha se partido de tristeza por nós. Ele estava mal do coração havia muito tempo.

Me aceitaram no liceu de artes e ofícios. Deram um uniforme: casaco, sapatos e uma carteirinha de pão. Antes eu andava com o cabelo curto, mas nessa época meu cabelo já havia crescido e eu fazia umas trancinhas. Me deram uma carteirinha do Komsomol. Tiraram foto para o jornal. Eu levava a carteira nas mãos, e não no bolso. De tão preciosa que era... Tinha medo de pôr no bolso, podia perder. O coração batia: tum, tum, tum. Se o papai me visse naquela hora, como teria ficado feliz.

Agora penso: "Que época terrível, mas que pessoas formidáveis". Me surpreendo pensando em como éramos na época! Como acreditávamos! Não quero esquecer isso... Há muito tempo não acredito em Stálin, nos ideais comunistas. Essa parte da minha vida eu gostaria de esquecer, mas guardo no coração essa vivência. Essa grandiosidade. Não quero esquecer meus sentimentos. São preciosos...

Em casa naquela noite mamãe preparou um chá de verdade, com *zavarka*.* Ah, que festa! E para mim — como era o meu dia —, ela deu um acréscimo, mais meia colherinha de açúcar...

"CASINHA, NÃO QUEIME! CASINHA, NÃO QUEIME!..."

Nina Ratchítskaia, sete anos. Hoje: operária

Às vezes fica muito vivo... Volta tudo...

Quando os alemães chegaram em motos... Cada um tinha um balde, e eles faziam barulho com esses baldes. E nós nos escondíamos... Eu também tinha dois irmãozinhos pequenos —

* Chá concentrado.

de quatro e dois anos. Eu e eles nos escondíamos embaixo da cama e passávamos o dia inteiro lá.

Eu me admirava muito de ver que o jovem oficial fascista que começou a morar conosco usava óculos. Imaginava que só professores usassem óculos. Ele e o ordenança moravam numa metade da casa, e nós na outra. Meu irmãozinho, o menor, pegou uma gripe e tossia forte. Ele estava com febre alta, ardia inteiro, chorava de noite. De manhã o oficial passou pela nossa metade e disse para a mamãe que, se o *Kind* chorasse e não o deixasse dormir de noite, ele o "pou, pou" — e mostrou sua pistola. À noite, assim que meu irmão começava a tossir ou chorar, minha mãe o pegava dentro do cobertor, corria para a rua e lá o embalava até ele dormir ou se acalmar. Pou, pou...

Tomaram tudo o que tínhamos, passávamos fome. Não deixavam a gente entrar na cozinha, cozinhavam só para si. Meu irmão era pequeno, ele sentiu o cheiro e engatinhou pelo chão naquela direção. Todo dia eles faziam sopa de ervilha, era muito forte o cheiro da sopa. Cinco minutos depois, ressoou o grito do meu irmão, um ganido terrível. Jogaram água fervente nele na cozinha, fizeram isso porque ele pediu para comer. Ele estava com tanta fome que pedia para a mamãe: "Vamos cozinhar meu patinho". O patinho era o brinquedo preferido dele, antes disso ele não deixava ninguém pegar. Dormia com ele.

Nossas conversas de criança...

Ficávamos discutindo: se pegássemos um rato (e na guerra eles se proliferavam — em casa e no campo), podíamos comer? Comeríamos chapins? Comeríamos pegas? Por que mamãe não fazia uma sopa de besouros gordurosos?

Não deixávamos as batatas crescerem, remexíamos na terra com as mãos e conferíamos: é grande ou pequena? E por que cresce tão devagar? O milho também, o girassol...

No último dia... Antes da retirada, os alemães puseram fogo

na nossa casa. Mamãe ficou parada, olhando para o fogo, não tinha uma lagriminha no rosto. Nós três corríamos e gritávamos: "Casinha, não queime! Casinha, não queime!". Não tivemos tempo de tirar nada de casa, só peguei minha cartilha. Eu a salvei por toda a guerra, protegi. Dormia com ela, sempre a deixava embaixo do meu travesseiro. Queria muito estudar. Depois, quando fomos para o primeiro ano, em 1944, minha cartilha era a única que havia para treze crianças. Para toda a turma.

Ficou na minha memória o primeiro concerto na escola depois da guerra. Como cantávamos, dançávamos... Eu batia palmas. Aplaudia e aplaudia. Estava feliz, até que algum menino foi para o palco e começou a recitar um poema. Ele falava alto, o poema era longo, mas eu ouvi uma palavra: "guerra". Olhei em volta: todos estavam sentados calmamente. E fiquei com medo: a guerra mal acabou e já tem outra de novo? Não conseguia ouvir essa palavra. Fiquei com raiva e corri para casa. Cheguei correndo, mamãe estava cozinhando algo: isso queria dizer que não havia guerra. Então voltei para a escola. Para o concerto. Bati palmas de novo.

Nosso pai não voltou da guerra, mandaram um papel para a mamãe dizendo que ele havia desaparecido sem deixar rastros. Mamãe foi para o trabalho, nós três nos reunimos e choramos por papai não estar mais lá. Reviramos a casa, procurávamos o papelzinho onde estava escrito sobre o papai. Pensávamos: lá não está escrito que papai foi morto, está escrito que ele desapareceu sem deixar rastros. Vamos rasgar esse papelzinho e vai chegar a notícia de onde está nosso pai. Mas não achamos o papelzinho. Quando mamãe chegou do trabalho, ela não conseguia entender por que a casa estava tão desarrumada. Ela me perguntou: "O que vocês fizeram aqui?". Meu irmão menor respondeu por mim: "Estávamos procurando o papai...".

Antes da guerra eu amava quando o papai contava histórias,

ele conhecia muitas histórias e sabia contá-las. Depois da guerra eu já não queria nem ler histórias…

"ELA ESTAVA DE AVENTAL BRANCO, FEITO A MAMÃE…"

Sacha Suiétin, quatro anos. Hoje: serralheiro

Lembro só da minha mãe…

A primeira cena…

Mamãe estava sempre de avental branco… Papai era oficial, e mamãe trabalhava no hospital militar. Foi meu irmão mais velho que me contou isso, já depois. Mas eu só lembro do avental branco da mamãe. Nem do rosto eu lembro, só do avental branco… E também da touquinha branca, que sempre ficava de pé, ficava justamente em pezinha, não caía, de tão engomada.

A segunda cena…

Mamãe não veio… Que o papai não viesse com frequência, eu já estava acostumado, mas a mamãe sempre voltava para casa. Eu e meu irmão ficamos vários dias sozinhos no apartamento, não saímos para lugar nenhum: e se de repente a mamãe aparecesse? Pessoas desconhecidas bateram, vestiram a gente e nos levaram para algum lugar. Eu chorava:

— Mamãe! Cadê minha mãe?

— Não chore, mamãe vai nos encontrar — meu irmãozinho me consolava: ele é três anos mais velho do que eu.

Fomos parar em alguma casa comprida, ou em um galpão, em tarimbas. Queria comer o tempo todo, chupava os botões da camisa, pareciam as balas que meu pai trazia das viagens de trabalho. Esperava a mamãe.

Terceira cena…

Algum homem empurra a mim e a meu irmão para o canto

da tarimba, cobre com um cobertor, joga uns trapos. Começo a chorar, ele faz carinho na minha cabeça. Eu me acalmo.

E assim se repetia todos os dias. Mas uma vez cansei de ficar tanto tempo embaixo do cobertor. Comecei a chorar, primeiro baixo, depois mais alto. Alguém nos tirou dos trapos, puxou o cobertor. Abro os olhos e perto de nós há uma mulher com um avental branco:

— Mamãe! — Me arrasto até ela.

Ela também me faz carinho... Primeiro na cabeça, depois no braço... Em seguida pega algo de uma caixinha de metal. Não presto atenção nisso, vejo só o avental branco e o chapeuzinho branco.

De repente! — uma dor aguda no braço. Uma agulha sob minha pele. Não tenho tempo de gritar e perco a consciência. Recobro a consciência e perto de mim está o mesmo homem que nos escondia. Ao meu lado está deitado meu irmão.

— Não tenha medo — diz o homem. — Ele não está morto, está dormindo.

— Não era a mamãe?

— Não...

— Ela estava de avental branco, feito a mamãe... — eu repetia e repetia.

— Fiz um brinquedo para você — o homem estendeu uma bola de trapos para mim.

Peguei o brinquedo e comecei a chorar.

Depois não lembro de mais nada: quem nos salvou do campo de concentração alemão e como? Lá, tiravam sangue das crianças para os soldados alemães feridos. Todas as crianças morriam. Como eu e meu irmão fomos parar no orfanato? E como no fim da guerra recebemos a notificação de que nossos pais haviam morrido? Algo aconteceu com minha memória. Não me lembro dos rostos, não me lembro das palavras...

A guerra acabou. Fui para o primeiro ano. Os outros liam um poema duas ou três vezes e se lembravam. Já eu lia dez vezes e não lembrava. Mas por algum motivo os professores não me davam nota baixa. Davam para outros, mas não para mim.

Essa é minha história...

"TIA, ME PÕE NO COLO?"

Marina Kariánova, quatro anos. Hoje: funcionária da indústria cinematográfica

Não gosto de lembrar... Não gosto. Em suma: não gosto...

Se eu perguntasse a todos: o que é a infância? Cada um diria algo próprio. Mas para mim a infância é mamãe, papai e bombons. Por toda a infância eu queria mamãe, papai e bombom. Na guerra não só não provei nenhum bombom como nunca os tinha visto. O primeiro bombom que comi foi alguns anos depois da guerra... Uns três anos depois... Eu já era uma menina grande. De dez anos.

Nunca entendi como alguém pode não querer bombons de chocolate. Como pode? É impossível.

Mas mamãe e papai eu não achei. Nem meu sobrenome verdadeiro eu sei. Me encontraram em Moscou, na estação Sêverni.

— Como você se chama? — perguntaram no orfanato.

— Marínotchka.

— E o sobrenome?

— O sobrenome eu não lembro...

Anotaram Marina Sêvernaia.

Queria comer o tempo todo. Mas queria ainda mais que alguém me abraçasse, fizesse carinho. Mas havia pouco carinho, ao redor acontecia uma guerra, todos enfrentavam desgraças. Eu estava andando pela rua... Adiante, uma mãe levava seus filhos. Levava um nos braços, carregava, botava esse no chão e pegava o outro. Eles sentaram no banquinho, e ela pôs o menor nos joelhos. Eu fiquei parada, parada. Olhando, olhando. Me aproximei deles: "Tia, me põe no colo?". Ela se espantou.

E eu pedi de novo: "Tia, por favor...".

"... E COMEÇOU A EMBALAR, FEITO UMA BONECA"

Dima Sufrankov, cinco anos. Hoje: engenheiro mecânico

Antes disso eu só tinha medo de ratos. E aí quantos medos de uma vez só! Mil medos...

A palavra "guerra" não atingiu tanto a minha consciência infantil quanto o susto que a palavra "aviões" me dava. "Os aviões!", e a minha mãe nos juntava no forno. Tínhamos medo de sair de lá, tínhamos medo de ir para fora da *khata*, enquanto ela tirava um, o outro voltava. Nós éramos cinco. E ainda tinha um gato que amávamos.

Os aviões abriam fogo sobre nós.

Meus irmãos menores... a mamãe os amarrava ao corpo com panos, e nós, mais velhos, corríamos sozinhos. Quando você é pequeno... Você vive em outro mundo, não olha do alto, mas vive perto da terra. Ali os aviões são ainda mais assustadores, as bombas são ainda mais assustadoras. Lembro que tinha inveja dos besouros: eles eram tão pequenos que sempre podiam se esconder em algum lugar, entravam na terra... Eu imaginava que quando morresse viraria algum animal, sairia correndo para a floresta.

Os aviões abriam fogo sobre nós...

Minha prima, ela tinha dez anos, estava levando nosso irmãozinho de três. Ela correu, correu, ficou sem forças e caiu. Eles passaram a noite inteira deitados na neve, e ele congelou, mas ela ficou viva. Cavaram uma cova para enterrá-lo, ela não deixava: "Míchenka, não morra! Por que você está morrendo?".

Fugimos dos alemães e fomos morar no pântano... numas ilhazinhas... Construímos cabanas para nós e morávamos nelas. As cabanas eram uns barracos: madeira nua, com um buraco no alto. Para a fumaça. E embaixo: terra. Água. Morávamos lá inverno e verão. Dormíamos sobre galhos de pinheiros. Uma vez voltamos com mamãe da floresta para a aldeia, queríamos pegar algo na nossa *khata*. Havia alemães lá. Alguém veio, mandaram todos para a escola. Nos puseram de joelhos e apontaram as metralhadoras para nós. Nós, crianças, éramos do tamanho das metralhadoras.

Escutamos: estavam atirando na floresta. Os alemães: "*Partisans! Partisans!*", e foram para os carros. Foram embora rapidamente. E nós, para a floresta.

Depois da guerra eu tinha medo de ferro. Se via um estilhaço, tinha medo de que explodisse. A filha da vizinha tinha três anos e dois meses... Gravei na memória... A mãe repetia sobre o caixão dela: "Três anos e dois meses... Três anos e dois meses...". Ela tinha achado uma granada de mão. E começou a embalar, feito uma boneca. Enrolou nuns trapos e embalava. Uma granada é pequena como um brinquedo, só que pesada. A mãe não conseguiu correr a tempo...

Depois da guerra, na nossa aldeia de Starie Golovtchitsi, na região de Petrikovski, passaram mais dois anos enterrando crianças. Havia ferro da guerra jogado por todo lado. Tanques pretos abatidos, veículos blindados. Pedaços de mina, bombas... E nós não tínhamos brinquedos... Depois começaram a reunir tudo isso e mandar para algum lugar, para as fábricas. Mamãe explicou que iam começar a fundir esse ferro para fazer tratores. Maquinário e máquinas de costura. Se eu via um trator novo, não me aproximava dele, achava que ia explodir. E ficar preto como um tanque…

Sabia de que ferro era feito…

"TINHAM ATÉ COMPRADO UMA CARTILHA PARA MIM…"

Lília Miélnikova, sete anos. Hoje: professora escolar

Eu devia ir para o primeiro ano…

Tinham até comprado uma cartilha e uma pasta para mim. Eu era a mais velha. Minha irmã Raia tinha cinco anos, e nossa Tómotchka, três anos. Morávamos em Rossoni, nosso pai trabalhava como diretor do *lezkhoz*,* mas morreu um ano antes da guerra. Nós morávamos com a mamãe.

No dia em que a guerra nos alcançou, as três estávamos no jardim de infância, a menorzinha também. Vieram buscar todas as crianças, e nós ficamos, não veio ninguém para nos pegar. Ficamos com medo. Mamãe chegou por último, correndo. Ela trabalhava no *lezkhoz*, eles estavam queimando uns papéis, enterrando. E ela se atrasou.

Mamãe dizia que íamos evacuar; nos deram uma carroça. Precisávamos levar as coisas mais necessárias. Lembro que havia uma cesta no corredor, pusemos essa cesta na telega, a minha irmãzinha pegou a boneca. Mamãe queria deixar a boneca… Era grande… A minha irmã começou a chorar: "Não vou deixar!". Saímos de Rossoni, a telega capotou, a cesta se abriu e dela começaram a cair sapatos. Percebemos que não tínhamos levado nada

* Seção de administração florestal.

conosco: nem comida nem mudas de roupa. Mamãe tinha se atrapalhado e confundido as cestas, e levara a que tinha sapatos para o conserto.

Não tivemos tempo de juntar os sapatos, e aviões já vieram voando e começaram a bombardear e abrir fogo com metralhadoras. A boneca foi varada, mas minha irmãzinha ficou inteira, sem um arranhão. Ela chorava: "Mesmo assim não vou abandonar a boneca".

Voltamos e começamos a viver entre os alemães. Mamãe levava as coisas do papai para vender, lembro que da primeira vez ela trocou um terno por ervilhas. Passamos um mês comendo sopa de ervilha. A sopa acabou. Tínhamos um grande cobertor velho, de algodão. Mamãe o usou para costurar botas por encomenda, pagavam a ela como podiam. Às vezes tínhamos *zatirka*, às vezes só um ovo para todo mundo... Mas muitas vezes não tinha nada. Mamãe só nos abraçava e fazia carinho...

Mamãe não dizia que ajudava os *partisans*, mas eu adivinhava. Muitas vezes ela saía sem dizer para onde ia. Quando ia trocar algo nós sabíamos, mas nessas horas ela saía, e pronto. Eu tinha orgulho da minha mãe e dizia para minhas irmãzinhas: "Logo os nossos vão chegar. Vai vir o tio Vânia (o irmão do papai)". Ele lutava nos *partisans*.

Naquele dia, mamãe pôs leite numa garrafa, nos beijou e saiu, trancou a porta com chave. Nós três fomos para debaixo da mesa, ela era coberta por uma grande toalha e debaixo dela era quentinho, e ficamos brincando de "mamãe e filhinha". De repente ouvimos um ruído de motocicleta, depois uma batida assustadora na porta, e uma voz masculina proferiu, de forma distorcida, o sobrenome de mamãe. Errado. Eu sentia que algo não ia bem. Debaixo da nossa janela, para o lado da horta, havia uma escada, e descemos por ela furtivamente. Rapidinho. Peguei uma irmã pela mão, carreguei a segunda nos ombros — a gente chamava isso de "upa-upa" —, e saímos para a rua.

Lá havia se juntado muita gente. Crianças também. Os que vieram procurar a mamãe não nos conheciam e não nos identificaram. Estavam quebrando a porta... Vi que mamãe apareceu na estrada, tão pequena, tão magrinha. Os alemães também a viram, eles correram para cima, para a colina, agarraram a mamãe, quebraram o braço dela e começaram a bater. E nós corríamos e gritávamos, as três, gritávamos com toda a força que tínhamos: "Mamãe! Mamãe!". Empurraram-na para a roda da moto, ela só soltou um grito para a vizinha: "Fênia, querida, cuide das minhas filhas". Os vizinhos nos levaram para fora da estrada, mas todos tinham medo de ficar conosco: e se viessem atrás de nós? Fomos chorar na sarjeta. Não podíamos ir para casa, já nos haviam dito que na aldeia vizinha levavam os pais e queimavam os filhos, trancavam dentro de casa e queimavam. Tínhamos medo de entrar em casa... Isso durou três dias, acho. Ora ficávamos no galinheiro, ora íamos para perto da nossa horta. Queríamos comer, mas não tocávamos em nada da horta porque mamãe brigava se colhíamos a cenoura antes da hora, quando ela ainda não tinha terminado de crescer, ou quando revolvíamos a terra da ervilha. Não pegávamos nada e dizíamos umas às outras que nossa mãe devia estar preocupada que, sem ela, íamos destruir tudo na horta. Claro que ela estava pensando nisso. Ela não sabia que não estávamos mexendo em nada. Éramos obedientes. Os adultos mandavam coisas para nós pelas crianças: um mandava nabo cozido, outro, uma batatinha, outro, beterraba...

Depois a tia Arina nos pegou. Dela tinha sobrado um menino, e dois ela havia perdido quando foi embora com os refugiados. Lembrávamos da mamãe o tempo todo, e a tia Arina nos levou para o comandante da prisão, começou a pedir um encontro. O comandante disse que não podíamos falar com a mamãe, a única coisa que ele permitiu foi passar pela janelinha dela.

Passamos pela janelinha, e eu vi a mamãe... Nos levaram tão

rápido que só eu a vi, mas as minhas irmãzinhas não conseguiram. O rosto da mamãe estava vermelho, eu entendi que haviam batido forte nela. Ela também nos viu e só gritou: "Crianças! Minhas meninas!". E não olhou mais pela janelinha. Depois nos comunicaram que ela viu a gente e perdeu a consciência...

Alguns dias mais tarde soubemos que mamãe havia sido fuzilada. Eu e minha irmãzinha Raia entendemos que nossa mãe se fora, mas a menorzinha, Tómotchka, dizia, se a ofendíamos ou não a pegávamos no colo, que mamãe já, já vai voltar e eu vou contar tudo para ela. Quando nos davam algo para comer, eu entregava o melhor pedacinho para ela. Eu lembrava que era o que a mamãe fazia.

Quando fuzilaram a mamãe... No dia seguinte um carro parou na nossa casa... Começaram a recolher as coisas... Os vizinhos nos chamavam: "Vão lá, peçam a bota de feltro, o casaco quentinho. Logo vai chegar o inverno, e vocês estão com roupas de verão". Nos postamos as três, a pequena Tómotchka no meu pescoço, e eu disse: "Tio, me dê a bota de feltro dela". Nessa hora o policial estava pegando as botas. Não tive tempo de terminar de falar quando ele me deu uma rasteira, e minha irmã caiu... E bateu com a cabecinha em uma pedra. De manhã havia um grande galo, ele estava crescendo. A tia Arina tinha um lenço grosso, ela envolveu a cabecinha da minha irmã, mas mesmo assim o galo era visível. À noite eu abraçava minha irmãzinha, e a cabeça dela estava grande, grande. Eu tinha medo de que ela morresse.

Os *partisans* ficaram sabendo disso e nos levaram consigo. No destacamento *partisan* nos consolavam como podiam, nos amavam muito. Até esquecemos por um tempo que não tínhamos nem mãe nem pai. A camisa de alguém rasgou, enrolaram a manga, desenharam olhos, um nariz e nos deram uma boneca. Nos ensinaram a ler, até compuseram poemas sobre mim, sobre como eu não gostava de tomar banho de água fria. E as condições, quais eram? No inverno tomávamos banho de neve...

Lília na banheira fica,
Lília reclamando grita:
"Ai, que mágoa, que mágoa,
Como é molhada essa água."

Quando ficou perigoso, nos levaram de volta para tia Arina. O comandante — e quem comandava o destacamento era o lendário Piotr Mirônovitch Macherov — perguntou: "Do que vocês precisam? Do que gostariam?". Mas precisávamos de muito pouco, em primeiro lugar de uma camisa militar. Costuraram para nós vestidos do mesmo tecido da camisa militar. Vestidos verdinhos, com bolsinhos pespontados. Fizeram botas de feltro para todas, costuraram peliças para todas, tricotaram luvas. Lembro que nos levaram para a tia Arina na carroça junto com saquinhos, e neles havia farinha e cereais. Até pedacinhos de couro para que ela pudesse costurar botinhas para nós.

Quando fizeram uma busca na casa da tia Arina, ela disse que éramos filhas dela. Passaram muito tempo tentando arrancar dela por que éramos branquinhas e o filho dela era moreninho. Sabiam de algo... Nos jogaram no carro com a tia Arina e o menino, levaram para o campo de concentração de Igritski. Era inverno, todos dormíamos no chão, sobre as tábuas só havia palha. Deitávamos assim: eu, depois a pequena Toma, ao lado dela Raia, depois tia Arina e o menino. Eu ficava na ponta, as pessoas ao meu lado mudavam sempre. À noite eu tocava num braço frio e já entendia que a pessoa havia morrido. De manhã olhava, e ela parecia viva, só que fria. Uma vez me assustei... Vi que ratos tinham roído os lábios e as bochechas da pessoa morta. Os ratos eram gordos e descarados. Tinha mais medo deles do que de qualquer outra coisa... O galo na cabecinha da nossa pequena tinha desaparecido no destacamento *partisan*, no campo de concentração apareceu de novo. A tia Arina escondia o galo o tempo todo, porque ela sabia: se vissem que a menina estava doente, fuzilavam. Amarrava a cabeça da minha irmã com lenços grossos. À noite eu a ouvia rezando: "Senhor, se você levou a mãe, proteja as filhas". Eu também rezava... Pedia: que fique pelo menos a pequena Tómotchka, ela é tão pequena que ainda não pode morrer.

Nos levaram do campo de concentração para algum lugar... Levaram em vagões para gado. No chão havia blocos de esterco de vaca seco. Só lembro que chegamos à Letônia, e lá os locais nos abrigaram. Primeiro levaram Tómotchka. A tia Arina a entregou nos braços de um velho letão e ficou de joelhos: "Só a salve. Só salve". Ele disse: "Se eu chegar em casa com ela, vai sobreviver. Mas tenho que andar dois quilômetros. Atravessar um riacho, e depois um cemitério...". Todas nós fomos parar na casa de pessoas diferentes. Também tiraram a tia Arina de nós...

Escutamos... Disseram: Vitória. Fui à casa das pessoas que abrigavam minha irmã Raia:

— Mamãe se foi... Vamos pegar nossa Toma. E precisamos procurar a tia Arina.

Falamos assim e fomos procurar a tia Arina. E que a tenhamos encontrado é um milagre. Encontramos graças ao fato de que ela costurava muito bem. Passamos em uma casa para beber água. Nos perguntaram: para onde estão indo? Respondemos que estávamos indo procurar a tia Arina. A filha da dona da casa respondeu ali mesmo: "Vamos, eu vou mostrar onde ela mora". Tia Arina soltou uma exclamação quando nos viu. Magrinhas feito palitos. Era fim de junho, a época mais difícil: já havíamos comido a velha colheita, a nova ainda não havia amadurecido. Comíamos espigas ainda verdes: arrancávamos um punhado e engolíamos, não conseguíamos nem mastigar de tanta fome que tínhamos.

Perto dos lugares onde morávamos havia uma cidade, Kraslava. Tia Arina disse que precisávamos ir para aquela cidade, para o orfanato. Ela já estava muito doente e pediu que nos levassem. Nos levaram de madrugada, os portões ainda estavam fechados, nos puseram na janelinha do orfanato e foram embora. De manhã o sol nasceu... As crianças saíram correndo da casa, todas de sapatinho vermelho, calcinha, sem camisa, com uma toalha na mão. Corriam para o rio, rindo. E nós olhávamos... Não imaginávamos que podia existir uma vida daquela. As crianças notaram a gente, estávamos esfarrapadas, sujas, elas começaram a gritar: "Chegaram novatas!". Chamaram as educadoras. Não nos pediram nenhum documento. Ali mesmo levaram um pedacinho de pão e conservas. Não comíamos, tínhamos medo: essa felicidade logo vai terminar. Essa felicidade impossível... Nos acalmaram: "Meninas, fiquem sentadas por enquanto, vamos esquentar a água do banho. Vamos dar banho em vocês e depois mostramos onde vão viver".

À noite veio a diretora, nos viu e disse que estava lotado e que era preciso nos levar para o centro de acolhimento infantil de Minsk, e que lá nos enviariam para algum orfanato. Quando escutamos que ainda precisávamos ir para outro lugar, começamos a chorar e a implorar para ficar. A diretora pediu: "Crianças, não chorem. Não consigo mais olhar para as lágrimas de vocês", ligou para algum lugar e nos deixaram naquele orfanato. Lá era um orfanato maravilhoso, milagroso, educadoras como aquelas acho que agora não existem. Que coração elas tinham! Como conservaram um coração daquele depois da guerra?

Elas nos amavam muito. Ensinavam como devíamos nos relacionar uns com os outros. Houve um incidente. Elas diziam: se você oferece um bombom, não o tire do saquinho, mas estenda todo o saquinho. E quem aceita deve pegar um bombom, e não todo o saquinho. E assim, quando houve essa conversa, um menino não estava. Veio a irmã de uma menina e trouxe uma caixa de bombons. A menina — educadora do orfanato — ofereceu a caixa de bombons a esse menino, e ele pegou toda a caixa. Nós rimos. Ele ficou confuso e perguntou: "Mas o que é para fazer?". Responderam a ele que tinha que pegar só um bombom. Então ele entendeu: "Agora entendo — temos que dividir sempre. Senão é bom para mim, mas ruim para todos vocês". Sim, nos ensinaram a nos comportar assim, para que fosse bom para todos, e não só para um. Foi fácil ensinar, todos havíamos sofrido muito.

As meninas mais velhas costuravam pastas para todos, costuravam até com saias velhas. Nos feriados a diretora do orfanato invariavelmente fazia uma panqueca grande como um lençol, de massa com queijo. E cada um cortava um pedaço para si e quem quisesse fazia *varêniki*:* pequeno, grande, redondo, triangular...

Quando éramos muitos, ficávamos juntos e raramente nos lembrávamos de pai e mãe. Mas no isolamento, quando adoecíamos, ficávamos deitados sem nada para fazer e só falávamos neles, sobre como cada um foi parar no orfanato. Um menino me contou como queimaram todos da família dele, mas na hora ele conseguira fugir a cavalo para a aldeia vizinha. Ele dizia que ficava muito triste pela mãe, muito triste pelo pai, mas, acima de tudo, ficava triste pela pequena Nádienka. A pequena Nádienka estava usando fraldas brancas e foi queimada. Ou então, quando nos reuníamos na clareira em um círculo juntinho, contávamos uns aos outros sobre a nossa casa. Sobre como vivíamos antes da guerra.

Levaram uma menina pequena para o orfanato. Perguntaram a ela:

— Qual é o seu sobrenome?

— Maria Ivánovna.

— Como você se chama?

— Maria Ivánovna.

* Prato feito de massa recheada.

— Como se chamava sua mãe?

— Maria Ivánovna.

Ela recebeu o nome de "Maria Ivánovna", simplesmente. Nossa professora se chamava Maria Ivánovna, e essa menina também era Maria Ivánovna.

No Ano-Novo ela recitou um poema de Kornei Tchukóvski: "Uma linda galinha morava na minha casa". E as crianças deram a ela o apelido de "Galinha". Criança é assim mesmo, cansaram de chamá-la de Maria Ivánovna. E uma vez um dos nossos meninos foi encontrar um amigo no liceu de artes e ofícios, que financiava o nosso orfanato, e eles brigaram por algo, então ele chamou o outro menino de Galinha. Ele se ofendeu: "Por que você me chamou de Galinha? Por acaso eu pareço uma galinha?". E o nosso menino disse que no orfanato havia uma menina que se parecia muito com ele. Ela tinha o mesmo nariz, os mesmos olhos, e todos nós a chamávamos de Galinha, e ele contou por quê.

E descobriu-se que era a irmã de sangue desse menino. Quando eles se encontraram, lembraram de estar viajando numa telega... Que a avó esquentava algo para eles em uma lata de conserva, que a avó havia sido morta num bombardeio... Que a velha vizinha, amiga da avó, a havia chamado já morta: "Maria Ivánovna, levante-se, você deixou dois netos... Como pode morrer, Maria Ivánovna? Por que a senhora foi morrer, Maria Ivánovna?". Acabou que a menina se lembrava de tudo isso, mas não tinha certeza de que se lembrava e de que aquilo acontecera com ela. Nos ouvidos dela só tinham ficado duas palavras: Maria Ivánovna.

Nós todos nos alegramos muito por ela ter achado o irmão, porque todos nós tínhamos alguém, e ela não tinha ninguém. Eu, por exemplo, tinha duas irmãs, outro tinha um irmão ou primos e primas. Os que não tinham ninguém se aparentavam eles mesmos: vamos fazer assim, você vai ser meu irmão, você vai ser minha irmã. E então já protegiam uns aos outros, se cuidavam. No nosso orfanato se juntaram onze Tamaras... Elas tinham sobrenomes: Tamara Ignorada, Tamara Desconhecida, Tamara Sem Nome, Tamara Grande e Tamara Pequena...

Do que mais me lembro? Lembro que nos davam pouca bronca no orfanato, não nos davam bronca. No inverno andávamos de trenó com as crianças, e eu via como a mãe dava broncas e até umas palmadas no filho se ele usasse as botas de feltro direto nos pés descalços. Quando saíamos correndo com as botas de feltro sobre os pés descalços, ninguém brigava. Eu usava as botas assim de propósito para que me dessem bronca. Queria tanto que me dessem uma bronca.

Eu era boa aluna, e me disseram que eu devia ajudar um menino em matemática. Um menino do campo. Estudávamos juntos, os do orfanato e os do campo, os locais. Precisava ir até a família dele. Na casa dele. E eu tinha medo. Pensava: como são as coisas lá, como e onde eles ficam, como devo me comportar? Uma casa era algo inalcançável para nós, e o mais desejado.

Bati à porta dele, e meu coração gelou.

"... NÃO TINHAM NOIVADO, NÃO ERAM SOLDADOS..."

Vera Nóvikova, treze anos. Hoje: controladora do estacionamento de bondes

Quantos anos se passaram... E mesmo assim é terrível...

Lembro que era um dia ensolarado, o vento derrubava as teias de aranha. Nossa aldeia queimava, nossa casa queimava. Saímos da floresta. As crianças pequenas gritavam: "Uma fogueira! Uma fogueira! Que bonito!". E todo o resto chorava, mamãe chorava. Fazia o sinal da cruz.

A casa foi consumida pelo fogo... Cavamos as cinzas, mas não achamos nada lá. Só garfos chamuscados. O fogão ficou como era, a comida ficou lá: panquecas despedaçadas. Panquecas de batata. Mamãe pegou a frigideira: "Comam, crianças". Era impossível comer as panquecas, de tanto que elas fediam a fumaça, mas comemos porque não tínhamos mais nada além de capim. Tinha sobrado capim e terra.

Quantos anos se passaram... E mesmo assim dá medo...

Enforcaram minha prima... O marido dela era comandante de um destacamento *partisan*, e ela estava grávida. Alguém delatou para os alemães, eles vieram. Mandaram todos para a praça. Ordenaram que ninguém chorasse. Ao lado do soviete rural crescia uma árvore alta, eles levaram o cavalo para lá. Minha prima estava de pé sobre o trenó... Ela tinha uma trança longa... Fizeram a forca, ela tirou a trança. O cavalo arrancou com o trenó, ela começou a girar... As mulheres começaram a gritar... Gritavam sem lágrimas, gritavam só com a voz. Não permitiam chorar. Quer gritar, grite, mas não chore, não lamente. Chegavam perto de quem estava chorando e matavam. Adolescentes de dezesseis, dezessete anos, mataram com um tiro. Estavam chorando.

Tão jovens... Ainda não tinham noivado, não eram soldados...

Para que fui lhe contar isso? Agora estou pior do que antes. É por isso que não me recordo...

"QUE SOBRE AO MENOS UM FILHINHO..."

Sacha Kávrus, dez anos. Hoje: doutor em filologia

Eu estudava na escola...

Fomos para a rua, começamos a brincar como sempre; naquele momento, aviões fascistas nos atacaram e jogaram bombas em nossa aldeia. Já nos haviam contado sobre as batalhas da Espanha, sobre o destino das crianças espanholas. Agora as bombas caíam sobre nós. As mulheres velhas caíam no chão e rezavam… Assim… Por toda a vida me lembrei da voz de Levitan* anunciando o começo da guerra. Do discurso de Stálin não lembro. As pessoas passavam dias ao lado do alto-falante do colcoz e esperavam por algo; eu ficava por perto, com meu pai…

Os primeiros a invadir nossa aldeia, Brussi, na região de Miadelski, foram os destacamentos punitivos. Abriram fogo, atiraram em todos os cachorros e gatos, depois começaram a tentar descobrir onde viviam os ativistas. Antes da guerra, nossa *khata* funcionava como soviete rural, mas ninguém indicou o meu pai. Assim… Ele não foi denunciado… À noite tive um sonho… Me fuzilavam, eu ficava deitado pensando: "Mas por que não estou morrendo?".

Na minha lembrança ficou uma cena de uns alemães perseguindo galinhas. Pegavam, erguiam e torciam até que a cabeça ficasse nas mãos. Gargalhavam. Me parecia que nossas galinhas gritavam… Feito gente… Com voz de gente… Os gatos e os cachorros também, quando eram abatidos a tiros… Antes disso eu nunca havia visto nenhuma morte. Nem humana, nenhuma. Uma vez havia visto filhotes de passarinhos mortos na floresta, e só. Não tinha visto outras mortes…

Queimaram nossa aldeia em 1943… Nesse dia estávamos desenterrando batatas. Vassíli, o vizinho, havia estado na Primeira Guerra Mundial e sabia um pouco de alemão; ele disse: "Eu vou lá e peço aos alemães que não queimem a aldeia. Tem criança aqui". Foi lá, e ele mesmo foi queimado. Puseram fogo na escola. Todos os livros. Queimaram nossas hortas. Os jardins.

* Iúri Levitan (1914-83), locutor da Rádio Nacional da União Soviética, narrou os principais acontecimentos da Segunda Guerra Mundial.

Para onde podíamos ir? Meu pai nos levou para os *partisans*, na floresta de Kozinskie. Andando, encontramos pessoas de outra aldeia, que também havia sido queimada; eles disseram que os alemães estavam bem perto... Entramos numa espécie de vala: eu, meu irmão, Volódia, mamãe, minha irmãzinha pequena e papai. Meu pai pegou uma granada e combinamos que, se os alemães nos vissem, ele puxaria o pino. Já tínhamos nos despedido. Eu e meu irmão tiramos o cinto, fizemos laços para nos enforcar, pusemos no pescoço. Mamãe beijou todos nós. Escutei ela dizendo para o meu pai: "Que sobre ao menos um filhinho...". Daí meu pai disse: "Então que corram. São jovens, talvez se salvem". Fiquei tão triste pela mamãe, que não fui... Assim... Não fui...

Escutamos: os cachorros latiam; escutamos: ordens estrangeiras; escutamos: atiravam. Nossa floresta estava revirada pela tempestade, abetos caídos, a dez metros não se via nada. Ora tudo acontecia ao nosso lado, ora escutávamos vozes cada vez mais distantes. Quando as coisas se aquietaram, mamãe não conseguia se levantar, as pernas dela ficaram paralisadas. Papai a carregou.

Alguns dias depois encontramos *partisans*, eles conheciam o papai. Já mal andávamos, estávamos passando fome. Tínhamos os pés destruídos. Estávamos andando, e um *partisan* me perguntou: "O que você gostaria de encontrar embaixo do pinheiro: bombons, biscoitos? Um pedaço de pão?". Eu respondi: "Um punhado de munição". Os *partisans* se lembraram disso por muito tempo. Tal era o meu ódio pelos alemães, por tudo... E por minha mãe...

Estávamos passando por uma aldeia queimada... A cevada não tinha sido ceifada, as batatas estavam crescendo... Maçãs jogadas na terra... Peras... Mas não havia gente. Os cachorros e gatos corriam. Sozinhos. Assim... Não havia gente. Nenhuma pessoa. Os gatos famintos...

Lembro que depois da guerra só tínhamos uma cartilha na

aldeia, e o primeiro livro que achei e li era uma reunião de exercícios de aritmética.

Li como se fosse poesia... Assim, assim...

"LIMPAVA AS LÁGRIMAS COM A MANGA..."

Oleg Bóldirev, oito anos. Hoje: contramestre

É uma questão... O que é melhor: lembrar ou esquecer? Será melhor ficar calado? Levei muitos anos para esquecer...

Chegamos a Tachkent em um mês. Um mês! Era o fundo da retaguarda. Mandaram o meu pai para lá como especialista. Estavam transferindo as fábricas para lá. As indústrias. Todo o país estava se deslocando para a retaguarda. Para o fundo. Que bom que o país é grande.

Lá, fiquei sabendo que meu irmão mais velho havia morrido em Stalingrado. Queria ir para o front, mas nem na fábrica me aceitavam porque eu era pequeno. "Ainda faltam seis meses para você fazer dez anos", minha mãe balançava a cabeça. "Esqueça essas ideias de criança." Meu pai também fechava a cara: fábrica não é jardim de infância, é preciso trabalhar até doze horas. E como se trabalha!

A fábrica produzia minas, projéteis, bombas aéreas. Aceitavam adolescentes para o polimento... As barras de metal fundido eram polidas à mão. O processo era simples: sob alta pressão, a mangueira soltava um jato de areia incandescente, a 150 graus; a areia pulava do metal e queimava os pulmões, batia no rosto, nos olhos. Era raro alguém aguentar mais de uma semana. Era preciso ter caráter.

Mas em 1943... Completei dez anos, e meu pai me levou com ele. Me levou para a terceira seção. Era o setor onde soldavam detonadores para as bombas.

Trabalhávamos nós três: eu, Oleg e Vániuchka, eles eram dois anos mais velhos do que eu. Montávamos os detonadores, e Iákov Mironôvitch Sapójnikov (o sobrenome ficou gravado na memória), que era um grande mestre no ofício, soldava. Depois, tínhamos que subir numa caixa para alcançar o torno, fechar a manga do detonador e, com a gola do macho de abrir roscas, calibrar a rosca interna da manga. Pegamos o jeito de fazer... Rápido... Depois, era mais simples: pôr a rolha e botar na caixa. Quando ficava cheia, levávamos para o lugar dela. Para o carregamento. Era um tanto pesado, é verdade, até cinquenta quilos, mas em duas pessoas a gente se virava. Não distraíamos Iákov Mirônovitch: ele tinha o trabalho mais delicado. A maior responsabilidade é da soldagem!

O mais desagradável era o fogo da solda elétrica. Você como que tentava não olhar para o fogo azul, mas depois de doze horas ficava com um reflexo. O olho parecia estar cheio de areia. Você esfregava, mas não adiantava. Não sei se por causa disso, ou pelo zumbido monótono do dínamo que dava a corrente para a solda, ou talvez simplesmente por cansaço, às vezes dava um sono terrível. Especialmente de madrugada. Dormir! Dormir!

Se Iákov Mironôvitch visse que havia uma pequena possibilidade de nos dar um descanso, ordenava:

— Vá para o eletrodo!

Não precisava insistir: em toda a fábrica não havia lugar mais aconchegante e quentinho do que o lugar onde secavam os eletrodos com ar quente. A gente se encafurnava ali na prateleira morna de madeira e dormia num instante. Uns quinze minutos depois vinha Iákov Mironôvitch e nos acordava.

Uma vez acordei antes de ele chamar. Vi o tio Iacha olhando para nós. Estava deixando passar mais uns minutos. E ele limpava as lágrimas com a manga...

"FICOU PENDURADO NA CORDINHA, FEITO UMA CRIANÇA..."

Liuba Aleksandróvitch, onze anos. Hoje: operária

Não quero... Não quero nem repetir essa palavra, "guerra"...

A guerra chegou a nós rapidamente. No dia 9 de julho, depois de algumas semanas, lembro que já aconteceu uma batalha em Senno, centro de nossa região. Apareceram muitos refugiados, tantos que as pessoas não tinham onde botar, faltavam casas. Na nossa, por exemplo, se alojaram umas seis famílias com filhos. Era assim com todos.

No começo foram as pessoas, depois começou a evacuação do gado. Eu me lembro muito bem disso, porque foi terrível. Cenas terríveis. A estação de trem mais próxima de nós era a Bogdan, existe até hoje, fica entre Orcha e Lepel. Para lá, para essa direção, evacuaram não só o gado do nosso soviete rural, mas de toda a zona de Vítcbsk. O verão foi quente, levavam o gado em grandes manadas: vacas, ovelhas, porcos, bezerros. Os cavalos, levavam separadamente. Os pastores que os levavam estavam tão cansados que, para eles, dava no mesmo. As vacas andavam sem ser ordenhadas, entravam nos pátios e paravam ao lado do terraço até que as ordenhassem. Eram ordenhadas na estrada, sobre a terra... Os porcos sofriam especialmente, não aguentavam o calor e as longas viagens. Estavam andando e caíam. Por causa do calor, todos esses cadáveres inchavam, e isso era tão assustador que à noite eu tinha medo de sair de casa. Em todo lugar havia cavalos mortos... ovelhas... vacas... Não tinham tempo de enterrar, e todo dia eles cresciam pelo calor. Aumentavam, inchavam...

Os camponeses, eles sabem o que é criar uma vaca, o trabalho que dá. De quanto tempo precisam. Eles choravam ao ver como os animais estavam morrendo. Não eram como as árvores, que caem e ficam quietas, todos eles gritavam, relinchavam, baliam. Gemiam.

Lembro das palavras do vovô: "Mas e esses inocentes estão morrendo por quê? Eles nem falar conseguem". Nosso avô era amigo de ler, sempre lia à noite.

Antes da guerra minha irmã mais velha trabalhava no Comitê Regional do Partido, e a deixaram na resistência. Ela trouxe para casa muitos livros da biblioteca do comitê regional, retratos, estandartes vermelhos. Fomos enterrando no jardim, sob as macieiras. A carteirinha do partido também. Enterrávamos à noite, eu tinha a sensação de que o vermelho... a cor vermelha... seria visível de debaixo da terra.

Não lembro como os alemães chegaram, não sei por quê... Lembro quando eles estavam lá, estavam havia muito tempo, e uma vez juntaram a todos nós, toda a aldeia. Puseram na frente das metralhadoras: "Onde estão os *partisans*, em que casas eles estiveram?". Todos ficaram calados. Então eles contaram as pessoas, e a cada três, uma ia para o fuzilamento. Fuzilaram seis pessoas: dois homens, duas mulheres e dois adolescentes. E foram embora.

À noite caiu neve fresca. Era Ano-Novo... E sob essa neve jaziam os mortos. Não havia ninguém para enterrá-los, não havia ninguém para fazer os caixões. Os homens tinham se escondido na floresta. Mulheres velhas queimavam lenha para aquecer a terra ao menos um pouco e cavar sepulturas. Elas passavam muito tempo batendo com as pás na terra de inverno.

Logo os alemães voltaram... Alguns dias depois. Reuniram todas as crianças, éramos treze, nos faziam andar diante de suas colunas: tinham medo das minas dos *partisans*. Íamos na frente, e eles iam em veículos atrás de nós. Se fosse necessário, por exemplo, parar e pegar água do poço, eles nos mandavam primeiro. E assim andamos uns quinze quilômetros. Os meninos não tinham tanto medo, mas as meninas andavam chorando. E eles vinham atrás de nós, nos veículos... Não havia como fugir... Lembro que andávamos descalços, e a primavera tinha acabado de começar.

Os primeiros dias... Quero esquecer... Isso eu quero esquecer...

Os alemães iam pelas *khatas*. Juntaram os que tinham filhos entre os *partisans*... E cortaram a cabeça deles com um machado no meio da aldeia... Ordenavam: olhe. Numa *khata* não encontraram ninguém, capturaram e enforcaram o gato. Ele ficou pendurado na cordinha, feito uma criança...

Quero esquecer de tudo...

"AGORA VOCÊS SERÃO MEUS FILHOS..."

Nina Chuntó, seis anos. Hoje: cozinheira

Ai, ai, ai! O coração começa a doer na hora...

Antes da guerra morávamos só com papai... Mamãe tinha morrido. Quando papai foi para o front, ficamos com a minha tia. Nossa tia morava na aldeia de Zadori, na região de Lépelski. Logo depois que papai nos levou para lá, ela bateu os olhos num galho, perdeu um olho. Teve uma infecção no sangue e morreu. Nossa única tia. Ficamos sós, eu e meu irmão, e ele era pequeno. Fomos procurar os *partisans*, por algum motivo decidimos que nosso pai estava lá. Dormíamos onde dava. Lembro de quando houve uma tempestade, passamos a noite numa meda de feno: tiramos feno, fizemos uma vala e nos escondemos ali. Havia muitas crianças como nós. E todas estavam procurando pelos pais, mesmo que soubessem que eles haviam sido assassinados, mesmo assim nos diziam que procuravam por papai e mamãe. Ou algum parente.

Andamos... Andamos... Em alguma aldeia... Numa *khata* tinha uma janela aberta. E lá, pelo visto, haviam assado umas tortas de batata fazia pouco tempo. E quando nos aproximamos, meu irmão sentiu o cheiro daquelas tortas e perdeu a consciência. Entrei na *khata*, queria pedir um pedacinho para o meu irmão, porque ele não se levantava. E eu não conseguia levantá-lo, não tinha forças. Não achei ninguém na *khata*, mas não resisti e peguei um pedacinho de uma torta. Nos sentamos e esperamos os donos da casa, para não acharem que tínhamos roubado. Chegou a dona, ela morava sozinha. Não nos deixou ir embora, disse: "Agora vocês serão meus filhos...". Quando ela disse isso, ali mesmo eu e meu irmão adormecemos. De tanto que nos sentimos bem. Tinha aparecido uma casa para nós.

Logo queimaram a aldeia. Todas as pessoas também. Inclusive nossa nova tia. Ficamos vivos porque havíamos saído de manhã cedo para colher frutinhas... Nos sentamos numa colina e ficamos olhando para o fogo... Já entendíamos tudo... Não sabíamos: para onde ir? Como encontrar mais uma tia? Só tínhamos criado amor por aquela. Até falávamos entre nós que chamaríamos nossa nova tia de "mamãe". De tão boa que ela era, sempre nos dava um beijo de boa-noite.

Os *partisans* nos pegaram. Do destacamento *partisan*, nos mandaram de avião para trás da linha de frente...

O que ficou comigo da guerra? Não entendo o que são pessoas desconhecidas, porque eu e meu irmão crescemos entre pessoas desconhecidas. Pessoas desconhecidas nos salvaram. Mas como elas seriam desconhecidas para mim? Todas as pessoas estão ligadas. Vivo com esse sentimento, mesmo que muitas vezes me decepcione. A vida em tempo de paz é diferente...

"BEIJÁVAMOS AS MÃOS DELAS..."

David Goldberg, catorze anos. Hoje: músico

Estávamos nos preparando para o feriado...

Tínhamos marcado a inauguração solene do nosso acampamento de pioneiros Talka para aquele dia. Esperávamos a visita dos soldados de fronteira e de manhã fomos para a floresta. Colher flores. Publicamos um jornal mural comemorativo, enfeitamos lindamente o arco de entrada. O lugar era extraordinário, o clima estava maravilhoso. Estávamos de férias! Não nos inquietamos nem com o barulho dos aviões que escutamos a manhã toda, de tão felizes que estávamos.

De repente nos puseram em fila e explicaram que de manhã, enquanto estávamos dormindo, Hitler havia atacado nosso país. Na minha consciência a guerra estava ligada aos acontecimentos em Khalkhin-Gol,* era algo distante e de curta duração. Não tinha dúvida de que nosso Exército era invencível e indestrutível, tínhamos os melhores tanques e aviões. Tudo isso nos diziam na escola. E em casa. Os meninos se comportavam de maneira confiante, mas muitas meninas choravam bastante, estavam assustadas. Os mais velhos foram encarregados de ir aos destacamentos e tranquilizar a todos, especialmente os pequenos. À noite os meninos que tinham catorze, quinze anos receberam espingardas de baixo calibre. Foi muito bacana! No geral, ficamos orgulhosos. Estávamos disciplinados. No acampamento havia quatro metralhadoras, nos postávamos em grupos de três e fazíamos a guarda. Eu até gostava disso. Saía com minha espingarda para a floresta, me testava: tinha medo ou não? Não queria me revelar um covarde.

Esperamos por alguns dias que viessem nos buscar. Não veio ninguém, e nós mesmos fomos para a estação Pukhovitch. Ficamos muito tempo ali. O responsável pela estação disse que já não viria nada de Minsk, a comunicação estava cortada. De repente uma das crianças veio correndo e gritou que estava vindo um trem muito, muito pesado. Ficamos de pé nos trilhos... No começo acenamos com os braços, depois tiramos os lenços. E ace-

* As batalhas de Khalkhin-Gol (1939) foram conflitos fronteiriços entre o Japão e a União Soviética.

namos com os lenços vermelhos para o trem parar. O maquinista nos viu e, desesperado, começou a fazer sinal com as mãos de que não podia parar o trem: ele não conseguiria se movimentar de novo depois. "Joguem as crianças nas plataformas, se puderem!", gritava. Havia gente nas plataformas, e eles também gritaram: "Salvem as crianças! Salvem as crianças!".

O trem só ia um pouco mais devagar. Da plataforma os feridos estendiam os braços, pegavam os pequenos. E subiram todos naquele trem, até o último. Esse era o último trem de Minsk...

Passamos muito tempo viajando, o trem ia devagar. Podíamos ver tudo com clareza... Nos aterros havia mortos dispostos de modo organizado, como dormentes de trilhos. Isso ficou na minha memória... Como nos bombardearam, como gritávamos, e os estilhaços também gritavam. Nas estações, as mulheres nos davam comida, não sei como já sabiam que vinha um trem com crianças, e nós beijávamos as mãos delas. Acabou que ficou uma criança de peito conosco, a mãe havia sido morta num tiroteio. E, assim que uma mulher na estação a viu, tirou o lenço da cabeça e entregou para fazer de fraldinha...

Chega! Basta! Estou muito abalado... Não posso me abalar. Tenho uma doença do coração. Vou lhe dizer, caso você não saiba: quem esteve na guerra quando criança muitas vezes morre antes dos pais que lutaram no front. Antes do que ex-soldados. Antes...

Eu já enterrei tantos amigos meus...

"EU OLHAVA PARA ELES COM OS OLHOS DE UMA MENINA PEQUENA..."

Zina Gúrskaia, sete anos. Hoje: polidora

Eu olhava para eles com os olhos de uma menina pequena. Uma menina pequena do campo. Com olhos bem arregalados...

Vi o primeiro alemão de perto... Era alto, tinha olhos azuis. Fiquei tão surpresa: "É tão bonito, mas mata". Talvez essa tenha sido minha impressão mais forte. Minha primeira impressão da guerra.

Morávamos: mamãe, duas irmãzinhas, meu irmãozinho e uma galinha. Havia sobrado uma galinha, ela morava conosco na *khata*, dormia conosco. Se escondia das bombas conosco. Ela se acostumou e andava atrás da gente feito um cachorro. Por mais que tenhamos passado fome, salvamos a galinha. E passávamos tanta fome que no inverno minha mãe cozinhou um velho casaco de pele e todos os chicotes, e para nós eles tinham cheiro de carne. Meu irmãozinho mamava no peito... Cozinhávamos um ovo em água quente e dávamos essa aguinha para ele em vez de leite. Ele então parou de chorar e de morrer.

Ao nosso redor matavam. Matavam. Matavam... Pessoas, cavalos, cachorros... Durante a guerra mataram todos os nossos cavalos. Todos os cachorros. Mas os gatos ficaram intactos.

De dia os alemães vinham: "Mãezinha, me dê ovos. Mãezinha, me dê banha". Atiravam. À noite vinham os *partisans*... Os *partisans* precisavam sobreviver na floresta, especialmente no inverno. À noite eles batiam na janela. Às vezes levavam por bem, às vezes à força. Levaram nossa vaca... Mamãe chorava. Os *partisans* também choravam... Não tem como contar. Não tem como contar, querida. Não! E não!

A mamãe e a vovó lavravam assim: no começo a mamãe usava o jugo e a vovó ia no arado. Depois elas trocavam, a outra virava o cavalo. Eu sonhava com crescer mais rápido. Tinha pena da mamãe e da vovó.

Depois da guerra havia um só cachorro em toda a aldeia (trazido de outra aldeia) e a nossa galinha. Não comíamos ovos. Juntávamos para criar pintinhos.

Fui para a escola... Arranquei um pedaço do papel de parede velho: esse era meu caderno. Em vez de borracha, tinha uma rolha de garrafa. No outono as beterrabas cresceram, como nos alegrávamos porque poderíamos ralar as beterrabas e teríamos tinta. No segundo dia o mingau ficava preto. Já havia algo para escrever.

Também lembro que eu e a mamãe amávamos bordar com ponto cheio, era obrigatório que houvesse florzinhas alegres. Eu não gostava das linhas pretas.

Mesmo agora não gosto da cor preta...

"NOSSA MÃE NÃO SORRIA..."

Kima Múrzitch, doze anos. Hoje: encarregada da manutenção de aparelhos de rádio

Nossa família...

Éramos três irmãs: Rema, Maia e Kima.* Rema é de Eletrificação e Paz; Maia, de Primeiro de Maio; Kima, de Juventude Comunista Internacional. Quem nos deu esses nomes foi papai. Ele era comunista, entrou cedo no partido. E nos educava do mesmo jeito. Em casa tínhamos muitos livros, havia retratos de Lênin e Stálin. Nos primeiros dias da guerra os enterramos no galpão, eu fiquei só com *Os filhos do capitão Grant*, de Júlio Verne. Meu livro preferido. Por toda a guerra eu o li e reli.

Minha mãe ia para as aldeias perto de Minsk, trocava lenços por comida. Ela tinha um par de sapatos bons. Levou até o único vestido de crepe da China que tinha. Eu e Maia ficávamos espe-

* No início da União Soviética estavam na moda nomes próprios que aludiam a frases e palavras revolucionárias. No caso, os nomes das meninas se referem aos termos citados.

rando a mamãe: ela vai voltar ou não vai? Tentávamos distrair uma à outra desses pensamentos, lembrávamos de quando, antes da guerra, corríamos para o lago, nadávamos, tomávamos sol, de quando dançávamos na escola de amadores. De como era muito, muito longa a viela no caminho para a escola. O cheiro da geleia de cereja que mamãe cozinhava no pátio, sobre umas pedrinhas... Como tudo aquilo estava longe, como tudo aquilo era bom. Falávamos sobre Rema, nossa irmã mais velha. Passamos toda a guerra achando que ela havia morrido. Ela saiu em 23 de junho para o trabalho na fábrica e não voltou para casa...

Acabou a guerra, mamãe mandou requerimentos para todos os lados procurando por Rema. Havia um serviço de informações; sempre se aglomerava muita gente lá, todos procurando uns aos outros. Eu levava as cartas da mamãe para lá, uma atrás da outra. E não havia cartas para nós. Chegava o fim de semana, mamãe se sentava à janela e ficava esperando pela carteira. Ela sempre passava reto.

Uma vez mamãe voltou do trabalho. A vizinha passou em casa. Ela disse para a minha mãe: "Pode dançar", e segurava algo atrás das costas. Minha mãe adivinhou que era uma carta. Ela não dançou, sentou no banco e não conseguiu levantar. E não falava.

Assim achamos minha irmã. Ela estava na evacuação. Mamãe passou a sorrir. Por toda a guerra, enquanto não achávamos minha irmã, nossa mãe não sorria...

"NÃO CONSEGUIA ME ACOSTUMAR AO MEU NOME..."

Lena Krávtchenko, sete anos. Hoje: contadora

Eu não sabia nada sobre a morte, claro... Ninguém teve tempo de explicar, eu a vi de golpe...

Quando as metralhadoras atiram do avião, parece que todas as balas estão vindo para cima de você. Na sua direção. Eu pedia: "Mamãe, deite em cima de mim...". Ela se deitava, e aí eu não via nada e não ouvia nada.

O que dava mais medo era perder a minha mãe... Vi uma mulher jovem morta, e uma criança mamava no peito dela. Pelo visto, tinha sido morta no minuto anterior. A criança nem estava chorando. E eu estava sentada ao lado delas...

Só não perder a mamãe... Mamãe sempre me segurava pela mão e acariciava minha cabeça: "Vai ficar tudo bem. Vai ficar tudo bem".

Estávamos em algum carro, e todas as crianças puseram baldes na cabeça. Eu não obedecia à mamãe...

Depois lembro que estavam fazendo a gente andar em fila. E ali tomaram minha mãe de mim... Eu a agarrava pela mão, beijava o vestido de sedalina dela, ela não estava vestida para a guerra. Era o seu vestido chique. O mais arrumado. Eu não soltava... Chorava... O fascista me jogava para longe, no começo com a submetralhadora, mas, quando eu caí na terra, com a bota. Uma mulher me levantou. Logo já estávamos eu e ela num vagão, não sei por que, viajando. Para onde? Ela me chamava de "Ánetchka"... Mas eu achava que meu nome era outro... Era como se eu lembrasse que meu nome era outro, mas havia esquecido qual era. De medo. Medo de que tivessem levado minha mãe. Para onde estávamos indo? Me parecia, entendi pelas conversas dos adultos, que estavam nos levando para a Alemanha. Lembro que pensava: sou tão pequena, o que os alemães querem comigo? O que vou fazer lá na terra deles? Quando começou a escurecer, umas mulheres me chamaram para a porta e me empurraram direto para fora do vagão: "Corra! Talvez consiga se salvar".

Caí em alguma vala, ali mesmo dormi. Estava frio, e sonhei que mamãe me agasalhava com algo quentinho e dizia palavras carinhosas. Tive esse sonho por toda a vida...

Vinte e cinco anos depois da guerra, só encontrei uma tia. Ela me chamou pelo meu nome verdadeiro, passei muito tempo sem conseguir me acostumar a ele.

Eu não atendia...

"A CAMISA MILITAR DELE ESTAVA MOLHADA..."

Vália Matiuchkova, cinco anos. Hoje: engenheira

Você vai se surpreender! Mas eu queria me lembrar de algo engraçado. Alegre. Adoro rir, não quero chorar. O-o-o... Já estou chorando...

Papai me levou para ver a mamãe na maternidade e disse que logo íamos comprar um menininho. Eu queria imaginar como seria meu irmãozinho. Perguntava ao meu pai: "Como ele é?". Ele respondia: "Pequeno".

De repente eu e o meu pai estávamos em algum lugar alto, entrava fumaça pela janela. Papai me carregava nos braços, e eu pedi que voltássemos para pegar minha bolsinha. Fiz birra. Papai ficou calado e me apertou forte contra ele, apertou tão forte que ficou difícil de respirar. Logo papai some, eu estou andando pela rua com alguma mulher. Estávamos andando ao longo da cerca de arame, e além dela havia prisioneiros de guerra. Fazia calor, eles pediam algo para beber. Eu só tinha dois bombons no bolso. Joguei esses bombons para o outro lado do arame farpado. Mas onde eu tinha conseguido esses bombons? Já nem lembro. Alguém jogou pão... Pepinos... O guarda atirou, fugimos...

É surpreendente, mas lembro de tudo isso... Em detalhes...

Depois lembro de mim mesma no centro de acolhimento infantil, que estava circundado por uma cerca de arame. Soldados e cães alemães nos protegiam. Ali também havia crianças que ainda não sabiam andar, e engatinhavam. Quando elas queriam comer, lambiam o chão... Comiam sujeira... Morriam rápido. Nos alimentavam mal, davam um tipo de pão que fazia a língua inchar tanto que não conseguíamos nem falar. Só pensávamos em comida. A gente tomava o café da manhã e pensava: o que vai ter no almoço? Almoçava: e o que vai ter no jantar? Passávamos por debaixo da cerca de arame e escapulíamos para a cidade. O objetivo era um só: chegar ao lixão. Era uma alegria inconcebível encontrar uma pele de arenque ou cascas de batata. Comíamos as cascas cruas.

Lembro que um moço me pegou no lixão. Fiquei assustada:

— Moço, eu não venho mais.

Ele perguntou:

— Quem cuida de você?

— Ninguém. Sou do centro de acolhimento infantil.

Ele me levou para casa e me deu comida. Na casa deles só tinha batata. Cozinharam, e eu comi uma panela inteira.

Do centro de acolhimento infantil me mandaram para um orfanato, ficava na frente do Instituto de Medicina, e lá havia um hospital militar alemão. Lembro das janelas baixas, dos contraventos pesados que fechavam à noite.

Lá nos alimentavam bem, eu me restabeleci. Uma mulher que fazia a limpeza me amava muito. Ela tinha pena de todos, mas de mim em especial. Quando vinham tirar sangue da gente, todos se escondiam. "Os médicos estão vindo", ela me enfiava em algum canto. E repetia o tempo todo que eu parecia com a filha dela. Os outros entravam debaixo da cama, eram puxados de lá. Eram atraídos. Às vezes davam um pedacinho de pão, às vezes mostravam um brinquedo de criança. Eu me lembro de uma bolinha vermelha.

Os "médicos" iam embora, eu voltava para o quarto... Lembro disso: um menino pequeno deitado, o bracinho pendendo para fora da cama e o sangue escorrendo por ele. E as outras crianças estavam chorando... Duas, três semanas depois mudavam as crianças. Levavam algumas, todas já pálidas, fracas, e traziam outras. A estas faziam engordar.

Os médicos alemães consideravam que o sangue de crianças de até cinco anos ajudava na recuperação mais rápida dos feridos. Que possuía um efeito rejuvenescedor. Isso eu soube depois... claro, depois...

Mas na época... Eu queria ganhar um brinquedo bonito. Uma bolinha vermelha.

Quando os alemães começaram a fugir de Minsk... A se retirar... Essa mulher que me protegia nos levou até o portão: "Quem tem alguém vá procurar. Quem não tem, vá para qualquer aldeia, lá as pessoas vão salvar vocês".

E eu fui. Morei na casa de uma senhora... Não lembro nem o sobrenome dela, nem a aldeia. Lembro que prenderam a filha dela e ficamos as duas: a velhinha e a pequenininha. Tínhamos um pedacinho de pão para uma semana.

Fui a última a saber que os nossos soldados estavam na aldeia. Eu estava doente. Quando ouvi, me levantei e corri para a escola. Vi o primeiro soldado, como eu grudei nele. Lembro que a camisa militar dele estava molhada.

De tanto que o abraçavam, beijavam e choravam.

"PARECIA QUE ELA HAVIA SALVADO A FILHA DELE..."

Guênia Zavôiner, sete anos. Hoje: técnica de aparelhos de rádio

O que me ficou gravado mais forte na memória? Daqueles dias...

Quando levaram o meu pai... Ele estava usando um casaco

acolchoado, não me lembro do rosto dele, sumiu completamente da minha memória. Lembro das mãos... Eles as amarraram com cordas. As mãos do meu pai... Mas por mais que eu me esforce, também não lembro quem veio levá-lo. Eram várias pessoas...

Mamãe não chorou... Ela passou o dia inteiro na janela.

Levaram o papai e nos transferiram para o gueto, passamos a viver atrás da cerca de arame. Nossa casa ficava perto da estrada, todo dia voavam paus para o nosso pátio. Eu via um fascista perto do nosso portão, quando levavam um grupo para o fuzilamento, ele batia nas pessoas com esses paus. Os paus quebravam, e ele os jogava para trás. No nosso pátio. Eu queria vê-lo melhor, não só as costas, e uma vez consegui: era pequeno, careca. Gemia e resfolegava. Minha imaginação infantil ficou impressionada por ele ser tão comum...

Encontramos nossa avó assassinada no apartamento... Nós mesmos a enterramos... Nossa avó alegre e sábia, que amava música alemã. Literatura alemã.

Mamãe foi trocar coisas por comida e começou um pogrom no gueto. Normalmente nos escondíamos no porão, mas dessa vez fomos para o sótão. Ele estava completamente destruído de um lado, e isso nos salvou. Os alemães entraram na nossa casa e foram batendo no teto com as baionetas. E só não entraram no sótão porque ele estava destruído. Mas, no porão, jogaram granadas.

O pogrom durou três dias, e os três dias passamos no sótão. A mamãe não estava conosco. Só pensávamos nela. Quando acabou, ficamos perto da porta esperando: será que está viva? De repente apareceu nosso antigo vizinho por fora do portão, ele passou sem parar mas escutamos: "Sua mãe está viva". Quando mamãe voltou, nós três ficamos olhando para ela, ninguém chorou, não havia lágrimas, veio algum tipo de calma. Nem fome sentíamos.

Estávamos eu e mamãe perto da cerca, passou uma mulher

bonita. Ela parou perto de nós do outro lado e disse para mamãe: "Como tenho pena de vocês". Mamãe respondeu para ela: "Se tem pena, leve minha filha com você". "Está bem", disse a mulher, pensativa. Combinaram o resto sussurrando.

No dia seguinte, mamãe me levou para o portão do gueto.

— Guénetchka, leve o carrinho de bebê com a boneca e vá até a tia Marússia (era nossa vizinha).

Lembro do que eu estava vestindo: uma blusa azul, um pequeno suéter com pomponzinhos brancos. Tudo o que eu tinha de melhor, de festa.

Mamãe me empurrava para cruzar os portões do gueto, eu grudava nela. Ela empurrava, estava banhada em lágrimas. Lembro que fui... Lembro de onde estavam os portões, onde ficava o posto do guarda...

E assim empurrei o carrinho para o lugar onde mamãe havia mandado, lá me vestiram com um casaquinho de pele e me sentaram numa carroça. Quanto mais andávamos, mais eu chorava e dizia: "Mamãe, onde você estiver eu também vou estar. Onde você...".

Me levaram para um sítio, me sentaram num longo banco. Na família em que fui parar havia quatro crianças. E eles me adotaram também. Quero que todos saibam o nome da mulher que me salvou: Olímpia Pojaritskaia da aldeia Guenevitch da região de Volójinski. O medo esteve presente naquela família por todo o tempo em que eu estive lá. Podiam ser fuzilados a qualquer minuto... Toda a família... Inclusive os quatro filhos... Por terem encoberto uma criança judia. Do gueto. Eu era a morte deles... Que coração grandioso é preciso ter! Um coração desumanamente humano. Apareciam os alemães, logo me mandavam para algum lugar. A floresta ficava ao lado, a floresta me salvava. Essa mulher tinha muita pena de mim, ela tinha pena dos filhos e de mim também. Se ela dava algo, dava para todos, se beijava, beijava todos. E fazia carinho em todos igualmente. Eu a chamava de "mamússia". Em algum lugar eu tinha uma mãe, e ali uma mamússia...

Quando os tanques se aproximaram do sítio, eu estava levando as vacas para pastar, vi os tanques e me escondi. Não acreditava que eram nossos, mas, quando distingui as estrelas vermelhas neles, saí para a estrada. Saltou um militar do primeiro tanque, me pegou nos braços e levantou muito, muito alto. Então veio correndo a dona do sítio, ela estava tão feliz, tão bonita; queria muito compartilhar algo bom, dizer que a família dela também tinha feito algo por aquela vitória. E ela contou como eles haviam me salvado. Uma menina judia... Esse militar me apertou contra si, eu era magrinha, magrinha, e me escondi debaixo do braço dele, e abraçou essa mulher, ele a abraçou com uma cara que parecia que ela havia salvado a filha dele. Disse que todos os parentes dele haviam morrido, logo terminaria a guerra e ele voltaria e me levaria para Moscou. Eu não concordei de jeito nenhum, apesar de não saber se minha mãe estava viva ou não.

Vieram outras pessoas correndo, elas também me abraçaram. E todos confessaram que haviam adivinhado quem estavam escondendo no sítio.

Depois mamãe veio me buscar. Ela entrou no pátio e ficou de joelhos diante dessa mulher e dos filhos...

"ME LEVARAM PARA O DESTACAMENTO NOS BRAÇOS, TUDO EM MIM ESTAVA QUEBRADO, DOS CALCANHARES AO COCURUTO..."

Volódia Ampilógov, dez anos. Hoje: serralheiro

Eu tinha dez anos, dez anos certinho. E veio a guerra. Essa guerra miserável!

Estava brincando de pega-pega com os meninos no pátio. Veio um carro grande, dele saltaram soldados alemães, começaram a nos pegar e jogar na caçamba, debaixo de uma lona. Nos levaram para a estação, o carro se aproximou do vagão de ré e, como sacos, fomos jogados dentro dele. Sobre palha.

Lotaram tanto o vagão que num primeiro momento só conseguíamos ficar de pé. Não havia adultos, só crianças e adolescentes. Por dois dias e duas noites nos levaram com as portas fechadas; não víamos nada, só escutávamos como as rodas batiam nos trilhos. De dia, um pouco de luz ainda passava pelas frestas, mas à noite dava tanto medo que todos chorávamos: estavam nos levando para algum lugar distante, e nossos pais não sabiam onde estávamos. No terceiro dia a porta se abriu, e um soldado jogou no vagão algumas bisnagas de pão. Quem estava perto conseguiu pegar e num segundo devorou aquele pão. Eu estava no lado oposto da porta e não vi o pão, só tive a impressão de sentir o cheiro por um minuto, quando escutei o grito: "Pão!". Só o cheiro.

Já não lembro como se passaram aqueles dias na estrada. Mas já não dava mais para respirar no vagão, porque fazíamos as necessidades ali. Tanto o número um quanto o número dois... Começaram a bombardear o trem... O teto do meu vagão foi arrancado. Eu não estava só, estava com meu amiguinho Grichka; ele tinha dez anos, como eu, e antes da guerra estudávamos na mesma classe. Desde os primeiros minutos em que começaram a nos bombardear, a gente se segurou um no outro para não se perder. Quando o teto foi arrancado, decidimos escapar do vagão por cima e fugir. Fugir! Para nós já estava claro: estavam nos levando para o oeste. Para a Alemanha.

Estava escuro na floresta, e olhávamos para trás: nosso trem estava pegando fogo, queimava numa fogueira. Com chamas altas. Andamos por toda a noite, de manhã chegamos a alguma aldeia, mas não havia aldeia, em vez das casas... Era a primeira vez que via isso: de pé, só os fogões pretos. Uma névoa se alastrava... Andávamos como por um cemitério. Entre monumentos pretos... Procurávamos algo para comer, os fogões estavam vazios e frios. Avançamos. À noite encontramos de novo restos apagados de incêndio e fogões vazios... Andamos e andamos... De repente Grichka caiu e morreu, o coração dele parou. Passei a noite sentado ao lado dele, estava esperando amanhecer. De manhã, fiz uma covinha na areia com as mãos e enterrei Grichka. Queria lembrar do lugar, mas como você vai lembrar se tudo ao seu redor é desconhecido?

Andava, e a cabeça girava de fome. De repente escutei: "Pare! Menino, para onde está indo?". Perguntei: "Quem são vocês?". Eles disseram: "Estamos do seu lado. Somos *partisans*". Por eles fiquei sabendo que estava na região de Vítebsk, fui parar na Brigada Partisan Aleksêievskaia...

Quando recobrei um pouco as forças, comecei a pedir para combater. Como resposta, zombavam de mim e me mandavam dar uma ajuda na cozinha. Mas aconteceu... Uma coisa... Por três vezes mandaram batedores para a estação de trem, e eles não voltaram. Depois da terceira vez o comandante do destacamento pôs todos em formação e disse:

— Não consigo mandar uma quarta vez. Vão voluntários.

Eu estava na segunda fileira, escutei:

— Quem se voluntaria? — Levantei a mão, como na escola. Meu suéter era longo, a manga balançava até o chão. Levantei a mão, mas ele não a via, a manga estava pendurada, eu não conseguia me desfazer.

O comandante comandou:

— Voluntários, um passo adiante.

Dei um passo adiante.

— Meu filho... — me disse o comandante. — Meu filho...

Me deram um saquinho e uma velha *uchanka** com uma das orelhas arrancada.

Logo que saí na estrada grande... Veio uma sensação de que estava sendo seguido. Olhei em volta e não havia ninguém. Então reparei em três pinheiros grossos e frondosos. Com cuidado olhei bem e notei que ali havia franco-atiradores alemães. Quem quer que saísse da floresta, eles "liquidavam". Mas um menino na borda da floresta, e ainda por cima com um saquinho, não tiveram coragem de tocar.

Voltei para o destacamento e comuniquei ao comandante que havia atiradores alemães nos pinheiros. À noite nós os pegamos sem um único tiro e levamos vivos para o destacamento. Essa foi minha primeira missão de reconhecimento...

No fim de 1943... Na aldeia de Starie Tchelnichki da região de Bechenkovski, os SS me pegaram... Batiam com a vareta da espingarda. Chutavam com botas de chapas de ferro. Botas de pedra... Depois da tortura, me arrastaram para a rua e jogaram água em mim. Era inverno, fiquei coberto por uma crosta de gelo e sangue. Não entendi o que era a batida que escutei em cima de mim. Estavam armando uma forca. Eu a vi quando me levantaram e puseram no cepo. A última coisa de que lembro? Do cheiro de madeira fresca... Um cheiro vivo...

O nó da força se apertou, mas tiveram tempo de tirar... Os *partisans* estavam fazendo uma emboscada. Quando minha consciência voltou, reconheci nosso médico. "Mais dois segundos, e pronto, não teria te salvado", disse ele. "Que sorte você tem de estar vivo, meu filho."

Me levaram para o destacamento nos braços, tudo em mim estava quebrado, dos calcanhares ao cocuruto. Sentia tanta dor que pensava: será que vou crescer?

* Tipo de gorro de pele com proteção para as orelhas.

"E POR QUE SOU TÃO PEQUENO?..."

Sacha Streltsov, quatro anos. Hoje: piloto

Meu pai nem me viu...

Nasci sem ele. Ele teve duas guerras: voltou da Guerra da Finlândia, começou a Patriótica. Saiu de casa pela segunda vez.

Da mamãe, guardei na memória o momento em que estávamos andando pela floresta e ela ia me ensinando: "Não tenha pressa. Escute como caem as folhas. Como a floresta farfalha...". Ficávamos sentados na estrada, e ela desenhava passarinhos na areia com um pauzinho para mim.

Também lembro que queria ser alto e perguntava à mamãe:

— Papai é alto?

Mamãe respondia:

— Muito alto e bonito. Mas nunca se gaba disso.

— E por que sou tão pequeno?

Estava começando a crescer... Não tínhamos ficado com nenhuma fotografia do meu pai, mas eu precisava da confirmação de que parecia com ele.

— Parece. Parece muito — mamãe me tranquilizava.

Em 1945... Soubemos que papai havia falecido. Mamãe o amava tanto que enlouqueceu... Ela não reconhecia ninguém, nem a mim. Até onde me lembro, quem estava sempre comigo era só a vovó. A vovó se chamava Chura, para que não nos confundissem eu e ela combinamos: eu sou o Churik, ela é a vovó Sacha.

A vovó Sacha não contava histórias, desde a manhã até tarde da noite ela lavava roupa, lavrava, cozinhava, alvejava. Levava a vaca para pastar. E nos feriados ela amava lembrar como eu havia nascido. Estou contando para você, e a voz da vovó ainda está nos meus ouvidos: "Era um dia quente. A vaca do vovô Ignat tinha parido, haviam entrado no jardim do velho Iakimchuk. E você veio ao mundo...".

Acima da *khata* voavam aviões o tempo todo... Aviões nossos. No segundo ano tomei a firme decisão de ser piloto.

Vovó foi ao centro de recrutamento. Pediram meus documentos, ela não tinha, mas levou a notificação de morte em combate do meu pai. Voltou para casa com as palavras: "Vamos colher batatas, e você vai para Minsk, para a Escola Suvórov".

Antes da viagem ela pegou farinha emprestada com alguém e assou pãezinhos recheados. O chefe do serviço de recrutamento me pôs no carro e disse: "Isso é em honra do seu pai".

Andei de carro pela primeira vez na vida.

Alguns meses depois vovó veio para a escola e me trouxe um presente: uma maçã. Pediu: "Coma".

Eu não queria me despedir tão rápido do presente dela.

"ELES ERAM ATRAÍDOS PELO CHEIRO HUMANO..."

Nádia Sávitskaia, doze anos. Hoje: operária

Estávamos esperando meu irmão chegar do Exército. Ele havia escrito uma carta dizendo que vinha em junho...

Pensávamos: quando meu irmão voltar, vamos construir uma casa para ele. Papai já estava trazendo os troncos a cavalo, à noite todos nos sentávamos nesses troncos, e eu lembro que minha mãe dizia para o meu pai que ergueriam uma casa grande. Teriam muitos netos.

Começou a guerra, e meu irmão, claro, não voltou do Exército. Éramos cinco irmãs e um irmão, e ele era o mais velho. Mamãe passou toda a guerra chorando, e nós passamos toda a guerra esperando nosso irmão. Lembro bem que esperávamos por ele todo dia.

Escutávamos que estavam conduzindo nossos prisioneiros de guerra para algum lugar e íamos logo para lá. Mamãe assava dez bulbíneas, botava numa trouxa e saíamos. Uma vez não havia nada para levar, mas no campo havia centeio maduro. Quebramos umas espigas, amassamos os grãos nas mãos. Demos com alemães, com a patrulha que vigiava os campos. Eles derramaram nossos grãos e indicaram: de pé, vamos fuzilar vocês. Chorávamos, e mamãe beijava as botas deles. Eles estavam a cavalo, ela agarrava os pés deles, beijava e pedia: "Meus senhores! Tenham piedade... Meus senhores, são todas minhas filhas. Estão vendo? Só meninas". Eles não atiraram e foram embora.

Quando foram embora, comecei a rir. Ria e ria, passaram-se dez minutos, e eu estava rindo. Vinte minutos... Caí no chão de tanto rir. Mamãe brigava comigo — não adiantava, mamãe me pedia, não adiantava. Não importava quanto andássemos, eu ria. Cheguei em casa rindo. Me escondi no quarto, não conseguia me acalmar — estava rindo. Ri assim o dia inteiro. Pensavam que eu... É, entende? Todos tinham medo... Temiam que meu juízo estivesse afetado. Que tivesse surtado.

Até hoje fiquei com isto: se me assusto, começo a rir alto. Bem alto. Em 1944...

Nos libertaram, e então recebemos uma carta dizendo que meu irmão havia morrido. Mamãe chorou, chorou e depois ficou cega. Vivíamos nos arredores da aldeia, nos abrigos dos alemães, porque toda a aldeia havia sido queimada; tanto nossa velha *khata* quanto a madeira para a casa nova haviam sido queimadas. Nada nosso escapou, encontramos capacetes de soldados na floresta e cozinhamos neles. Os capacetes alemães eram grandes como caldeirões de ferro. Nos alimentávamos na floresta. Dava medo sair para procurar frutinhas e cogumelos. Havia muitos pastores-alemães, eles avançavam nas pessoas, tinham dilacerado crianças pequenas. Foram acostumados à carne humana, ao sangue humano. Ao cheiro fresco... Se íamos andar pela floresta, nos reuníamos em grupos grandes. Umas vinte pessoas... As mães haviam nos ensinado que era preciso gritar ao andar pela floresta, e então os cachorros se assustavam. Até você colher uma cesta de frutinhas, ia gritando tanto que perdia a voz. Ficava rouca. A garganta inchava. E os cachorros eram grandes como lobos.

Eles eram atraídos pelo cheiro humano...

"POR QUE ATIRARAM NO ROSTO? MINHA MÃE ERA TÃO BONITA..."

Volódia Kórchuk, sete anos. Hoje: professor universitário, doutor em história

Nós morávamos em Brest. Bem na fronteira...

À noite, estávamos todos os três no cinema: mamãe, papai e eu. Era raro acontecer de os três sairmos para algum lugar, porque papai estava sempre ocupado. Ele trabalhava como chefe da seção regional de educação, estava sempre em viagens a trabalho.

A última noite sem guerra... A última noite...

Quando mamãe me despertou, tudo ao nosso redor estrondava, batia, bramia. Era muito cedo, ficou na minha memória que ainda estava escuro lá fora. Meus pais estavam agitados fazendo a mala, por algum motivo não encontravam nada.

Tínhamos nossa casa, um grande jardim. Papai foi embora para algum lugar, eu e mamãe olhávamos pela janela: no jardim havia uns militares que conversavam em um russo mal falado, estavam vestidos com nosso uniforme. Mamãe disse que eram agentes infiltrados. Não entrava na minha cabeça que no nosso jardim, em cuja mesinha ainda estava o samovar da noite anterior, de repente havia agentes infiltrados! E onde estavam nossos soldados de fronteira?

Fomos embora da cidade a pé. Bem diante dos meus olhos uma casa de pedra desabou, e um telefone voou pela janela. Havia uma cama no meio da rua, sobre ela uma menina morta sob um cobertor. Como se fosse uma cama que tivessem tirado de algum lugar e posto ali, tudo estava inteiro, só o cobertor estava um pouco chamuscado. Logo depois da cidade começava um campo de centeio, os aviões abriam fogo sobre nós com metralhadoras e ninguém andava pela estrada, só por esse campo.

Entramos na floresta e ficou menos assustador. Da floresta vi carros grandes. Eram os alemães, eles estavam rindo alto. Escutávamos aquela fala desconhecida. Tinha muito rr-rr-rr...

Meus pais perguntavam o tempo todo um ao outro: onde estão os nossos? Onde está o nosso Exército? Eu imaginava que logo chegaria Budiônni a galope em um cavalo de batalha, e os alemães correriam de medo. Nenhuma cavalaria se igualava à nossa — meu pai tinha me convencido disso havia pouco tempo.

Passávamos muito tempo andando. À noite íamos pelos sítios, nos davam comida, nos aqueciam. Muita gente conhecia meu pai, e ele também conhecia muita gente. Passamos por um sítio, lembro até hoje o sobrenome do professor escolar que morava ali: Pauk. Eles tinham duas casas, uma nova e uma velha ao lado. E propuseram que a gente ficasse, nos cediam uma casa. Mas meu pai recusou. O dono da casa nos levou por uma grande estrada, mamãe tentou dar dinheiro a ele, mas ele balançou a cabeça e disse que por uma amizade em um momento difícil não se paga. Isso me ficou na memória.

Assim chegamos à cidade de Uzdá, meu pai havia nascido naqueles lados. Nos instalamos na casa do vovô na aldeia de Mrotchki.

Vi um *partisan* pela primeira vez em nossa casa no inverno, e desde então fiquei com a imagem deles em capas de camuflagem brancas. Logo meu pai foi embora com eles para a floresta, ficamos com a mamãe na casa do meu avô.

Mamãe costurava algo... Não... Ela estava sentada em uma mesa grande e bordava algo no bastidor, e eu estava no aquecedor. Os alemães entraram na *khata* com o estaroste, e ele mostrou a mamãe: "Aí está ela". Mandaram a mamãe pegar as coisas dela. Aí eu me assustei muito. Levaram mamãe para o pátio, ela me chamou para se despedir, mas eu tinha me escondido embaixo do banco e não conseguiram me tirar de lá.

Juntaram a mamãe a duas mulheres cujos maridos também eram *partisans* e as levaram. Para onde? Para que lado? Ninguém sabia. No dia seguinte as encontraram perto da aldeia, elas estavam jogadas na neve... Havia nevado a noite toda... O que me ficou na memória quando trouxeram a mamãe foi que por algum motivo atiraram no rosto dela, na bochecha da mamãe tinha uns buraquinhos pretos de bala. Eu ficava perguntando para o meu avô: "Por que atiraram no rosto? Minha mãe era tão bonita...". Enterraram a mamãe... Atrás do caixão iam vovó, vovô e eu. As pessoas tinham medo. Vieram se despedir à noite. Por toda a noite nossa porta não fechava, mas de dia ficávamos sós. Eu não conseguia entender por que tinham matado minha mãe se ela não tinha feito nada de ruim. Ela estava sentada, costurando...

Uma vez à noite meu pai chegou e disse que me levaria com ele. Fiquei feliz. Meus primeiros tempos da vida entre os *partisans* não foram muito diferentes da vida na casa do meu avô. Meu pai ia para uma tarefa e me deixava na casa de alguém na aldeia. E eu me lembro que a dona de uma casa onde ele me deixou uma vez recebeu um trenó com o marido morto. Ela batia com a cabeça na mesa em que estava o caixão, e só repetia uma palavra, "carrascos".

Meu pai não voltou por muito, muito tempo, eu esperava por ele e pensava: "Não tenho mãe, a minha avó e o meu avô estão em algum lugar distante, o que eu vou fazer sozinho, pequeno, se trazem o meu pai morto no trenó?". Quando meu pai voltou, me parecia que uma eternidade havia se passado. Enquanto eu esperava, prometi a mim mesmo que só o chamaria de "senhor". Com isso eu queria ressaltar como o amava, como sentia falta dele, e que ele era a única pessoa que eu tinha. Pelo visto, no começo meu pai não notou como eu me dirigia a ele, mas depois me perguntou: "Por que você está me chamando de 'senhor'?". Confessei para ele o que eu tinha prometido e por quê. E ele me explicou: "Você também é a única pessoa que tenho, por isso devemos falar um com o outro usando 'você'. Somos as pessoas mais próximas no mundo". Também pedi para ele que nunca nos separássemos. "Você já é adulto, você é um homem", ele me convenceu.

Lembro do carinho do meu pai. De quando atiravam contra nós. Estávamos deitados na terra fria de abril, ainda não havia grama... Meu pai achou uma vala mais profunda e me disse: "Deite embaixo, e eu vou deitar em cima, se me matarem você continua vivo". Todos tinham pena de mim no destacamento. Lembro que veio um *partisan* idoso, tirou o meu gorro, passou muito tempo fazendo carinho na minha cabeça, e disse para o meu pai que o dele também estava correndo por algum lugar. Quando atravessamos um pântano, com água até a cintura, meu pai tentou me carregar, mas rapidamente se cansou. Então os *partisans* começaram a se revezar para me carregar. Nunca vou esquecer isso. Nunca vou esquecer de quando encontraram um pouco de azedinha e deram tudo para mim. E eles mesmos foram dormir com fome.

... No orfanato de Gómel, para onde me transferiram de avião, assim que libertaram a cidade, junto com outros filhos de *partisans*, alguém me entregou dinheiro mandado pelo meu pai, um papel grande e vermelho. Eu e os meninos fomos para a feira e gastamos todo esse dinheiro em doces. Deu para uma grande quantidade. O suficiente para todos. A educadora perguntou: "O que você fez com o dinheiro que seu pai mandou?". Confessei que tinha comprado doces. "Só isso?", ela se admirou.

Libertaram Minsk. Veio algum homem me buscar e disse que me levaria para o meu pai. Foi difícil subir no trem. O homem subiu e me passaram para ele pela janela.

Eu e meu pai nos encontramos, e eu pedi de novo a ele que nunca, nunca nos separássemos, porque era ruim ficar sozinho. Lembro que ele não veio sozinho ao meu encontro, mas com uma nova mãe. Ela apertou minha cabeça contra si, e eu estava com tanta saudade de um carinho maternal, e achava tão agradável o contato com ela que dormi no carro imediatamente. No ombro dela.

Aos dez anos fui para o primeiro ano. Mas eu era grande e sabia ler, seis meses depois me passaram para o segundo ano. Eu sabia ler, mas não escrever. Me chamaram para o quadro, era preciso escrever uma palavra com a letra "u". Fiquei parado pensando horrorizado que não sabia como se escrevia a letra "u". E já sabia atirar. Atirava bem.

Um dia não encontrei a pistola do papai no armário, revirei ele todo — e a pistola não estava lá.

— Como pode ser? O que você vai fazer agora? — perguntei para o meu pai quando ele voltou do trabalho.

— Vou dar aulas para crianças — ele respondeu.

Fiquei desnorteado... Achava que trabalho era só guerra...

"VOCÊ ESTÁ PEDINDO QUE EU TE MATE COM UM TIRO..."

Vássia Boikatchiov, doze anos. Hoje: técnico em educação laboral

Sempre me lembro disso... Foram os últimos dias da minha infância...

Na época das férias de inverno, toda a nossa escola participou de um jogo de guerra. Antes disso, havíamos aprendido a nos posicionar em formação, construído metralhadoras de madeira, costurado capas camufladas, roupa para os auxiliares de enfermagem. Os chefes da unidade militar vieram voando em aviões "de milho".* Foi pura alegria!

Em junho já voavam sobre nós os aviões alemães e deles pulavam exploradores. Eram rapazes jovens com jaqueta e boné xadrez. Junto com os adultos capturamos algumas pessoas e entregamos para o soviete rural. E tínhamos muito orgulho de ter participado de uma operação de guerra, ela nos fazia lembrar o jogo do inverno. Mas logo apareceram outros... Estes não estavam de jaqueta e boné xadrez, mas de uniforme verde com mangas arregaçadas, botas de cano largo e tacões com chapa de ferro, nas costas mochilas de couro, nos flancos longas latas de máscara antigas e submetralhadora em riste. Bem alimentados, pesados. Eles cantavam e gritavam: "*Zwei Monate* — Moscou *kaput*". Meu pai me explicou: "*Zwei Monate*" significa "dois meses". Só dois meses? Só? Essa guerra não parecia em nada com a das nossas brincadeiras, que me divertia.

Nos primeiros dias os alemães não pararam na nossa aldeia, Maliévitch. Foram até a estação Jlobin. Meu pai trabalhava lá. Mas ele já não ia para a estação, esperava que logo, logo nossas tropas retornariam e mandariam os alemães de volta para a fronteira. Acreditávamos no meu pai e também esperávamos pelos nossos. Esperávamos por eles dia após dia. Mas eles... Nossos soldados... Jaziam nas redondezas: nas estradas, na floresta, nas valas, no campo... Nas hortas... Nas valas de turfa... Jaziam mortos. Jaziam junto com as metralhadoras. Com as granadas. Fazia calor, e eles inchavam pelo calor, como que aumentavam a cada dia. O Exército inteiro. Ninguém os enterrava...

* Aviões pequenos feitos para treino.

Meu pai atrelou os cavalos e fomos para o campo. Começamos a juntar os mortos. Cavamos a terra... Botávamos dez, doze pessoas lado a lado... Minha pasta da escola ia ficando lotada de documentos. Lembro que pelo endereço eram nativos da região de Kúibchevski, da cidade de Uliánovsk.

Depois de alguns dias encontrei na aldeia meu pai e meu amigo leal, Vássia Chevtsov, de catorze anos, mortos. Fui com meu avô até o local... Começou um bombardeio... Enterramos Vássia, mas não tivemos tempo de enterrar meu pai. Depois do bombardeio já não achamos nada dele. Nenhum vestígio. Pusemos uma cruz no cemitério, e pronto. Uma cruz. Sob ela enterramos o terno de festa do meu pai...

Uma semana depois já não havia como reunir os soldados... Não havia como erguê-los... A água chapinhava sob a camisa militar... Reunimos as metralhadoras deles. As cadernetas de soldados.

Meu avô morreu num bombardeio...

Como continuar vivendo? Como viver sem o meu pai? Sem o meu avô? Mamãe chorava e chorava. O que fazer com as armas que reunimos e enterramos num lugar seguro? Para quem entregar? Não tínhamos a quem pedir conselhos. Mamãe chorava.

No inverno entrei em contato com a resistência. Eles ficaram felizes com meu presente. Fizeram com que as armas chegassem aos *partisans*.

Passou um tempo, não lembro quanto. Talvez uns quatro meses. Lembro que naquele dia eu havia colhido batatas congeladas do ano anterior. Tinha voltado para casa molhado, com fome, mas com um balde cheio. Assim que tirei o sapato, descalcei as *lápti* molhadas, ressoou uma batida no teto do porão no qual vivíamos. Alguém perguntou: "Boikatchiov está aqui?". Quando apareci no alçapão do porão, me mandaram sair. Na pressa, em vez de um gorro de peles vesti uma *budiônovka*, e por isso já me deram logo uma chicotada.

Perto do porão havia três cavalos montados por alemães e *politsai*.* Um *politsai* desceu do cavalo, passou um cinto pelo meu pescoço e amarrou à cela. Mamãe começou a pedir: "Deixe-me alimentá-lo". Ela desceu para o porão para fazer uma panqueca de batata congelada, mas eles açoitaram os cavalos e saíram imediatamente trotando. E me arrastaram por uns cinco quilômetros até o povoado de Vesioli.

No primeiro interrogatório o oficial fascista fez perguntas simples: sobrenome, nome, ano de nascimento... Quem eram meu pai e minha mãe. O tradutor era um jovem *politsai*. No fim do interrogatório, ele disse: "Agora vá limpar o quarto de tortura. Preste atenção no banco...". Me deram um balde com água, vassoura, um trapo e me levaram...

Lá, vi um quadro terrível: no meio do quarto havia um banco largo com correias pregadas. Três correias, para amarrar a pessoa pelo pescoço, pela cintura e pelos pés. No canto havia porretes grandes de bétula e um balde com água, a água estava vermelha. No chão havia poças de sangue... Urina... E fezes...

Eu levava e levava água... O trapo com que limpava mesmo assim ficava vermelho.

De manhã, o oficial me chamou:

— Onde está a arma? Qual é o seu contato nos clandestinos? Que tarefas recebeu? — as perguntas choviam uma atrás da outra.

Eu me justificava dizendo que não sabia de nada, que ainda era pequeno, que não estava pegando em armas e sim colhendo batatas congeladas.

— Levem-no para o porão — ordenou o oficial ao soldado.

Me fizeram descer para um porão com água fria. Antes disso me mostraram um *partisan* que acabara de ser arrastado para fo-

* Nome dado aos locais que colaboravam com o Exército alemão.

ra dali. Ele não resistiu à tortura e... se afogou... Agora estava deitado na rua...

A água chegava até o pescoço... Eu sentia meu coração bater e o sangue nas veias, sentia o sangue esquentar a água em volta do meu corpo. Fiquei com medo de perder a consciência. De me asfixiar. De me afogar.

No interrogatório seguinte: o cano da pistola apontado para o meu ouvido, um tiro — uma tábua seca se arrebentou. Haviam atirado no chão! Um golpe de porrete numa vértebra do pescoço, caí... Em cima de mim subiu alguém grande e pesado, tinha cheiro de repolho e *samogón*.* Me dava náuseas, mas eu não tinha o que vomitar. Escutei: "Agora limpe com a língua o que está no chão à sua frente... Com a língua, entendeu? Entendeu, filhote de comuna?".

Na cela eu não dormia, e sim perdia a consciência de dor. Ora me parecia que estava na fila da escola e a professora Liubov Ivánovna Lachkévitch nos dizia: "No outono vocês voltam para o quinto ano, mas por agora até logo, pessoal. No verão todos vocês vão crescer. Vássia Boikatchiov agora é o menor, vai se tornar o maior". Liubov Ivánovna sorria...

Ora andava pelo campo com meu pai, procurávamos nossos soldados mortos. O meu pai ia a algum lugar adiante, e eu encontrava um homem embaixo de um pinheiro... Não era um homem, era o que tinha sobrado dele. Não tinha braços, não tinha pernas. Ele ainda estava vivo e pedia: "Me mate com um tiro, filho...".

O velho que ficava ao meu lado na cela me acordava:

— Não grite, filho.

— O que estou gritando?

— Você está pedindo que eu te mate com um tiro...

Passaram-se décadas e eu ainda me surpreendo: estou vivo?!

* Aguardente caseira.

"E EU NÃO TINHA NEM UM LENCINHO..."

Nádia Gorbatchova, sete anos. Hoje: funcionária da televisão

Na guerra, me interessa o inexplicável... Até hoje penso muito nela...

Não me lembro de quando papai foi embora para o front...

Não nos disseram. Nos pouparam. De manhã ele levou a mim e a minha irmã para o jardim de infância. Estava tudo como sempre. À noite, claro, perguntamos por que papai não estava lá, mas mamãe nos tranquilizou: "Ele volta logo. Daqui a uns dias".

Me lembro da estrada... Os carros andavam, as vacas mugiam nas caçambas, os porcos guinchavam; em um veículo, um menino estava segurando um cacto nas mãos, e nos solavancos corria de uma borda para outra... Eu e minha irmã achávamos engraçado o jeito como ele corria. Éramos crianças. Víamos o campo, víamos as borboletas... Gostávamos de viajar. Mamãe nos protegia, ficávamos debaixo da "asa" dela. Em algum lugar havia a consciência de que acontecera uma desgraça, mas mamãe estava conosco, e lá no lugar para onde estávamos indo ia ficar tudo bem. Ela havia nos protegido das bombas, das conversas assustadas dos adultos, de tudo o que era ruim. Se conseguíssemos ler o rosto da mamãe, teríamos lido tudo ali. Mas eu não lembro dele, lembro de uma grande libélula que pousou no ombro da minha irmãzinha, e eu soltei um grito: "Um avião!", e por algum motivo os adultos saltaram das carroças e começaram a olhar para o alto.

Chegamos à casa do meu avô na aldeia de Gorodets, região de Sénnenski. A família dele era grande, nos instalaram na cozinha de verão. Começaram a nos chamar de "veranistas", e isso ficou até o fim da guerra. Não lembro de brincarmos, mas em todo caso no primeiro ano de guerra não tivemos brincadeiras de verão. Meu irmão pequeno estava crescendo, ele ficava conosco porque mamãe estava cavando, plantando, costurando. Nos deixavam sozinhos: era preciso lavar as colheres, os pratos, o chão, terminar de acender o fogo, juntar galhos para o dia seguinte, fazer uma reserva de água: não conseguíamos levantar um balde inteiro de água, levávamos meio balde de cada vez. À noite mamãe organizava: você cuida da cozinha, você cuida do seu irmão. E cada uma se responsabilizava por sua tarefa.

Passávamos fome, mas tínhamos um gato em casa, depois dele um cachorro. Eram membros da família, dividíamos tudo com eles por igual. Às vezes não havia o suficiente para o gato e para o cachorro e, escondidas, cada uma de nós tentava dar um pedacinho para eles. Quando o gato morreu por um estilhaço, foi uma perda tão grande que parecia que era impossível suportar. Choramos por dois dias. Enterramos com cortejo, lágrimas. Pusemos uma cruzinha, plantamos flores, regamos.

Até hoje, porque lembro de nossas lágrimas, quanto morremos de chorar, não consigo ter um gato. Minha filha, quando era pequena, pedia que eu comprasse um cachorrinho, e não consegui.

E então aconteceu algo conosco. Paramos de ter medo da morte.

Vieram grandes veículos alemães, tiraram todos de suas *khatas*. Puseram em fila e contaram: "*Eins, zwei, drei*...". Mamãe era a nona, e o décimo foi fuzilado. Era o nosso vizinho... Mamãe estava segurando meu irmãozinho no colo, ele até caiu dos braços dela.

Eu lembro do cheiro... Hoje em dia, quando vejo fascistas no cinema, sinto o cheiro dos soldados. Da pele, da lã de boa qualidade, do suor...

Naquele dia minha irmã estava cuidando do meu irmão, e eu estava sachando a horta. Estava abaixada na plantação de batata, não conseguiam me ver: quando você é criança tudo parece grande e alto, sabe? Quando notei o avião, ele já estava dando voltas em cima de mim, vi o piloto com absoluta nitidez. O rosto jovem dele. Uma curta rajada de submetralhadora: pou, pou! O avião deu a volta pela segunda vez… Ele não estava tentando me matar, estava se divertindo. Já na época, com minha compreensão infantil, eu entendia isso. E eu não tinha nem um lencinho com que me esconder…

Bom, o que é isso? Como explicar? Interessante: será que esse piloto está vivo? E do que ele se lembra?

Chegava o minuto em que a coisa se decidia: ou você vai morrer de arma ou vai morrer de medo, e entrava numa zona neutra: uma desgraça acontecia, mas ainda não se sabia qual seria a próxima — e ríamos muito. Começávamos a provocar, a rir uns dos outros: quem tinha se escondido onde, como havia corrido, como a bala tinha voado, mas sem acertar. Lembro bem disso. Mesmo nós, crianças, nos juntávamos e ríamos umas das outras — quem havia se assustado, quem não. Ríamos e chorávamos ao mesmo tempo.

Me recordo da guerra para compreender… Se não, para quê?

Tínhamos duas galinhas. Quando dizíamos a elas: "Silêncio, os alemães!", elas ficavam caladas. Ficavam junto conosco bem quietinhas debaixo da cama, nenhuma delas batia as asas. Por mais que eu visse galinhas domesticadas no circo depois, elas não me surpreendiam. As nossas botavam dois ovos por dia na caixa debaixo da cama, com toda a assiduidade. Nos sentíamos tão ricas!

Mesmo assim montamos uma espécie de árvore de Natal no Ano-Novo. Claro, mamãe lembrava que éramos crianças. Cortávamos desenhos coloridos de livrinhos, fazíamos bolinhas de papel — um lado era branco, o outro, preto —, fazíamos guirlandas com linhas velhas. E especialmente naquele dia todos sorriam uns para os outros, em vez de presentes (não tínhamos) deixávamos bilhetinhos debaixo da árvore.

Nos meus bilhetinhos eu escrevia para a mamãe: "Mamãezinha, eu te amo muito. Muito! Muito!". Entregamos as palavras uns aos outros.

Passaram-se anos... Li muitos livros. Mas sobre a guerra não sei muito mais do que na época em que era criança.

"NÃO HAVIA COM QUEM BRINCAR NA RUA..."

Vália Nikitenko, quatro anos. Hoje: engenheira

Na minha memória infantil ficou tudo gravado como num álbum. Em fotos separadas...

Mamãe pedia:

— Vamos correr, vamos correr! Vamos andar rápido, vamos andar! — Os braços dela estavam ocupados. E eu fazia manha:

— Minhas perninhas estão doendo.

Meu irmãozinho de três anos me empurrava.

— Vamo *colê* (ele não falava o "r"), senão os alemães pegam a gente! — e "colíamos" lado a lado, calados.

Eu escondia a cabeça e a boneca das bombas, mas a boneca já estava sem braços e sem pernas. Chorava pedindo que mamãe fizesse um curativo nela...

Alguém trouxe uma folhinha para mamãe. Eu já sabia o que era... Era uma carta grande vinda de Moscou, uma carta boa. Ela e a vovó falavam, e eu entendi que nosso tio estava nos *partisans*. Uma família de *politsai* morava vizinha a nós. E você sabe como é criança: saem, e cada uma se gaba do próprio pai. O menino deles dizia:

— Meu pai tem uma submetralhadora...

Eu também queria me gabar:

— Pois meu tio deu uma folhinha para nós.

A mãe do *politsai* ouviu isso e foi avisar a mamãe que aconteceria uma desgraça mortal se o filho dela ouvisse minhas palavras ou alguma das crianças repetisse.

Mamãe me chamou da rua e pediu:

— Filhinha, você não vai mais contar, não é?

— Vou, sim!

— Não pode contar.

— Ele pode e eu não?

Então ela pegou um cabo de vassoura, mas teve pena de me bater. Me pôs no canto:

— Você não conta? Senão matam a mamãe.

— Nosso tio vai vir de avião e vai salvar você.

E assim eu dormi no canto…

Nossa casa pegou fogo e me levaram dormindo no colo. O casaco e as botinhas queimaram totalmente. Eu vestia a jaqueta da mamãe, ela ia até o chão.

Vivíamos num pequeno abrigo de terra. Saía do abrigo e sentia o cheiro de mingau de painço temperado com banha. Até hoje para mim não existe comida mais gostosa do que mingau de painço temperado com banha. Alguém gritava: "Os nossos chegaram!". Na horta da tia Vassilissa — a mamãe falava assim, e as crianças a chamavam de "dona Vássia" — havia uma cozinha de campanha dos soldados. Distribuíam mingau em caldeirõezinhos para nós, lembro exatamente que era em caldeirõezinhos. Não sei como comíamos, não havia colheres…

Me deram uma caneca de leite, durante a guerra eu já havia esquecido o que era isso. Puseram leite numa xícara, ela caiu da minha mão e se quebrou. E eu chorei. Todos acharam que estava chorando pela xícara quebrada, mas estava chorando por ter derramado o leite. Era tão gostoso, e eu tinha medo de que não me dessem mais.

Depois da guerra começaram as doenças. Todas, todas as

crianças ficaram doentes. Adoeceram mais do que durante a guerra. Incompreensível, não é?

Uma epidemia de difteria... As crianças morriam. Fugi para enterrar os gêmeos do vizinho, que eram meus amigos. Fiquei perto dos caixõezinhos com a jaqueta da mamãe e descalça. Mamãe me tirou de lá pela mão. Ela e a vovó tinham medo de que eu pegasse difteria. Não, eu só estava tossindo.

Na aldeia não sobrou nenhuma criança. Não havia com quem brincar na rua...

"VOU ABRIR A JANELA À NOITE... E ENTREGAR AS FOLHINHAS PARA O VENTO..."

Zoia Majárova, doze anos. Hoje: funcionária dos correios

Eu vi um anjo...

Ele apareceu... Veio para mim em sonho, quando estavam nos levando para a Alemanha. No vagão. Lá não se via nada, nem um pedacinho de céu. E ele veio...

Não está com medo de mim? Das minhas palavras? Eu às vezes escuto vozes, às vezes vejo anjos... Quando começo a contar, nem todo mundo quer ficar escutando. É raro me convidarem para uma visita. Para um jantar festivo. Mesmo os vizinhos. Eu conto e conto... Será que fiquei velha? Não consigo parar...

Vou começar bem do começo... No primeiro ano de guerra eu morava com mamãe e papai. Ceifava e lavrava a terra. Segava e debulhava. Dávamos tudo para os alemães: grãos, batata, ervilha. Eles vinham a cavalo no outono. Iam pelas casas e recolhiam... como é? Já esqueci a palavra — o tributo. Nossos *politsai* também iam com eles, eram todos nossos conhecidos. Da aldeia vizinha. Vivíamos assim. Pode-se dizer que estávamos acostumados. Hitler, nos diziam, já estava nos arredores de Moscou. Perto de Stalingrado.

À noite vinham os *partisans*... Mas eles diziam tudo diferente: Stálin não vai entregar Moscou de jeito nenhum. Também não vai entregar Stalingrado.

E nós lavrávamos e ceifávamos. À noite, nos finais de semana e nos feriados, tínhamos bailes. Dançávamos na rua. Tinha acordeão.

Lembro do que aconteceu num Domingo de Ramos. Quebramos uns ramos e fomos para a igreja. Nos reunimos na rua. Estávamos esperando o acordeonista. E então chegaram vários alemães. Em grandes carros cobertos, com cães policiais. Nos cercaram e ordenaram: subam nos carros. Empurravam com as coronhas. Um chorava, outro gritava... Quando nossos pais chegaram correndo, já estávamos nos veículos. Debaixo da lona. Perto dali havia uma estação ferroviária, nos levaram para lá. Na estação já havia vagões vazios de prontidão. Um *politsai* me arrastou para o vagão, mas eu tentava escapar. Ele enrolou minha trança na mão:

— Não grite, idiota. O *Führer* vai libertar vocês de Stálin.

— E o que vamos fazer no estrangeiro? — Antes disso já tinham feito campanha para que fôssemos para a Alemanha. Prometiam uma vida linda.

— Vocês vão ajudar o povo alemão a vencer o bolchevismo.

— Quero ver minha mãe.

— Você vai morar numa casa com telhado e comer bombons.

— Vou para a casa da minha mãe...

O-o-o-o! Se o ser humano conhecesse seu destino, não viveria até a manhã seguinte.

Nos puseram nos veículos e levaram. Passamos muito tempo viajando, mas não sei dizer quanto. No meu vagão todos eram da nossa região de Vítebsk. De diversas aldeias. Todos jovens ou, como eu, crianças. Me perguntavam:

— Como veio parar aqui?

— Vim do baile.

Eu perdia a consciência de fome e medo. Fiquei deitada. Fechei os olhos. E então, pela primeira vez... Ali... Vi um anjo... O anjo era pequeno, as asinhas dele também eram pequenas. Como de um passarinho. Mas eu vi que ele queria me salvar. "Como ele vai me salvar", pensei, "se é tão pequeno?" Era a primeira vez que o via...

Sede... A sede nos torturava a todos, estávamos o tempo inteiro com vontade de beber algo. Tudo ia ficando murcho por dentro, de um jeito que a língua saía para fora, e eu não conseguia enfiá-la no lugar. De dia viajávamos com a língua para fora. Com a boca aberta. À noite era um pouco mais fácil.

Vou me lembrar por séculos... Nunca na vida vou esquecer...

No canto ficavam uns baldes, que usávamos para fazer as necessidades enquanto viajávamos. E uma menina... Ela rastejou até esses baldes, pegou um com as mãos, se aferrou nele e começou a beber. Bebia com grandes goles... Depois começou a se retorcer... Ela vomitou e rastejou até o balde de novo... Se retorceu de novo...

O-o-o-o! Se o ser humano soubesse o destino que tem pela frente...

Guardo na memória a cidade de Magdeburg... Lá, rasparam nosso cabelo e passaram uma solução branca no nosso corpo. Para profilaxia. O corpo ardia como fogo por causa dessa solução, queimava por causa desse líquido. A pele se soltava. Deus me livre! Eu não queria viver... Eu já não tinha pena de ninguém: nem de mim, nem de mamãe e papai. Mas você erguia os olhos, e eles estavam em volta. Com os cães policiais. Os cães tinham olhos terríveis. Um cachorro nunca olha uma pessoa direto nos olhos, ele desvia o olhar, mas esses encaravam. Olhavam para nós direto nos olhos. Eu não queria viver… Uma menina conhecida veio comigo, não sei como, mas a pegaram com a mãe. Talvez a mãe tenha entrado no veículo atrás dela. Não sei…

Vou me lembrar por séculos… Nunca na vida vou esquecer…

Essa menina estava de pé, chorando, porque quando nos levaram para a profilaxia ela se perdeu da mãe. A mãe dela era jovem… Bonita… Nós sempre viajávamos no escuro: ninguém abria as portas para nós, íamos em vagões de carga sem janelas. Ela não viu a mãe por toda a viagem. Um mês inteiro. Estava de pé, chorava, e uma mulher velha, também de cabeça raspada, estendeu a mão para ela, queria fazer um carinho. Mas ela fugia dessa mulher, até a mulher chamar: "Filhinha…". E só pela voz ela adivinhou que era a mãe.

O-o-o-o! Se… Se soubesse…

Passávamos o tempo todo com fome. Eu não lembrava onde estava, para onde estavam me levando. Palavras, nomes… Por causa da fome, vivíamos como num sonho…

Lembro que estava arrastando umas caixas numa fábrica de munição e pólvora. Lá, tudo cheirava a fósforo. Cheiro de fumaça… Não havia fumaça, mas cheirava a fumaça…

Lembro que ordenhava as vacas de algum *Bauer*.* Cortava lenha… Doze horas por dia…

Nos alimentavam com cascas de batata, nabo e davam chá com açúcar. Minha companheira pegava o chá de mim. Uma menina ucraniana. Ela era mais velha… mais forte… Dizia: "Eu preciso sobreviver. Minha mãe ficou em casa sozinha".

Ela cantava umas canções ucranianas bonitas no campo. Muito bonitas.

Eu… uma vez… Numa tarde não vou contar tudo. Não consigo. Meu coração não aguenta.

* Do alemão: "fazendeiro".

Onde foi isso? Não lembro... Mas isso já foi no campo de concentração... Pelo visto eu já estava em Buchenwald...

Lá nós carregávamos os carros com mortos e empilhávamos nos montes, empilhávamos em camadas: uma camada de mortos, uma camada de dormentes alcatroados. Primeira camada, segunda camada... E assim ia, da manhã à noite, preparávamos fogueiras. Fogueiras de... bem, está claro... de cadáveres... Entre os mortos iam parar uns ainda vivos, e eles queriam nos dizer algo. Algumas palavras. Mas não podíamos parar ao lado deles.

O-o-o-o! A vida humana... Não sei se para uma árvore é fácil viver, para o que é vivo e que foi domesticado pelo ser humano. Gado, aves... Mas sobre o ser humano eu sei tudo...

Eu queria morrer, já não tinha pena de ninguém... Já estava me preparando, logo, logo ia procurar uma faca. Meu anjo vinha ao meu encontro... Isso aconteceu mais de uma vez... Não lembro que palavras ele dizia para me consolar, mas eram carinhosas. Ele passava muito tempo me acalmando... Quando contava do meu anjo para outros, todos achavam que eu estava louca. Eu já não via pessoas conhecidas por perto havia muito tempo, ao meu redor só havia estranhos. Só desconhecidos. Ninguém queria conhecer ninguém porque amanhã este ou aquele morreriam. Para que conhecer? Mas uma vez eu criei amor por uma menina pequena. Máchenka... Ela era branquinha e quieta. Fomos amigas por um mês. No campo de concentração, um mês é toda uma vida, é uma eternidade. Ela foi a primeira a se aproximar de mim:

— Você não tem um lápis?

— Não.

— E uma folhinha de papel?

— Também não. Para que você quer?

— Sei que vou morrer logo, quero escrever uma carta para a minha mãe.

No campo isso não era permitido — nem lápis nem papel.

Mas nós achamos para ela. Todos gostavam dela — era tão branquinha e quieta. A voz também era baixa.

— Como você vai mandar a carta? — perguntei.

— Vou abrir a janela à noite... E entregar as folhinhas para o vento...

Talvez ela tivesse oito anos, talvez dez. Como ia adivinhar pelos ossinhos? Não eram pessoas que andavam ali, mas esqueletos... Logo ela ficou doente, não conseguia levantar e ir para o trabalho. Eu pedia para ela... No primeiro dia inclusive eu a puxei até a porta, ela se segurou na porta mas não conseguia andar. Passou dois dias deitada, e no terceiro vieram pegá-la e levaram na maca. Só havia uma saída do campo: pela chaminé... Direto para o céu...

Vou me lembrar por séculos... Nunca na vida vou esquecer...

À noite eu e ela conversávamos:

— Um anjo vem te ver? — eu queria contar do meu anjo para ela.

— Não. Minha mãe vem me ver. Ela está sempre de blusa branca. Lembro da blusa dela com centáureas azuis bordadas.

No outono... Cheguei viva ao outono. Por qual milagre? Não sei... Uma manhã nos mandaram para o trabalho no campo. Colhíamos cenoura, cortávamos repolho — eu gostava desse trabalho. Já fazia muito tempo que eu não saía para o campo, que não via nada de verde. No campo de concentração não se via o céu, não se via a terra por causa da fumaça. A chaminé era alta, preta. Saía fumaça dela dia e noite... No campo vi uma florzinha amarela, já havia esquecido que as flores crescem. Fiz carinho na flor... Outras mulheres também fizeram. Sabíamos que era para lá que levavam as cinzas do nosso crematório, e todos tinham alguém morto. Um tinha uma irmã, outro a mãe... Eu tinha Máchenka...

Se eu soubesse que sobreviveria, teria perguntado o endereço da mãe dela. Mas eu achava que não aconteceria...

Como sobrevivi se morri cem vezes? Não sei... Foi meu anjo que me salvou. Me convenceu. Até agora ele aparece, ele ama noites assim, quando a lua brilha forte na janela. Uma luz branca...

Você não tem medo de mim? De me ouvir...

O-o-o-o...

"CAVE AQUI..."

Volódia Barsuk, doze anos. Hoje: presidente do Conselho Republicano Bielorrusso da Sociedade Esportiva Spartak

Entramos para os *partisans* imediatamente...

Toda a família: papai, mamãe, eu e meu irmão. Meu irmão era mais velho. Entregaram uma espingarda para ele. Fiquei com inveja, e ele me ensinou a atirar.

Uma vez meu irmão não voltou da missão... Por muito tempo mamãe não quis acreditar que ele tinha morrido. No destacamento comunicaram que um grupo *partisan* que tinha sido cercado pelos alemães havia explodido uma mina antitanque para não ser aprisionado vivo. Mamãe suspeitava que nosso Aleksandr estava lá. Ele não tinha sido mandado com esse grupo, mas podia ter se encontrado com ele. Ela foi até o comandante do destacamento e disse:

— Sinto que meu filho também está lá. Peço permissão para ir ao local.

Deram a ela alguns soldados e fomos. E veja o que é o coração de uma mãe! Os soldados começaram a cavar num canto, mamãe apontou para outro lugar: "Cave aqui...". Começaram a cavar lá e encontraram meu irmão, já não dava para reconhecê-lo, estava todo preto. Mamãe o reconheceu pela cicatriz da apendicite e pelo pente no bolso.

Sempre me lembro da minha mãe…

Lembro quando fumei pela primeira vez. Ela viu, chamou meu pai:

— Veja o que nosso Vovka está fazendo!

— O que ele está fazendo?

— Fumando.

Meu pai se aproximou de mim, olhou:

— Deixe fumar. Depois da guerra a gente cuida disso.

Na guerra a gente sempre se lembra de como vivia antes da guerra. Vivíamos todos juntos, algumas famílias aparentadas numa casa grande. Vivíamos de forma alegre e amigável. No dia de pagamento, a tia Lena comprava muitos salgadinhos e queijos, reunia todas as crianças e oferecia para todas. Morreram ela, o marido e o filho. Todos os meus tios morreram…

A guerra acabou… Me lembro que eu e a mamãe estávamos andando pela rua, ela carregava batatas, havia recebido algumas na fábrica onde trabalhava. Saindo dos escombros de uma construção um prisioneiro alemão se aproximou de nós:

— *Mutter, bitte, Kartoffel…**

Mamãe disse:

— Não vou dar para você. Talvez você tenha matado o meu filho.

O alemão ficou perplexo e se calou. Mamãe se afastou… Depois voltou, pegou umas batatinhas e deu a ele:

— Tome, coma…

Aí eu fiquei perplexo… Como? No inverno às vezes deslizávamos sobre os cadáveres alemães congelados, eles ainda ficaram muito tempo nos arredores da cidade. Usávamos como se fossem trenós. Dávamos um pontapé nos mortos. E pulávamos neles. Continuávamos a odiá-los.

* Do alemão: "Mãe, por favor, batata…".

Mamãe estava me ensinando... Foi minha primeira aula de amor depois da guerra.

"ENTERRAMOS O VOVÔ EMBAIXO DA NOSSA JANELA..."

Vária Virkó, oito anos. Hoje: tecelã

Eu lembro do inverno, um inverno frio. No inverno mataram nosso avô.

Ele foi assassinado no pátio da nossa casa. Ao lado dos portões.

Nós o enterramos embaixo da nossa janela.

Não deixaram enterrar no cemitério porque ele havia atacado um alemão. Os *politsai* ficaram ao lado do portão e não deixavam ninguém vir nos visitar. Nem parentes nem vizinhos. Mamãe e vovó fizeram elas próprias um caixão com algumas caixas. Elas mesmas lavaram o vovô, apesar de não ser costume lavar pessoas próximas. Isso deve ser feito por desconhecidos. Esses são nossos costumes. Lembro das conversas a esse respeito em casa... Levantaram o caixão. Levaram até o portão... Os *politsai* deram um grito: "Voltem para trás! Senão, vamos atirar em todos! Enterrem feito cachorro, na horta de vocês".

E assim foi, por três dias... Elas iam até o portão, e eles mandavam voltar. Expulsavam de volta...

No terceiro dia, vovó começou a cavar uma vala sob a janela... Lá fora fazia quarenta graus negativos, a vovó lembrou a vida toda que lá fora fazia quarenta graus negativos. Enterrar uma pessoa num frio extremo como esse é muito difícil. Talvez na época eu tivesse sete anos, não, acho que já tinha oito, eu a ajudava. Mamãe me tirou da cova chorando.

Ali... No lugar onde está o vovô, nasceu uma macieira. Está no lugar da cruz. Uma macieira já velha...

“AINDA BATERAM COM AS PÁS PARA FICAR BONITO”

Leonid Chakinko, doze anos. Hoje: artista

Como nos fuzilaram…

Reuniram todos na casa do chefe da brigada… Toda a aldeia… Era um dia quente, a grama estava morna. Uns estavam de pé, outros sentados. As mulheres usavam lenços brancos, as crianças estavam descalças. Naquele lugar onde haviam nos reunido sempre nos juntávamos nos dias de festa. Cantávamos canções. De começo e fim de colheita. E também nessas ocasiões uns ficavam sentados, outros de pé. Os comícios aconteciam lá.

Naquele momento… Ninguém chorava… Nem falava… Até isso me surpreendeu. Li que normalmente as pessoas choram, gritam ao pressentir a morte: não me lembro de nenhuma lagriminha. Nem um chorinho… Agora, quando lembro disso, começo a pensar: será que fiquei surdo naqueles minutos e não ouvi nada? Por que não houve lágrimas?

As crianças se amontoaram num pequeno bando isolado, ainda que ninguém tivesse nos separado dos adultos. Por algum motivo nossas mães não nos mantiveram por perto. Por quê? Até agora não sei. Normalmente nós, meninos, tínhamos pouca amizade com as meninas, o comum era: tem que bater nas meninas, arrastar pelas trancinhas. Ali todos se apertavam uns contra os outros. Entende? Nem os cachorros de rua latiam.

A poucos passos de nós puseram metralhadoras, ao lado delas sentaram dois soldados da ss, eles começaram a falar tranquilamente de alguma coisa, brincavam e até riam.

Eu me lembro justamente desses detalhes…

Um oficial jovem se aproximou. E o tradutor traduziu:

— O senhor oficial ordena que digam o nome daqueles que

mantêm contato com os *partisans*. Se vocês ficarem calados, fuzilaremos todos.

As pessoas estavam de pé ou sentadas, e assim continuaram, de pé ou sentadas.

— Três minutos e fuzilarão vocês — disse o tradutor, e levantou três dedos.

Eu ficava o tempo todo olhando para o dedo dele.

— Dois minutos e fuzilarão vocês…

Nos apertávamos mais uns contra os outros, um dizia algo para o outro, mas não com palavras, e sim com movimentos da mão, com os olhos. Eu, por exemplo, imaginava claramente que nos fuzilariam e não existiríamos mais.

— Último minuto e vocês *kaput*…

Vi quando o soldado tirou a trava, carregou a faixa de munição e empunhou a metralhadora. Uns estavam afastados dois metros, outros, dez…

Dos que estavam na frente, escolheram catorze pessoas. Deram pás a eles e mandaram cavar uma vala. Nos fizeram chegar perto para ver como cavavam… Cavavam bem rápido. O pó subia. Lembro que a vala era grande, profunda, da altura de uma pessoa em pé. Daquelas valas que se cavam embaixo de uma casa, de um alicerce.

Iam fuzilando grupos de três. Posicionavam as pessoas na borda da vala e atiravam à queima-roupa. O resto olhava… Não lembro se os pais se despediam dos filhos, ou os filhos dos pais. Uma mãe levantou a barra do vestido e tapou os olhos da filha. Mas nem as crianças pequenas choravam…

Fuzilaram catorze pessoas e começaram a fechar a vala. E nós novamente ficamos de pé olhando como atiravam a terra, como pisoteavam com as botas. Em cima ainda bateram com as pás para ficar bonito. Organizado. Entende? Até apararam os cantos, limparam. Um alemão mais velho limpava o suor da testa com um lenço, como se estivesse trabalhando no campo. Um cachorrinho pequeno chegou perto dele correndo. Ninguém conseguia entender: de onde ele saíra? De quem era? Ele fez carinho no cachorro.

Vinte dias depois, permitiram desenterrar os mortos. Levar para a família e fazer um enterro. E foi aí que as mulheres gritaram, que toda a aldeia se lamentou aos gritos. Começou a prantear.

Preparei a tela muitas vezes. Queria pintar isso… Mas saía outra coisa: árvores, grama…

"VOU COMPRAR UM VESTIDO DE LACINHO…"

Pólia Pachkiévitch, quatro anos. Hoje: modista

Eu tinha quatro anos… Nunca havia pensado em guerra…

Mas imaginava a guerra assim: uma floresta grande e escura, e lá dentro alguma forma de guerra. Algo terrível. Por que na floresta? Porque nas histórias o mais assustador sempre acontecia na floresta.

As tropas andavam sem parar pela nossa Belínitchi, na época eu não entendia que era a retirada. Estavam nos abandonando. Lembro que em casa havia muitos militares, eles me pegavam no colo. Lamentavam. Queriam oferecer algo, mas não havia nada para oferecer. De manhã, quando iam embora, deixavam muitos cartuchos em casa, nos peitoris e em todos os lugares. E entrecascas vermelhas arrancadas. Insígnias de distinção. Eu brincava com eles… Não entendia que brinquedos eram aqueles…

Isso já foi a minha tia que contou… Quando os alemães entraram na nossa cidade, eles tinham uma lista de comunistas. Naquela lista estavam nosso pai e nosso professor que vivia em frente. Eles tinham um filho, nós o chamávamos de Igrúchka.* Acho que ele se chamava Ígor, pensando agora. Porque na minha memória ficou ora esse nome, ora a provocação: Igrúchka. Levaram nossos pais juntos...

Diante dos meus olhos... Fuzilaram mamãe na rua. Quando ela caiu, o casaco se abriu e ficou vermelho, a neve em volta da mamãe também ficou vermelha...

Depois nos deixaram por muito tempo em algum tipo de galpão. Dava muito medo, chorávamos, gritávamos. Eu ainda tinha uma irmã e um irmão: dois anos e meio e um aninho, e eu tinha quatro anos, era a mais velha. Pequenos, já sabíamos, quando atiravam projéteis, que não era um avião bombardeando, mas justamente a artilharia combatendo. Pelo som reconhecíamos se o avião que voava era nosso ou não, se a bomba cairia longe ou perto. Dava medo, muito medo, mas se você escondia a cabeça já não dava medo: o principal era não ver.

Fomos de trenó para algum lugar, todos os três; umas mulheres nos receberam em alguma aldeia, um em cada *khata*. Por muito tempo ninguém quis pegar meu irmãozinho, e ele chorava: "E eu?". Eu e minha irmã nos assustamos porque estavam nos dividindo, e a partir dali não estaríamos juntos. Sempre havíamos morado juntos.

Uma vez por pouco um cachorro alemão não me comeu. Eu estava sentada à janela, uns alemães andavam pela rua, e com eles dois cães policiais grandes. Um deles se jogou contra a janela e quebrou o vidro. Tiveram tempo de me agarrar e tirar do peitoril, mas fiquei tão assustada que por causa disso comecei a gaguejar. E até hoje tenho medo de cachorros grandes.

... Depois da guerra nos mandaram para um orfanato, ficava perto de uma rodovia. Havia muitos prisioneiros alemães, eles

* Em russo, "brinquedo".

passavam dias andando por aquela estrada. Jogávamos terra neles, pedras. Os soldados de escolta nos expulsavam e davam bronca.

No orfanato, todos estavam esperando pelos pais, que eles chegassem e nos levassem para casa. Aparecia um homem desconhecido, ou uma mulher desconhecida, todos corriam até eles e gritavam:

— Meu pai… Minha mãe…

— Não, é meu pai!

— Ele veio me buscar!

— Não, sou eu quem eles vieram buscar!

Tínhamos muita inveja de quem encontrava os pais. E eles não deixavam a gente se aproximar deles: "Não toque, é minha mãe", ou: "Não toque, é meu pai". Não os deixavam sair nem por um minuto, tinham medo de que alguém os tomasse. Ou temiam: e se eles forem embora de novo?

Estudávamos juntos na escola: as crianças do orfanato e as comuns. Na época, todos viviam mal, mas a criança que vinha de casa trazia na bolsa de pano ou um pedaço de pão ou uma batatinha; nós não tínhamos nada. Nos vestíamos todos iguais enquanto éramos pequenos, e tudo bem, mas quando crescíamos isso nos fazia sofrer. Com doze, treze anos, queria um vestidinho bonito, sapatinhos, e todos usávamos botinhas. Tanto os meninos quanto as meninas. Queria fitinhas coloridas na trança, queria lápis coloridos. Queria uma pasta. Queríamos bombons, mas no Ano-Novo só ganhávamos balinhas. Nos deram bastante pão preto, nós o chupamos feito balas, e assim parecia gostoso.

Tínhamos uma professora jovem — as outras eram mulheres idosas — e todos a amavam muito. Venerávamos. As aulas não começavam enquanto ela não chegava à escola. Ficávamos perto da janela esperando: "Está vindoooo! Eeeee…". Ela entrava na sala, e todos queriam tocá-la, todos pensavam: "É igual à minha mãe…".

Eu sonhava: vou crescer, começar a trabalhar e comprar muitos vestidos para mim: um vermelho, um verde, de bolinhas, de lacinhos. De lacinhos, com certeza! No sétimo ano perguntaram: o que você quer estudar? E eu já tinha decidido havia muito tempo: queria ser modista.

Agora costuro vestidos...

"COMO MORREU, SE HOJE NÃO ATIRARAM?"

Eduard Vorochílov, onze anos. Hoje: funcionário da televisão

Só contei sobre a guerra para a mamãe... Minha mãe... Só para uma pessoa próxima...

Na aldeia onde ficava nosso destacamento *partisan* morreu um velho, bem na *khata* onde eu morava. Quando o estávamos enterrando, veio um menino de uns sete anos e perguntou:

— Por que o vovô está deitado na mesa?

Responderam a ele:

— O vovô morreu...

O menininho ficou muito surpreso:

— Como morreu, se hoje não atiraram?

O menininho tinha sete anos, mas já havia dois anos escutava que só se morria quando alguém atirava.

Fiquei com isso na memória...

Comecei minha história com o destacamento *partisan*, mas não fui logo parar nele. Foi no fim do segundo ano de guerra. Pulei o relato de como eu e minha mãe, uma semana antes da guerra, chegamos a Minsk, de como ela me levou para um acampamento de pioneiros perto de Minsk...

No acampamento cantávamos músicas: "Se amanhã tiver guerra", "Três tanquistas", "Pelos vales e pelos montes". Meu pai amava esta última. Sempre cantarolava. Na época tinha acabado de estrear *Os filhos do capitão Grant*,* e eu gostava da musiquinha do filme: "Então cante uma música para nós, vento alegre...". Eu sempre pulava com essa musiquinha na ginástica.

Naquele dia não houve ginástica, os aviões rugiam acima de nós... Levantei os olhos e vi que uns pontinhos pretos se destacavam de um avião; ainda não sabíamos nada sobre as bombas. Ao lado do acampamento de pioneiros havia uma ferrovia, e andei por ela até Minsk. Meu plano era simples: perto do Instituto de Medicina onde trabalhava minha mãe naquele momento havia uma estação ferroviária, e se eu fosse andando pelos trilhos chegaria até ela. Chamei um menininho que morava perto da estação para ir comigo, ele era bem mais novo do que eu e chorava muito, andava devagar; eu gostava de andar, percorria com meu pai todos os arredores da minha Leningrado natal. Claro, eu me irritava com ele... Mas mesmo assim conseguimos chegar à estação de Minsk, fomos até a ponte Západni; lá, houve um bombardeio, e eu o perdi.

Mamãe não estava no Instituto de Medicina; ali perto morava o professor Gólub, com quem ela trabalhava; achei o apartamento dele. Mas estava vazio... Muitos anos depois fiquei sabendo o que tinha acontecido: assim que começaram a bombardear a cidade, mamãe subiu num carro que estava passando e foi pela rodovia até Ratomka me buscar. Ela chegou lá e viu o acampamento destruído...

Todos saíram da cidade para algum outro lugar. Decidi que Leningrado era mais longe do que Moscou, em Leningrado havia meu pai, mas ele estava no front, e em Moscou eu tinha minhas

* *Dieti kapitana Granta* (1936), adaptação soviética do romance de Júlio Verne, dirigida por Vladímir Vainschtok. Estrelado por Nikolai Tcherkasov, o filme tinha música de Isaak Dunaievski.

tias, elas não iriam a lugar nenhum. Não iriam embora porque moravam em Moscou. Na nossa capital… Na estrada me juntei a uma mulher com sua filha. Era uma desconhecida, mas ela entendeu que eu estava sozinho e não tinha nada, estava passando fome. Ela me convidou: "Venha conosco, vamos comer juntos".

Lembro que foi a primeira vez na vida que comi cebola com toucinho. No começo fiz careta, depois comi mesmo assim. Se começava um bombardeio, eu sempre verificava: onde estão a mulher e a filhinha? Uma noite escolhemos uma vala e a ajeitamos para descansar. Fomos bombardeados sem interrupção. A mulher olhou para trás e gritou… Também me soergui e olhei para o lado que ela estava olhando: um avião vinha em rasante, e ao lado do motor, na asa, cintilavam tiros. E na direção desses tiros, ao longo da estrada, subiam montes de pó. Desabei para o fundo da vala de forma completamente instintiva. A rajada de metralhadora passou acima da minha cabeça, e o avião seguiu em frente. Me levantei e vi que essa mulher estava deitada no declive da vala, e, ao invés de rosto, tinha uma mancha de sangue. Aí eu me assustei, saltei para fora da vala e disparei a correr. Desde então, até hoje, uma pergunta me atormenta: o que aconteceu com aquela menina? Não a encontrei mais…

Cheguei a alguma aldeia… Na rua, sob as árvores, havia alemães feridos. Era a primeira vez que via alemães…

Eles haviam expulsado os habitantes da aldeia de suas casas, obrigavam as pessoas a carregar água, os enfermeiros alemães a aqueciam na fogueira em grandes baldes. De manhã acomodaram os feridos em carros e em cada carro puseram um ou dois meninos. Nos deram cantis com água e mostraram como devíamos ajudar: em alguns devíamos pôr um lenço molhado na testa, outros precisavam que molhássemos os lábios. O ferido pedia: "*Wasser… Wasser…*". Você encostava o cantil nos lábios dele e começava a tremer. Não vou conseguir definir agora o sentimento que me vinha na época. Nojo? Não. Ódio? Também não. Era tudo junto. E pena também… O ódio também vai se formando no ser humano, não é inato. Na escola nos ensinavam o bem, ensinavam a amar. Vou me adiantar mais uma vez. Quando o primeiro alemão bateu em mim, não senti dor, senti algo diferente. Como ele foi me bater? Com que direito ele me bateu? Foi um abalo.

Voltei a Minsk…

E fiz amizade com Kim. Nos conhecemos na rua. À minha pergunta:

— Com quem você mora?

Ele respondeu:

— Com ninguém.

Soube que ele também estava perdido e propus:

— Vamos morar juntos.

— Vamos — ele se alegrou, porque não tinha onde morar.

E eu morava no apartamento abandonado do professor Gólub.

Uma vez, eu e Kim vimos na rua um rapaz mais velho que carregava um suporte de engraxar sapatos. Escutamos os conselhos dele: de que tipo de caixa precisávamos, como fazer a graxa. Para a graxa era preciso conseguir fuligem, e isso na cidade havia aos montes, era só pegar e misturar com algum óleo. Em suma, fizemos alguma mistura fedida, mas preta. E se passássemos com cuidado, ela até brilhava.

Uma vez um alemão se aproximou de mim, pôs o pé na caixa, as botas estavam sujas, e ainda por cima era sujeira velha, seca. Como já havia esbarrado com esse tipo de sapato, eu tinha uma raspadeira especial para primeiro raspar a sujeira, depois passar o creme. Peguei a raspadeira, passei só duas vezes e ele não gostou. Deu um chute na caixa e bateu no meu rosto…

Nunca tinham batido em mim na vida. Briga de meninos não conta, nas escolas de Leningrado tinha para dar e vender. Mas até aquele momento nenhum adulto havia batido em mim.

Kim viu meu rosto e soltou um grito:

— Não se atreva a olhar para ele assim! Não se atreva! Ele vai te matar.

Na época, pela primeira vez encontramos na rua pessoas com sinais amarelos costurados no casaco, nas jaquetas. E escutamos a respeito do gueto. Todos proferiam essa palavra sussurrando... Kim era um menino judeu, mas ele tinha raspado o cabelo, e decidimos fazê-lo passar por tártaro. Quando os cabelos começaram a crescer de novo, cabelos pretos enrolados, quem ia acreditar que era tártaro? Eu sofria pelo meu amigo, à noite acordava, via seu cabelo cacheado e não conseguia dormir: era preciso pensar em algo para que não levassem Kim para o gueto.

Achamos uma maquininha, e raspei o cabelo de Kim de novo. As geadas já estavam começando, e era inútil limpar os sapatos no inverno. Tínhamos um novo plano. O comando alemão organizou na cidade um hotel para oficiais recém-chegados. Eles chegavam com grandes mochilas, malas, e o hotel não era próximo. Por algum milagre arrumamos um grande trenó e, na estação, ficamos a postos esperando os trens. O trem chegava, carregávamos as coisas de duas ou três pessoas nesses trenós e levávamos por toda a cidade. Em troca disso nos davam pão ou cigarros, e na feira era possível trocar cigarros por tudo, qualquer comida.

Mas, quando pegaram Kim, o trem tinha chegado tarde da noite, com muito atraso. Estávamos com muito frio, mas não podíamos sair da estação, já havia soado o toque de recolher. Nos expulsaram do edifício, esperávamos na rua. Finalmente o trem chegou, botamos as malas no trenó e nos pusemos a caminho. Estávamos puxando, as correias cortavam, e eles nos apressavam: "*Schnell! Schnell!*".* Não conseguíamos ir mais rápido, eles começaram a nos bater.

* Do alemão: "Depressa! Depressa!".

Levamos as coisas para o hotel, esperamos acertarem as contas conosco. Um deles ordenou: "Vá embora!", e empurrou Kim, e o gorro dele voou da cabeça. Então eles começaram a berrar: "Judas!". Pegaram-no…

Alguns dias depois fiquei sabendo que Kim estava no gueto. Fui para lá… Passei dias inteiros dando a volta… Algumas vezes o vi através do arame farpado. Levei pão, batata, cenoura. O guarda dava as costas, andava até a esquina, eu jogava uma batatinha. Kim passava, pegava.

Eu vivia a vários quilômetros do gueto, mas à noite chegavam de lá uns gritos que a cidade toda escutava; eu acordava e pensava: será que Kim está vivo? Como posso salvá-lo? Depois de um pogrom, fui no lugar combinado e me fizeram um sinal: Kim não está!

Me senti infeliz… Mas ainda tinha esperança…

Uma vez, de manhã, alguém bateu à minha porta. Dei um salto… Meu primeiro pensamento foi: Kim! Não, não era ele. Era o menino do andar de baixo que tinha me acordado; ele disse: "Venha comigo para a rua, há mortos lá. Vamos procurar meu pai". Eu e ele saímos, o toque de recolher já tinha terminado, mas quase não havia passantes. A rua estava coberta por uma neve suave, e recobertos por essa neve, a quinze, vinte metros, jaziam nossos prisioneiros de guerra fuzilados. Eles eram obrigados a cruzar a cidade à noite, e os que ficavam para trás levavam um tiro na nuca. Todos estavam deitados com o rosto para baixo.

O menino não conseguia tocar nos mortos, ele tinha medo de que em algum lugar por ali estivesse seu pai. E foi então que me dei conta de que por algum motivo não tenho medo da morte. Já me acostumei com ela mentalmente. Eu virava os cadáveres, e ele olhava no rosto de cada um. E assim percorremos toda a rua…

Desde então… não tenho mais lágrimas… Não tenho nem quando talvez fosse necessário. Não consigo chorar. Em toda a guerra só chorei uma vez. Quando morreu nossa enfermeira *partisan*, Natacha... Ela amava poesia, e eu também gostava de poesia. Ela amava rosas, e eu também amava rosas, no verão levava para ela buquês de rosas silvestres.

Uma vez ela me perguntou:

— Quantos anos você estudou antes da guerra?

— Quatro...

— Quando a guerra acabar, você vai para a Escola Suvórov?

Antes da guerra eu gostava do uniforme militar do meu pai, também queria portar armas. Mas respondi a ela que não, não seria militar.

Morta, ela jazia sobre os ramos de pinheiro ao lado da barraca; sentei ao lado dela e chorei. Chorei pela primeira vez ao ver uma pessoa morta.

... Me encontrei com a mamãe... Quando nos encontramos, ela só olhava para mim, nem fazia carinho, e repetia:

— É você? Será mesmo você?

Passaram-se muitos anos até que conseguíssemos contar um ao outro sobre a guerra...

"PORQUE NÓS SOMOS MENINAS, E ELE É MENINO..."

Rimma Pozinakova (Kamínskaia), seis anos. Hoje: operária

Eu estava no jardim de infância... Brincando de boneca...

Me chamaram: "Seu pai veio te pegar. Começou a guerra!". Mas eu não queria ir a lugar nenhum. Queria brincar. Chorava...

O que é "guerra"? Como é que vão me matar? Como é que vão matar o papai? E havia outra palavra desconhecida: "refugiados". Mamãe pendurou um saquinho com a certidão de nascimento e um bilhetinho com o endereço no nosso pescoço. Se a matassem, era para que outras pessoas soubessem quem éramos.

Andamos por muito, muito tempo. Perdemos papai. Nos assustamos. Mamãe disse que haviam levado papai para o campo de concentração, mas estávamos indo encontrá-lo. E o que é campo de concentração? Juntamos um pouco de comida, mas que comida? Maçã assada. Nossa casa fora queimada, o jardim fora queimado, nas macieiras havia maçãs assadas penduradas. Nós as pegávamos e comíamos.

O campo de concentração ficava em Drozdí, perto do lago Komsomólskoe. Agora ali já é Minsk, mas na época era uma aldeia. Lembro do arame farpado preto, das pessoas também todas pretas, todas com a mesma cara. Não reconhecemos nosso pai, ele nos reconheceu. Ele queria fazer carinho em mim, mas eu tinha medo de chegar perto do arame farpado, puxava a mamãe para casa.

Quando e como meu pai voltou para casa, não lembro. Sei que ele trabalhava no moinho, e mamãe nos mandava para lá com o almoço — eu e minha irmãzinha mais nova, Toma. A Tómotchka era pequetita, e eu era maior, já usava um pequeno sutiã, antes da guerra existiam uns sutiãs de criança. Mamãe nos dava uma marmita com a comida e botava uns panfletos no meu sutiã. Os panfletos eram pequenos, umas folhinhas de caderno escolar escritas à mão. Mamãe nos levava até o portão, chorava e ensinava: "Não cheguem perto de ninguém, só do seu pai". Depois ficava parada esperando nossa volta, até ver que estávamos voltando vivas.

Não me lembro de sentir medo... Se mamãe disse que precisamos ir, vamos. Mamãe disse: "isso era o principal". O medo era de não obedecer à mamãe, não fazer o que ela tinha pedido. Mamãe era muito amada por nós. Nem imaginávamos como era possível não lhe obedecer.

No frio, entrávamos todos no fogão, tínhamos um grande

tulup,* íamos todos para debaixo dele. Para acender o fogão, corríamos até a estação para roubar carvão. Ia de joelhos para que o guarda não notasse, rastejava e ajudava com os cotovelos. Trazíamos de volta um balde cheio de carvão e parecíamos limpadoras de chaminé: os joelhos, os cotovelos, o nariz e a testa ficavam pretos.

À noite, todos se deitavam juntos, ninguém queria dormir sozinho. Éramos quatro: eu, minhas duas irmãzinhas e Boris, de quatro anos, que mamãe adotara. Depois ficamos sabendo que Boris era filho de Lélia Revínskaia, uma amiga da mamãe que entrara para uma organização clandestina. Mas na época mamãe disse que havia um menino pequeno que muitas vezes ficava sozinho em casa, que ele ficava com medo e não tinha comida. Ela queria que o aceitássemos e o amássemos. Ela entendia que não era simples. As crianças podem não gostar. E fez algo inteligente, ela não trouxe Boris, mas nos mandou buscá-lo. "Vão lá e tragam esse menino, e vocês vão fazer amizade com ele." Fomos e trouxemos.

Boris tinha muitos livros com desenhos bonitos, e trouxe todos eles, nós o ajudamos. Ficávamos sentados no fogão, e ele nos contava as histórias. E gostamos tanto dele que virou mais do que um parente, talvez porque soubesse muitas histórias. No pátio, todas dizíamos: "Não o xinguem".

Éramos todas loirinhas, e Boris era moreno. A mãe dele tinha uma grossa trança negra e vinha nos ver; me deu de presente um espelhinho. Escondi o espelhinho e decidi que ia olhar para ele toda manhã, assim eu também teria uma trança daquelas.

Corríamos pelo pátio, as crianças gritavam alto:

— E o Boris é de quem?

— O Boris é nosso.

* Tipo de sobretudo forrado com peles.

— E por que vocês são todas loirinhas e ele é moreno?

— Porque nós somos meninas, e ele é menino — era assim que mamãe tinha nos ensinado a responder.

Boris de fato era nosso, porque haviam matado a mãe e o pai dele, e queriam jogá-lo no gueto. De alguma forma já sabíamos disso. Mamãe tinha medo de que o reconhecessem e levassem. Quando íamos a algum lugar, todas chamávamos nossa mãe de "mãe", mas Boris dizia "tia". Ela pedia a ele:

— Diga "mamãe". — E dava um pedacinho de pão.

Ele pegava o pão, se afastava:

— Obrigado, tia.

E as lágrimas rolavam.

"VOCÊ NÃO É MEU IRMÃO SE BRINCAR COM OS MENINOS ALEMÃES..."

Vássia Sigaliov-Kniázev, seis anos. Hoje: treinador esportivo

Amanheceu cedo...

Começaram a atirar, meu pai saltou da cama, correu para a porta, abriu e deu um grito. Pensamos que estava assustado, mas ele tinha caído: fora atingido por uma bala explosiva.

Mamãe achou uns trapos; não acendeu a luz, porque continuavam atirando. Meu pai gemia, se contorcia. Da janela surgia uma luz fraca, incidia sobre o rosto dele...

— Deitem no chão — disse mamãe.

E de repente pôs-se a chorar aos soluços. Corremos para ela com um grito, eu escorreguei no sangue do meu pai e caí. Senti o cheiro de sangue e algum outro cheiro ruim: o intestino dele tinha se rompido...

Lembro do caixão grande e longo, e meu pai não era alto.

"Para que um caixão tão grande?", eu pensava. Depois decidi que era porque a ferida do meu pai era grave, e que assim não doeria tanto. Foi isso que expliquei ao filho dos vizinhos.

Algum tempo depois, também de manhã cedo, chegaram os alemães e me levaram com minha mãe. Nos puseram na praça na frente da fábrica, meu pai trabalhava nessa fábrica antes da guerra (é no povoado Smolovka, na região de Vítebsk). Ficamos de pé com mais duas famílias de *partisans*, havia mais crianças do que adultos. E todos sabiam que mamãe tinha uma família grande: cinco irmãos e cinco irmãs, todos eles *partisans*.

Começaram a bater na mamãe, todo o povoado ficou olhando ela ser espancada, nós também. Uma mulher ficava curvando minha cabeça para o chão: "Abaixe os olhos. Abaixe os olhos". Eu me soltei das mãos dela. Olhei...

Atrás do povoado havia uma colina arborizada, largaram as crianças e levaram os adultos para lá. Eu me agarrava à mamãe, ela me repelia e gritava: "Adeus, crianças!". Lembro que o vento levantou o vestido da minha mãe quando ela caiu na trincheira.

... Os nossos chegaram, vi oficiais de dragona. Gostei muito, peguei e fiz dragonas com cascas de bétula para mim, desenhei as listras com carvão. Prendi no meu sobretudo do campo, que minha tia havia costurado para mim, nas *lápti* — e assim fui informar ao capitão Ivankin (soube o sobrenome dele pela minha tia) que Vássia Sigaliov, que se apresentava ali, queria combater os alemães junto com eles. No começo eles brincaram, riram, depois perguntaram à minha tia onde estavam meus pais. Quando souberam que eu era órfão, os soldados costuraram botas para mim com as capas-barracas, encurtaram um capote, dobraram um gorro e uma dragona em dois, em uma única noite. Alguém até criou um cinturão de oficial. E assim eu me tornei filho do 203º. Destacamento Especial de Neutralização de Minas. Me alistaram no cargo de mensageiro. Eu me esforçava muito, mas não sabia ler nem escrever. Quando mamãe ainda estava viva, meu tio me pediu: "Vá até a ponte da ferrovia e conte quantos alemães há lá". Como ia contar? Ele pôs um punhadinho de grãos no meu bolso, e a cada um eu passava um grãozinho do bolso direito para o esquerdo. E meu tio depois contou os grãos.

— Com guerra ou sem guerra, você precisa aprender a ler e escrever — disse Chápochnikov, o chefe do partido.

Os soldados arranjaram papel, e ele mesmo fez para mim um caderno caseiro e escreveu nele a tabuada, o alfabeto. Eu estudava e apresentava para ele. Trazia uma caixa de projéteis vazia, fazia linhas e dizia: "Escreva".

Na Alemanha já éramos três meninos: Volódia Potchivadlov, Vítia Barinov e eu. Volódia tinha catorze anos, Vítia, sete, e eu, naquela época, nove. Éramos muito amigos, como irmãos, porque não tínhamos mais ninguém.

Mas quando vi que Vítia Barinov estava brincando "de guerra" com meninos alemães, e havia dado a eles um quepe com a estrela, comecei a gritar que ele não era mais meu irmão. Nunca mais seria meu irmão! Peguei minha pistola conquistada dos alemães e ordenei que ele seguisse para o alojamento da unidade. Lá, o mandei para o calabouço e o pus em um tipo de quarto de despejo. Ele era soldado, e eu sargento, ou seja, agi como alguém superior na hierarquia.

Alguém falou sobre isso com o capitão Ivankin. Ele me chamou:

— Onde está o soldado Vítia Barinov?

— O soldado Vítia Barinov está no calabouço — informei.

O capitão passou muito tempo me explicando que todas as crianças são boas, que elas não têm culpa de nada, que agora, quando a guerra acabasse, as crianças russas e alemãs seriam amigas.

Quando a guerra acabou me deram três medalhas: pela tomada de Keninberg, pela tomada de Berlim e pela vitória sobre a

Alemanha. Nossa unidade voltou para Jítkovitchi, neutralizamos as minas dali. Por acaso soube que meu irmão mais velho estava vivo e morando em Vileika.

Com um encaminhamento para a Escola Suvórov, corri para Vileika. Lá encontrei meu irmão, logo nossa irmã veio nos encontrar. Já éramos uma família. Nos instalamos num sótão. E para comer foi difícil até eu vestir meu uniforme, minhas três medalhas e ir para o *gorispolk*.*

Cheguei. Achei a porta com a plaquinha: "Presidente". Bati. Entrei e comuniquei formalmente:

— Sargento Sigaliov vem solicitar uma remuneração do governo.

O presidente sorriu e se ergueu, indo ao meu encontro.

— Onde você mora? — perguntou.

Falei:

— Em um sótão — e dei o endereço.

À tarde nos trouxeram um saco de repolho, e, um dia depois, um saco de batatas.

Uma vez, encontrei o presidente na rua e ele me deu um endereço:

— Passe lá à tarde, estão te esperando.

Lá encontrei uma mulher, era a esposa dele. Chamava-se Nina Maksímovna, e ele, Aleksei Mikháilovitch. Me deram de comer, tomei banho. Eu já estava grande para meu uniforme de soldado, me deram umas duas camisas.

Comecei a frequentar a casa deles, no começo raramente, em seguida com maior frequência, depois todo dia. A patrulha militar me encontrava e perguntava:

— Rapaz, onde arranjou as medalhas? Onde está seu pai?

— Não tenho pai.

* Comitê executivo municipal do partido.

Tive que passar a andar com meu certificado.

Quando Aleksei Mikháilovitch perguntou:

— Quer ser nosso filho?

Respondi:

— Quero. Quero muito.

Ele me adotou, me deu o sobrenome dele: Kniázev.

Por muito tempo não consegui pronunciar "papai" e "mamãe". Nina Maksímovna criou amor por mim na hora, tinha pena de mim. Se conseguiam algo doce, era para mim. Ela queria fazer carinho. Acariciar. Mas eu não gostava de doces, porque nunca havia comido. Antes da guerra tínhamos uma vida modesta, e no Exército me acostumei ao jeito dos soldados. Não era um menino carinhoso, porque havia muito tempo não recebia um carinho especial, vivia entre homens. Nem sabia palavras ternas.

Uma vez, à noite, acordei e escutei Nina Maksímovna chorando atrás do tabique. Parecia que ela já havia chorado antes, mas de uma forma que eu não tinha visto nem escutado. Ela chorava e se queixava: ele nunca será da nossa família, não consegue esquecer os pais... O sangue dele... Ele tem muito pouco de criança, e não é carinhoso. Me aproximei dela em silêncio, dei um abraço no pescoço: "Não chore, mamãe". Ela parou de chorar, e vi seus olhos brilharem. Era a primeira vez que a chamava de "mamãe". Passou um tempo e comecei a chamar meu pai de "papai", só uma coisa ficou para toda a vida, eu os chamava de "senhor" e "senhora".

Eles não fizeram de mim um menino mimado, e sou muito agradecido por isso. Eu tinha obrigações claras: arrumar a casa, sacudir a passadeira, trazer a lenha do galpão e acender o fogão depois da escola. Sem eles eu não teria recebido educação superior. Isso eles incutiram em mim, que era preciso estudar, e depois da guerra era preciso estudar bem. Bem, simplesmente.

Ainda no Exército, quando nossa unidade estava em Jítkovitchi, o comandante mandou que Volódia Potchivaldov, Vítia Barinov e eu estudássemos. Nós três sentamos na mesma carteira, no segundo ano. Tínhamos armas e não reconhecíamos ninguém. Não queríamos nos submeter aos professores civis: como podem nos dar ordens se não usam uniforme militar? Autoridade, para nós, eram só os comandantes. O professor entrava, toda a turma ficava de pé, e nós sentados.

— Por que estão sentados?

— Não respondemos ao senhor. Só nos submetemos ao comandante.

No recreio botávamos todos os alunos em formação de pelotão e fazíamos uma marcha, ensaiávamos canções militares.

O diretor da escola se dirigiu à unidade e contou ao *zampolit** como nos comportávamos. Nos mandaram para o calabouço e nos degradaram. Vovka Potchivalov era primeiro-sargento, passou para segundo-sargento, eu era segundo-sargento, virei terceiro-sargento, Vítia Barinov era terceiro-sargento, virou cabo. O comandante conversou longamente com cada um de nós, nos fez entender que tirar notas quatro e cinco em aritmética naquele momento era mais importante para nós do que as medalhas. Era nossa missão de combate: estudar bem. Queríamos atirar, mas nos convenceram de que era preciso estudar.

Mesmo assim íamos com as medalhas para a aula. Guardei uma fotografia: estou sentado com as medalhas na carteira e desenhando para nosso jornal dos pioneiros.

Quando chegava da escola com um "cinco", gritava da porta:

— Mamãe, tirei cinco!

E era tão fácil dizer "mamãe"...

* Comissário político.

“ATÉ ESQUECEMOS ESSA PALAVRA...”

Ánia Guriévitch, dois anos. Hoje: montadora de rádio

Ou eu mesma lembro ou mamãe contou depois...

Estávamos andando pela cidade. Era difícil andar: mamãe estava doente, eu e minha irmã éramos pequenas: minha irmã tinha três aninhos, e eu, dois. Como nos salvaríamos?

Mamãe escreveu um bilhetinho: sobrenome, nome, ano de nascimento, pôs no meu bolsinho e disse: “Vá”. Mostrou aquela casa. As crianças estavam correndo para lá... Ela queria que eu fosse evacuada, que fosse embora com o orfanato, tinha medo de que morrêssemos todas. Queria salvar alguma de nós. Eu devia ir sozinha: se mamãe me levasse para o orfanato, mandariam as duas dar meia-volta. Só aceitavam crianças que tinham ficado sem os pais, e eu tinha mãe. Todo o meu destino estava em que eu não olhasse para trás, senão não me afastaria da minha mãe, como todas as crianças, pularia no pescoço dela chorando, e ninguém me obrigaria a ficar numa casa desconhecida. Meu destino...

Mamãe disse: “Vá e abra a porta”. Fiz isso. Mas aquele orfanato não teve tempo de ser evacuado...

Lembro de um salão grande... E da minha caminha ao lado da parede. Muitas, muitas caminhas iguais. Nós mesmos as arrumávamos com cuidado, com muito capricho. O travesseiro tinha que estar sempre no mesmo lugar. Se colocava de um jeito diferente, as educadoras brigavam, principalmente quando chegava algum dos moços de roupa preta. Se eram policiais ou alemães, não sei, ficaram na memória as roupas pretas. Se nos batiam não lembro, mas o medo de que alguém bateria em mim existia. E não consigo lembrar do que brincávamos... Fazíamos traquinagens... Nos movimentávamos muito: arrumávamos, lavávamos, mas isso era trabalho. De infantil não ficou nada na memória. O riso... As manhas...

Ninguém nunca fazia carinho em nós, mas eu não chorava pedindo a mamãe. Perto de mim ninguém tinha mãe. Até esquecemos essa palavra. Nem nos lembrávamos.

Nos alimentavam da seguinte maneira: para o dia inteiro nos davam uma tigela de *zatirka* e um pedacinho de pão. Eu não gostava de *zatirka* e dava minha porção para uma outra menina, e ela me dava o pedacinho de pão dela. Tínhamos uma amizade assim. Ninguém prestava atenção nisso, estava tudo bem até uma educadora notar nossa troca. Me puseram de joelhos no canto. Passei muito tempo de joelhos sozinha. Num salão grande e vazio... Até hoje, quando escuto a palavra "*zatirka*", na hora sinto vontade de chorar. Quando fiquei adulta não conseguia entender: de onde vem isso, por que essa palavra me desperta tanto nojo? Havia esquecido do orfanato...

Eu tinha uns dezesseis anos, não, acho que dezessete... Encontrei minha educadora do orfanato. Uma mulher estava no ônibus... Estava olhando para ela, e ela me puxava como um ímã, puxava tanto que perdi meu ponto. Não conhecia essa mulher, não lembrava, mas sentia que algo me puxava para ela. Enfim não aguentei, comecei a chorar e fiquei com raiva de mim mesma: por que estou assim? Olhava para ela como se fosse um quadro que eu tivesse visto em outra época, mas esquecido, e quisesse ver de novo. E havia algo nela tão familiar, talvez até parecido com minha mãe... próximo de uma mãe, mas quem era eu não sabia. E essa raiva e as lágrimas — como jorravam de mim! Virei, fui direto para a saída, fiquei de pé chorando.

A mulher viu tudo, se aproximou de mim e disse:

— Ánetchka, não chore.

E eu derramei ainda mais lágrimas com essas palavras.

— Mas eu não conheço a senhora.

— Olhe melhor para mim!

— Palavra de honra, não conheço. — E morria de chorar.

Ela me levou para fora do ônibus:

— Olhe para mim direitinho, você vai lembrar de tudo. Sou Stepanida Ivánovna…

E eu por minha vez continuava:

— Não conheço a senhora. Nunca te vi.

— Você lembra do orfanato?

— Que orfanato? Acho que a senhora está me confundindo com alguém.

— Não, lembre do orfanato… Eu fui sua educadora.

— Meu pai morreu, mas eu tenho mãe. Que orfanato?

Tinha até me esquecido do orfanato, porque já morava com a minha mãe. Em casa. Aquela mulher me acariciou lentamente na cabeça, e mesmo assim corria um rio de lágrimas. E então ela me disse:

— Aqui está meu telefone… Ligue se quiser saber mais a seu respeito. Lembro bem de você. Era a nossa menorzinha.

Ela saiu, e eu não conseguia me mexer. Claro, eu devia ter corrido atrás dela, feito perguntas. Não corri e não alcancei.

Por que não fiz isso? Eu era um bicho do mato, completamente bicho do mato, para mim as pessoas eram algo desconhecido, perigoso, eu não conseguia conversar com ninguém. Passava horas sozinha, falava comigo mesma. Tinha medo de tudo.

Mamãe só me achou em 1946… Eu tinha oito anos. Tinham-na levado com minha irmã para a Alemanha, onde elas de alguma forma sobreviveram; quando voltaram, mamãe me procurou por todos os orfanatos da Bielorrússia, já estava perdendo as esperanças de me encontrar. E eu estava ao lado… Em Minsk. Mas, pelo visto, o bilhetinho que mamãe tinha me dado se perdeu, e me registraram com outro sobrenome. Mamãe viu e reviu todas as meninas chamadas Ánia nos orfanatos de Minsk. Ela teve certeza de que eu era sua filha pelos olhos, pela altura. Passou uma semana vindo e olhando para mim: era a Ánetchka dela ou não? Meu nome ficou certo. Quando via a mamãe, era tomada por sentimentos incompreensíveis, começava a chorar sem motivo. Não, não eram as lembranças de algo conhecido, era diferente... Ao meu redor diziam: "Mamãe. A sua mamãe". E se abria um mundo novo: mamãe! Escancarava-se uma porta misteriosa... Eu não sabia nada sobre as pessoas chamadas "mamãe" e "papai". Tinha medo, e os outros se alegravam. Todos sorriam para mim.

Mamãe chamou nossa vizinha de antes da guerra para ir com ela:

— Encontre minha Ánetchka ali.

A vizinha imediatamente apontou para mim:

— Aí está sua Anka! Não tenha dúvidas, leve. São os seus olhos, o seu rosto...

À noite a educadora veio me dizer:

— Amanhã vão te levar, você vai embora.

Eu estava com medo...

De manhã me deram banho, me vestiram, recebi o carinho de todos. Nossa velha zeladora rabugenta sorria para mim. Entendi que era o último dia com eles, estavam se despedindo de mim. De repente eu não quis ir a lugar nenhum. Me vestiram com tudo o que minha mãe havia levado: as botinhas da minha mãe, o vestido da minha mãe, e com isso eu já estava me afastando das minhas amiguinhas do orfanato... Parecia uma desconhecida entre elas. E elas me examinavam como se me vissem pela primeira vez.

A impressão mais forte que tive de casa foi o rádio. Ainda não havia receptores, um pratinho preto ficava no canto, e o som saía de lá. Eu olhava para lá a cada minuto, comia e olhava para lá, ia dormir e olhava para lá. De onde vinham aquelas pessoas, como elas tinham se enfiado ali dentro? E ninguém conseguiu me explicar, eu era antissocial. No orfanato fiquei amiga de Tómotchka, gostava dela, ela era alegre, ria sempre, e ninguém gostava de mim porque eu nunca sorria. Comecei a rir com quinze, dezesseis anos. Na escola eu escondia o sorriso para que não vissem como era, tinha vergonha. Não conseguia manter relações nem com as meninas, no recreio elas falavam sobre qualquer coisa, e eu não conseguia dizer nada. Ficava calada.

Mamãe me tirou do orfanato, e alguns dias depois, num domingo, fui com ela a uma feira. Lá vi um policial e tive um ataque histérico, comecei a gritar:

— Mamãe, alemães! — E saí correndo.

Mamãe veio atrás de mim, as pessoas me rodearam e eu tremendo toda:

— Alemães!

Depois disso passei dois dias sem sair na rua. Mamãe me explicou que era um policial, que ele nos protegia, que mantinha a ordem nas ruas, mas não me convenceu. De jeito nenhum... Os alemães que vinham para o orfanato vestiam capotes pretos... Embora, quando tiravam sangue, eles nos levassem para um quarto isolado e usassem aventais brancos, mas desses aventais eu não lembrava. Lembrava do uniforme deles...

Em casa, não conseguia me acostumar com minha irmã: ela devia ser uma pessoa próxima, mas eu a estava vendo pela primeira vez na vida, e por algum motivo ela era minha irmã. Mamãe ficava dias no trabalho. De manhã acordávamos, ela já não estava em casa, no fogão havia dois potes, nós mesmas pegávamos o mingau. Eu esperava a mamãe o dia todo: como algo extraordinário, como uma felicidade. Ela chegava tarde, já estávamos dormindo.

Em algum lugar, achei não uma boneca, mas uma cabeça de boneca. Fiquei apaixonada por ela. Era minha felicidade, eu a carregava de manhã à noite. Meu único brinquedo. Sonhava com uma bolinha. Saía para o pátio, todos tinham bolas, carregavam-nas numas redinhas especiais, eles vendiam assim. Pedia para alguém, me deixavam segurar um pouco.

Comprei uma bola para mim com dezoito anos, com meu primeiro salário na fábrica de relógios. Realizei meu sonho: levei a bola e em casa pendurei com a redinha na estante. Tinha vergonha de sair no pátio, eu já era grande, ficava em casa olhando para ela.

Muitos anos depois me preparei para encontrar Stepanida Ivánovna. Sozinha eu não teria me decidido, mas meu marido insistiu:

— Vamos juntos. Como você não quer saber nada sobre si?

— E por acaso eu não quero? Estou com medo...

Telefonei para a casa dela e escutei como resposta:

— Stepanida Ivánovna Dediulia morreu...

Não consigo me perdoar.

"VOCÊ PRECISA IR PARA O FRONT... E SE APAIXONOU PELA MINHA MÃE?"

Iánia Tcherniná, doze anos. Hoje: professora escolar

Era um dia comum... Aquele dia começou comum...

Mas, quando peguei o bonde, as pessoas já estavam dizendo: "Que horror! Que horror!", e eu não conseguia entender o que havia acontecido. Corri para casa e vi minha mãe, ela estava sovando uma massa e grandes lágrimas caíam dos olhos dela. Perguntei: "O que houve?". A primeira coisa que ela me disse foi: "Guerra! Bombardearam Minsk...". Havíamos voltado para Rostov de Minsk, onde visitamos minha tia fazia poucos dias.

No dia 1º de setembro fomos à escola mesmo assim, e no dia

10 de setembro fecharam a escola. Começou a evacuação de Rostov. Mamãe dizia que precisávamos nos preparar para ir para a estrada, mas eu não concordava: "Evacuação? Como pode?". Fui ao Comitê Regional do Komsomol e pedi que me aceitassem com urgência. Negaram porque o ingresso no Komsomol era a partir dos catorze anos, e eu só tinha doze. Achava que se entrasse para o Komsomol poderia ali mesmo participar de tudo, viraria adulta na hora. Poderia ir para o front.

Eu e a mamãe subimos num vagão, levávamos uma mala conosco, nela havia duas bonecas: uma grande e uma pequena. Lembro que a mamãe não se opôs quando as peguei. Depois eu conto como essas bonecas nos salvaram...

Chegamos à estação ferroviária de Kavkázskaia, o trem foi bombardeado. Subimos em uma plataforma aberta. Não entendíamos aonde estávamos indo. Só sabíamos de uma coisa: estávamos saindo da linha de frente. Dos combates. Caía uma chuva, mamãe me cobria. Na estação Baladjári, perto de Baku, descemos ensopadas e pretas pela fumaça da locomotiva. E com fome. Antes da guerra levávamos uma vida humilde, muito humilde, não tínhamos coisas boas que pudéssemos levar para a feira, para trocar ou vender, e mamãe só tinha o passaporte consigo. Nos sentamos e não sabíamos o que resolver. Para onde ir? Estava passando um soldado, soldado não, soldadinho, bem pequeno, moreninho, com uma sacola no ombro, com um caldeirãozinho. Dava para ver que havia acabado de entrar no Exército, estava viajando para o front. Parou perto de nós, eu me aconcheguei na mamãe. Ele perguntou:

— Mulher, para onde está indo?

Mamãe respondeu:

— Não sei. Somos evacuadas.

Ele falava russo, mas com muito sotaque:

— Não tenha medo de nós, vá para o nosso *aul** e fale com minha mãe. Nos mandaram todos para o Exército: nosso pai, eu, dois irmãos… Ela ficou sozinha. Ajude-a e vocês podem viver juntas. E eu voltarei e me casarei com sua filha.

E disse o endereço; não tínhamos onde escrever mas decoramos: estação Ievlakh, região de Kakh, povoado Kum, Mussáiev Mussa. Gravei esse endereço por toda a vida, apesar de não termos ido para lá. Uma mulher solitária nos recebeu, ela morava em uma casa temporária de compensado, na qual só cabiam uma cama e uma pequena mesa de cabeceira. Dormíamos assim: nossa cabeça na passagem, e as pernas debaixo da cama.

Tivemos sorte de encontrar pessoas boas…

Nunca vou esquecer quando um militar se aproximou da mamãe, conversou com ela e contou que em Krasnodar havia morrido toda a sua família, e que ele estava indo para o front. Os camaradas gritavam, chamavam do vagão, mas ele continuava parado e não nos deixava ir.

— Estou vendo que vocês estão na penúria, permitam-me deixar para vocês meu certificado militar, não tenho mais ninguém — disse essas palavras de repente.

Mamãe começou a chorar. Eu entendi tudo do meu jeito, comecei a gritar com ele:

— Há uma guerra acontecendo… Toda a sua família morreu, você precisa ir para o front e se vingar dos fascistas, e se apaixonou pela minha mãe? Como não tem vergonha!?

Ele e minha mãe ficaram parados, com lágrimas nos olhos, e eu não entendia como minha boa mãe podia conversar com um homem mau como aquele: ele não queria ir para o front, falava de amor, e o amor só pode existir em tempos de paz. Por que eu meti na cabeça que ele estava falando de amor? Só havia falado do certificado de tenente…

* Aldeia do Cáucaso e da Ásia Central.

Ainda quero contar sobre Tachkent... Tachkent foi a minha guerra. Morávamos no alojamento da fábrica onde mamãe trabalhava. Era no centro da cidade, embaixo dele haviam feito um clube. No vestíbulo e na sala de espetáculos moravam famílias, e no palco, os "solteiros"; eram chamados de "solteiros", mas eram operários cuja família havia ficado na evacuação. O nosso lugar, meu e da mamãe, era no canto da sala de espetáculos.

Nos entregaram cartões para um *pud* de batatas, mamãe trabalhava na fábrica desde a manhã até a noite; eu precisei ir receber essas batatas. Passei metade do dia na fila, depois arrastei o saco pela terra por uns quatro ou cinco quarteirões: não conseguia levantar. Não deixavam crianças subirem no transporte público porque havia um surto de gripe e declararam quarentena. Bem naqueles dias... Por mais que eu pedisse, não deixaram subir no ônibus. Quando só faltava cruzar a estrada na frente do nosso alojamento, eu já não tinha forças, caí no saco e comecei a chorar. Desconhecidos me ajudaram: nos levaram para o alojamento, o saco e eu. Até hoje sinto aquele peso. Cada um dos quarteirões... Não podia abandonar as batatas, elas eram nossa salvação. Podia morrer, mas não abandoná-las. Mamãe voltava do trabalho azul de fome.

Passávamos fome, e mamãe ficou tão magrinha quanto eu. A ideia de que eu também precisava ajudar não me deixava em paz. Uma vez, quando não havia absolutamente nada para comer, decidi vender nosso único cobertor de flanela e com esse dinheiro comprar pão. Mas não permitiam que crianças fizessem comércio, e fui levada para a repartição de menores da polícia. Fiquei lá sentada até informarem mamãe na fábrica. Mamãe veio depois do turno, me pegou, e eu me esgoelei chorando de vergonha e porque mamãe estava com fome e em casa não havia nem um pedacinho de pão. Mamãe tinha bronquite asmática, à noite ela tossia terrivelmente e ficava com falta de ar. Ela precisava engolir algo, nem que fosse uma migalhinha, e aí melhorava um pouco. Eu sempre escondia um pedacinho de pão debaixo do travesseiro para ela. Embora parecesse que eu já estava dormindo, mesmo assim ainda lembrava que tinha pão debaixo do travesseiro e sentia uma vontade terrível de comê-lo.

Às escondidas da mamãe, fui pedir um emprego na fábrica. Eu era tão pequena, uma distrófica típica, que não quiseram me aceitar. Fiquei chorando. Alguém teve pena e me levaram à contabilidade do setor, para preencher documentos dos operários e calcular os salários. Eu trabalhava numa máquina, um protótipo da calculadora atual. Agora ela não tem som, mas na época era um trator, e ainda por cima só funcionava com uma lâmpada. Durante doze horas minha cabeça parecia estar debaixo do sol quente, e no fim do dia eu ficava surda pelo barulho da máquina.

E então aconteceu comigo um acaso terrível: para um operário, em vez de 280 rublos, eu pus oitenta. Ele tinha seis filhos, e ninguém notou meu erro até chegar o dia do pagamento. Escutei alguém correndo pelo corredor e gritando: "Eu mato! Eu mato! Como vou dar de comer aos meus filhos?". Me disseram:

— Se esconda, acho que é com você.

A porta se abriu e me apertei contra a máquina, não tinha onde me esconder. Um homem grande entrou de supetão na sala, tinha algo pesado nas mãos.

— Onde ela está?

Apontaram para mim:

— Aí está ela...

Ele até se apoiou na parede.

— Nossa! Não dá para matar, eu mesmo tenho uns desses. — Deu a volta e foi embora.

E eu como que caí em cima da máquina... Morri de chorar...

Mamãe trabalhava no setor de controle técnico daquela mesma fábrica. Nossa fábrica fazia projéteis para *katiuchas*,* em dois calibres: dezesseis e oito quilos. Faziam o teste de resistência da cápsula do projétil sob pressão. Era preciso levantar o projétil, fixar e expor à quantidade necessária de atmosferas. Se o projétil fosse de qualidade, tiravam e botavam na caixa. Se não fosse de qualidade, a rosca não aguentava, o projétil saía voando com um gemido e subia sob a cúpula, depois caía sabe-se lá onde. E esse gemido e esse medo quando os projéteis voavam... Todos se escondiam debaixo das máquinas...

Mamãe tinha sobressaltos e gritava à noite. Eu a abraçava, e ela se acalmava.

No fim de 1943... Nosso Exército estava avançando fazia tempo. Eu entendia que precisava estudar. Fui falar com o diretor da fábrica. Na sala dele havia uma mesa alta, quase não dava para me ver do outro lado dessa mesa. Comecei um discurso já preparado:

— Quero pedir demissão da fábrica, preciso estudar.

O diretor ficou bravo:

— Não demitimos ninguém. Estamos em tempos de guerra.

— Eu cometo erros nos documentos porque sou quase analfabeta. Há pouco me enganei no salário de uma pessoa.

— Você vai aprender. Tenho pouca gente.

— Depois da guerra vão precisar de pessoas alfabetizadas, não de ignorantes.

— Ah, sua pirralha — o diretor se levantou da mesa —, sabe de tudo!

Fui para a escola no sexto ano. Durante as aulas de história e literatura, os professores falavam e nós ficávamos sentados tricotando meias, luvas e bolsas de tabaco para o Exército. Tricotávamos e aprendíamos poesia. Depois repetíamos os poemas de Púchkin.

* Caminhão militar equipado com um lançador de projéteis. Desenvolvido e utilizado pelo Exército Vermelho na Segunda Guerra.

Estávamos esperando o fim da guerra, era um sonho tão desejado que eu e a mamãe até tínhamos medo de falar sobre isso. Certa vez, mamãe estava na fábrica, os encarregados vieram nos ver e perguntavam para todo mundo: "O que você pode dar para o fundo de defesa?". Perguntaram para mim também. O que tínhamos? Nada, só algumas obrigações que mamãe guardava. Todos estavam dando algo, como nós não daríamos? Entreguei todas as obrigações.

Lembro que quando a mamãe voltou do trabalho não me deu uma bronca, só falou: "Era tudo o que tínhamos além das suas bonecas".

Também me despedi das bonecas... Mamãe havia perdido o cartãozinho mensal de pão, nós literalmente estávamos morrendo. E me veio a ideia salvadora de experimentar trocar algo por minhas duas bonecas: uma grande e uma pequena. Fomos à feira com elas. Um velho uzbeque se aproximou: "Quanto custam?". Dissemos que precisávamos nos manter por um mês, não tínhamos cartão de racionamento. O velho uzbeque nos deu um *pud* de arroz. E não morremos de fome. Mamãe jurou: "Assim que voltarmos para casa, vou comprar para você duas bonecas lindas".

Quando voltamos para Rostov, ela não conseguiu comprar, passamos necessidade de novo. Ela me deu de presente no dia em que me formei na universidade. Duas bonecas: uma grande e uma pequena...

"NOS ÚLTIMOS MINUTOS ELES COMEÇARAM A GRITAR O NOME..."

Artur Kuziêiev, dez anos. Hoje: gerente de hotel

Alguém batia o sino. Badalava e badalava.

Nossa igreja estava fechada havia muito tempo, nem lembro quando fecharam, lá sempre fora o depósito do colcoz. Armazenavam grãos. Ao ouvir o sino que havia tempos estava morto, a aldeia ficou muda. "Desgraça!" Mamãe... Todos saíram correndo para a rua...

E assim começou a guerra...

Fecho os olhos... Vejo...

Levam pela rua três soldados do Exército Vermelho, as mãos deles para trás, enroladas com arame farpado. Estão de roupa de baixo. Dois jovens, um mais velho. Andam com a cabeça baixa.

Foram fuzilados ao lado da escola. Na estrada.

Nos últimos minutos eles começaram a gritar o nome e o sobrenome, na esperança de que alguém ouvisse e se lembrasse. Comunicasse às famílias.

Eu estava olhando por um buraquinho na cerca... Gravei na memória...

Um, Vánietchka Ballai; o segundo, Roman Nikonov. E o que era mais velho gritou: "Viva o camarada Stálin!".

E ali mesmo, por aquela estrada, passaram caminhões. Pesados caminhões alemães. E eles jogados ali... Caminhões com soldados e munição passaram por eles. Em seguida, motociclistas. Os alemães passavam e passavam. Dia e noite. Por muitos dias.

E eu repetia... Acordava à noite... Repetia: Vánietchka Ballai, Roman Nikonov... O sobrenome do terceiro, não sei...

"TODAS AS QUATRO NOS ATRELAMOS ÀQUELE TRENÓ..."

Zina Prikhodkó, quatro anos. Hoje: operária

Bombardeavam... A terra tremia, nossa casa tremia...

Nossa casa era pequena, com um jardim... Nos escondemos dentro de casa, fechamos as janelas. Estávamos as quatro: minhas duas irmãzinhas, eu e nossa mãe. Mamãe dizia que com as janelas fechadas já não dava medo. Nós concordávamos que não dava medo; estávamos assustadas, mas não queríamos entristecer a mamãe.

... Andávamos atrás da carroça, depois nós, as pequenas, fomos colocadas sobre as trouxas. Não sei por que eu achava que se dormisse me matariam, e tentava com todas as forças não fechar os olhos, mas eles se fechavam sozinhos. Então eu e minha irmã mais velha combinamos que primeiro eu fechava os olhos, dormia um pouco, e ela ficava vigiando para que não nos matassem, depois ela dormiria e eu ia vigiar. Mas as duas dormimos e acordamos com o grito da nossa mãe: "Não tenham medo! Não tenham medo!". Estavam atirando mais adiante. As pessoas gritavam... Mamãe abaixava nossa cabeça. Mas queríamos olhar...

O tiroteio acabou, seguimos em frente. Vi que numa vala ao lado da estrada havia gente deitada e perguntei para a minha mãe:

— O que essas pessoas estão fazendo?

— Estão dormindo — mamãe respondeu.

— E por que elas estão dormindo na vala?

— Por causa da guerra.

— Quer dizer que nós também vamos dormir na vala? Mas eu não quero dormir na vala — comecei a fazer birra.

Parei com a birra quando vi que apareceram lágrimas nos olhos da minha mãe.

Para onde andávamos, para onde viajávamos, eu, claro, não sabia. Não entendia. Só me lembro de uma palavra, Azaritchi, e do arame, de que mamãe proibia chegar perto. Depois da guerra fiquei sabendo que tínhamos ido para o campo de concentração Azaritchi. Depois até fui lá, a esse lugar. Mas o que se vê lá agora? Grama, terra... Tudo comum. Se sobrou algo, é só na nossa memória.

Quando eu conto, mordo a mão até sangrar para não chorar…

Trouxeram minha mãe de algum lugar e a puseram no chão. Nos arrastamos até ela, lembro que nos arrastamos, não fomos andando. Chamamos: "Mamãe! Mamãe!". Eu pedia: "Mamãe, não durma!". Nós já estávamos todas ensanguentadas, porque mamãe estava ensanguentada. Acho que não entendíamos que era sangue, nem o que era sangue, mas captávamos que era algo terrível.

Todo dia chegavam carros, pessoas subiam neles e iam embora. Pedimos à mamãe: "Mamãezinha, vamos andar de carro. Será que ele está indo para o lugar onde mora a vovó?". Por que lembrávamos da vovó? Porque mamãe sempre dizia que ali ao lado morava a nossa avó, e ela não sabia que estávamos ali. Ela achava que estávamos em Gómel. Mamãe não queria andar naquele carro, toda vez nos puxava para longe dele. E nós chorávamos, pedíamos, tentávamos convencê-la. Uma manhã, ela concordou… Era no início do inverno, estávamos começando a congelar…

Estou mordendo minhas mãos para não chorar. Não consigo contar sem lágrimas…

Andamos de carro por muito tempo, e alguém disse para a mamãe, ou ela mesma adivinhou, que estavam nos levando para o fuzilamento. Quando o carro parou, ordenaram que todos descessem. Havia um sítio ali, e mamãe perguntou para a escolta: "Posso tomar uma aguinha? As crianças estão com sede". Ele nos deu permissão para entrar na *khata*. Entramos na *khata*, a dona da casa nos deu uma grande caneca de água. Mamãe bebia em goles pequenos, devagar, e eu pensava: "Estou com tanta vontade de comer, por que mamãe quis beber água?".

Mamãe terminou uma caneca, pediu a segunda. A dona da casa pegou a água, deu a ela e disse que toda manhã levavam muitas pessoas para a floresta, e ninguém voltava.

— A senhora tem uma segunda saída, por onde a gente possa ir embora daqui? — perguntou mamãe.

A dona da casa apontou: "Tenho". Uma porta da casa dava na rua, a outra, no pátio. Saímos da *khata* e começamos a nos arrastar. Sinto que não fomos andando, e sim nos arrastando até a casa da nossa avó. Como e quanto rastejamos, não lembro.

A gente, a vovó pôs no fogão, e minha mãe na cama. De manhã mamãe começou a morrer. Ficamos sentadas assustadas, não conseguíamos entender: como é que mamãe pode morrer e nos deixar, se papai não estava conosco? Lembro que mamãe nos chamou, sorriu:

— Nunca briguem, crianças.

Por que íamos brigar? Por que motivo? Não tínhamos nenhum brinquedo. Tínhamos um pedregulho grande como boneca. Não tínhamos balinhas. Não tínhamos mãe com quem reclamar.

De manhã, vovó enrolou mamãe num lençol grande e branco e pôs no trenó. Todas as quatro nos atrelamos àquele trenó...

Perdão... Não consigo mais... Estou chorando...

"ESSES DOIS MENINOS FICARAM LEVINHOS COMO PARDAIS..."

Raia Ilinkóvskaia, catorze anos. Hoje: professora de lógica

Nunca vou esquecer do cheiro da tília na minha Ielsk natal...

Na guerra, tudo que existia antes parecia o que havia de mais maravilhoso no mundo. Isso me ficou para sempre. Até hoje.

Fomos evacuados de Ielsk: mamãe, eu e meu irmão menor. Paramos no povoado de Gribánovka, perto de Vorônej, pensávamos em esperar o fim da guerra por lá, mas poucos dias depois de chegarmos os alemães se aproximaram de Vorônej. Vinham logo atrás de nós.

Subimos no trem de mercadorias, nos disseram que iam levar todos para longe, para o leste. Mamãe nos tranquilizava assim: "Lá vai haver muitas frutas". Viajamos por um longo tempo, porque muitas vezes ficávamos parados em desvios. Onde e quanto tempo ficaríamos parados não sabíamos, por isso descíamos nas estações para pegar água, correndo um risco enorme. Tínhamos um fogareiro, com ele cozinhávamos um caldeirão de mingau de painço para todo o vagão. Durante a viagem inteira comemos esse mingau.

O trem parou na estação de Kurgan-Tiubé. Perto de Andijan… Fiquei impressionada com a natureza desconhecida, e tão impressionada que por algum tempo até esqueci da guerra. Tudo florescia, ardia, havia tanto sol. Fiquei feliz de novo. Tudo voltou para mim, tudo o que havia antes.

Nos levaram para o colcoz Kizil Iul. Tanto tempo se passou, mas eu me lembro de todos os nomes. Eu mesma me surpreendo por não ter esquecido. Lembro que na época ficava decorando, repetia as palavras novas. Fomos morar no ginásio de uma escola, junto com oito famílias. Os habitantes locais nos trouxeram cobertores e travesseiros. Os cobertores uzbeques são costurados com retalhos de várias cores, os travesseiros são recheados com algodão. Logo aprendi a juntar uma braçada de caules secos de algodoeiro — acendíamos o fogo com eles.

Não entendemos de imediato que ali também havia guerra. Nos deram um pouco de farinha, mas não era o bastante, durou pouco tempo. Começamos a passar fome. Os uzbeques também estavam passando fome. Corríamos atrás das telegas junto com os meninos uzbeques, e se algo caía dali — que alegria! A maior felicidade para nós era o bagaço, o bagaço da linhaça, porque o do algodoeiro era muito duro, amarelo, parecia ervilha.

Meu irmão Vádik tinha seis anos, nós o deixávamos em casa sozinho, e eu e mamãe íamos trabalhar no colcoz. Abacelávamos arroz, colhíamos algodão. Meus braços doíam pela falta de hábito, e à noite eu não conseguia dormir. No fim da tarde eu e mamãe voltávamos para casa, Vádik corria ao nosso encontro, e numa cordinha no ombro dele se agitavam três pardais, e nas mãos trazia um estilingue. Ele já havia limpado o troféu de "caça" no riacho e estava esperando mamãe, logo começaríamos a cozinhar a sopa. Como estava orgulhoso! Eu e mamãe comíamos a sopa e fazíamos vários elogios, mas os pardais estavam tão magros que na panela não brilhava nem uma gordurinha. Só brilhavam os olhos felizes do meu irmão sobre a panela.

Meu irmão era amigo de um menino uzbeque; uma vez ele veio à nossa casa com a avó. Ela ficou olhando para os meninos, acenava com a cabeça e dizia algo a mamãe. Mamãe não entendia, mas passou um chefe de brigada por ali, ele falava russo. Traduziu para nós: "Está conversando com o Deus dela, com Alá. E se queixa com ele, porque a guerra é um assunto de homens, guerreiros. Por que as crianças precisam sofrer? Como ele permitiu que esses dois meninos ficassem levinhos como os pardais que eles derrubam com o estilingue?". A avó derramou sobre a mesa um punhado de damascos secos dourados — duros e doces como açúcar! Era possível chupá-los, morder de pedacinho em pedacinho, e depois partir o caroço e comer o grãozinho crocante.

O neto dela olhava para esses damascos secos, e os olhos dele também estavam com fome. Queimavam! Mamãe ficou desconcertada, a avó acariciou a mão dela, tranquilizou-a, apertou o neto contra si. "Ele sempre tem uma tigelinha de *katek*, porque mora em casa, com a vovó", o chefe de brigada traduziu. *Katek* é leite de cabra azedo. Para mim e para o meu irmão, enquanto estávamos na evacuação, parecia não haver nada mais gostoso no mundo.

Eles saíram, a avó e o neto, e nós ficamos sentados à mesa, os três. Ninguém se decidia a estender a mão primeiro para pegar um damasco dourado…

"EU TINHA VERGONHA PORQUE MINHAS BOTAS ERAM DE MENINA…"

Marlen Robiêitchikov, onze anos. Hoje: diretor do departamento do gorispolk

Vi a guerra a partir de uma árvore…

Os adultos não deixavam, mas mesmo assim subíamos nas árvores e observávamos as batalhas aéreas do alto dos pinheiros. Chorávamos quando nossos aviões queimavam, mas não tínhamos medo, era como se estivéssemos assistindo a um filme. No segundo ou terceiro dia, fizeram uma fila com todo mundo, e o diretor anunciou quem do nosso acampamento de pioneiros seria evacuado. Já sabíamos que Minsk estava em chamas por causa das bombas, e que não nos levariam para casa, mas para algum lugar mais longe.

Quero contar como nos preparamos para a estrada… Nos mandaram pegar as malas e pôr ali só o indispensável: camisetas, camisas, meias, lenços. Fizemos as malas, e em cima de tudo cada um pôs seu lenço de pioneiro. Na nossa imaginação infantil se desenhava assim: os alemães nos encontrariam, abririam as malas e lá estariam os lenços vermelhos. Assim nos vingaríamos de tudo…

Nosso trem ia mais rápido do que a guerra. Ultrapassou a guerra… Nas estações onde parávamos ainda não se sabia nada sobre a guerra, não a tinham visto. E nós, crianças, contávamos aos adultos sobre a guerra: como Minsk estava pegando fogo, como haviam bombardeado nosso acampamento, como nossos aviões queimavam. Mas, quanto mais nos afastávamos de casa, mais esperávamos que nossos pais viessem e nos levassem; nem suspeitávamos que muitos de nós já não tinham pais. Essa ideia ainda não podia nem aparecer. Falávamos da guerra, mas ainda éramos crianças de tempos de paz. Da paz.

Do trem nos transferiram para o navio *Comuna de Paris*, e fomos pelo Volga. Já estávamos havia quinze dias viajando e ainda não tínhamos trocado de roupa. No navio tirei os chinelos pela primeira vez, nos permitiram. Eu usava chinelos impermeáveis com cadarços. Quando tirei, era um cheiro! Lavei, lavei e joguei fora. Cheguei a Khvalinsk descalço.

Éramos tantos que organizaram dois orfanatos bielorrussos: o primeiro, para as crianças em idade escolar, o segundo para as da pré-escola. Por que sei disso? Porque os que precisavam se separar do irmão ou da irmã choravam muito, especialmente os pequenos, que tinham medo de perder os mais velhos. Quando ficamos no acampamento dos pioneiros sem nossos pais era interessante, como se fosse uma brincadeira, mas ali nos assustamos. Éramos crianças de casa, acostumadas com os pais, com carinho. Minha mãe sempre me acordava de manhã e me dava um beijo de boa-noite. Perto de nós havia um orfanato onde moravam os órfãos "de verdade", éramos muito diferentes deles. Eles estavam acostumados a viver sem os pais, nós precisamos nos acostumar a isso.

Guardo na memória o ano de 1943: de dia uma colherinha de leite cozido e um pedacinho de pão, beterraba cozida e, no verão, sopa de casca de melancia. Assistimos ao filme *Março — Abril*, contava a história de como nossos batedores faziam mingau de casca de bétula. Nossas meninas também aprenderam a cozinhar mingau de casca de bétula.

No outono preparávamos a lenha, cada um tinha uma cota:

um metro cúbico. A floresta ficava nas montanhas. Primeiro derrubávamos, desbastávamos, depois serrávamos em pedaços de um metro e arrumávamos em pilhas. A cota era calculada para um adulto, e as meninas também trabalhavam conosco. Nós, os meninos, éramos quem fazia mais. Em casa nunca havíamos usado uma serra porque éramos todos da cidade, e ali era preciso serrar troncos tão grossos. Partir.

Queria comer dia e noite, no trabalho e dormindo, queria comer o tempo todo. Especialmente no inverno. Fugíamos do orfanato para ir à unidade militar, lá várias vezes havia uma concha de sopa para nós. Mas éramos muitos, também não podiam alimentar todos. Se você chegava primeiro recebia algo, se atrasava, ficava sem nada. Eu tinha um amigo, Michka Tcherkassov. Uma vez ele me disse: "Eu andaria duzentos quilômetros se soubesse que no fim me dariam uma tigela de mingau". Lá fora fazia trinta graus negativos, mas ele se agasalhou e correu para a unidade militar. Pediu algo de comer para os soldados, e eles disseram que havia um pouco de sopa: "Vá lá, rapaz, corra para pegar o caldeirãozinho". Ele saiu na rua e viu que as crianças do orfanato vizinho também estavam vindo, se ele corresse para pegar o caldeirãozinho ia ficar sem nada.

Voltou e disse aos soldados: "Despejem aqui!". Em vez do caldeirão, ele tirou o gorro e o ofereceu. Parecia tão decidido que um soldado pegou o gorro dele e pôs a concha inteira. Michka passou feito um herói pela frente das crianças do orfanato que não tinham conseguido nada e chegou correndo ao nosso orfanato. Ele ficou com as orelhas geladas, mas trouxe sopa para nós; já nem era sopa, era um gorro cheio de gelo. Viramos aquele gelo no prato, ninguém esperou derreter, comemos como estava — e as meninas friccionaram as orelhas de Micha. Que felicidade havia no rosto dele por ter trazido comida para todos, ele nem foi o primeiro a comer!

A comida mais gostosa para nós era o bagaço, nós o dividíamos por categorias de gosto, uma delas se chamava *khalvá*. Realizamos uma Operação Bagaço. Algumas pessoas subiam no veículo em movimento e dele iam derrubando camadas de torta de bagaço, outras pegavam. Voltávamos para o orfanato com hematomas, mas de barriga cheia. E, claro, as feiras de verão e de outono! Aí sim era bom. A gente se fartava de experimentar de tudo: uma feirante dava um pedacinho de maçã, outra um pedacinho de tomate. Roubar algo na feira não era vergonhoso, pelo contrário, era heroico! Tanto fazia o que levar — tínhamos algo para comer, o que, não importava.

O filho do diretor da fábrica de óleo estudava na nossa turma. Criança é criança, enquanto assistíamos à aula jogávamos batalha-naval. E ele lá atrás comendo pão com óleo de girassol. O cheiro se espalhava por toda a sala.

Cochichávamos e mostrávamos o punho para ele, deixa só a aula acabar...

Olhamos — a professora não estava lá; olhamos —, ela estava caída no chão. Ela estava passando fome e também havia sentido o cheiro. E desmaiou. Nossas meninas a levaram para casa, ela morava com a mãe. À noite decidimos que a partir daquele dia cada um de nós deixaria um pedacinho pequeno de pão para a professora. Ela mesma nunca pegaria algo nosso, então levávamos escondido para a mãe dela e pedíamos que não contasse que vinha de nós.

Tínhamos nosso jardim e nossa horta. No jardim cresciam macieiras, e na horta, repolho, cenoura, beterraba. Nós os protegíamos, fazíamos plantão entre algumas pessoas. Depois do plantão, todos contávamos de novo: cada repolho, cada cenoura. À noite você pensava: "Tomara que durante a noite cresça mais uma cenoura. Ela não estaria na lista e eu poderia comê-la". Se a cenoura estivesse na lista, Deus me livre se desaparecesse. Uma vergonha!

Ficávamos na horta rodeados de comida, mas resistíamos. Era uma vontade de comer terrível. Uma vez fiz o plantão com um menino mais velho. Na cabeça dele surgiu uma ideia:

— Está vendo, a vaca está pastando...

— E daí?

— Seu bobo! Você não sabe que há um decreto que, se uma vaca particular pasta em uma terra do governo, ou tomam a vaca ou multam os donos?

— Mas ela está pastando no prado.

— O que está fazendo lá, está amarrada?

E então ele expôs o plano: pegamos a vaca, arrastamos para o nosso jardim e amarramos. Depois procuramos a dona. Assim fizemos: arrastamos a vaca para o jardim do nosso orfanato e amarramos. Meu companheiro correu para a aldeia, achou a dona, falou com ela, tal e coisa, sua vaca está num jardim do governo, e a senhora conhece o decreto...

Não acho que... Agora, duvido que a dona tenha acreditado em nós e se assustado, ela teve pena e viu que estávamos passando fome. Combinamos o seguinte: levaríamos a vaca dela para pastar, e, em troca, ela nos daria algumas batatas.

Uma de nossas meninas ficou doente, ela precisava de transfusão de sangue. E em todo o orfanato não havia ninguém de quem pudéssemos tirar sangue. Entende?

Um sonho? Ir para o front. Eu e alguns meninos nos reunimos, os mais desesperados, e decidimos fugir. Para nossa felicidade, veio para o orfanato um regente de orquestra militar, o capitão Gordeiev. Ele selecionou quatro meninos com aptidão para a música, e eu estava entre eles. E assim fui para a guerra.

Todo o orfanato nos acompanhou na despedida. Eu não tinha nada para vestir, e então uma menina me deu sua roupa de marinheiro, e outra tinha dois pares de botas e deu um para mim.

E assim fui para o front. Mais do que tudo, eu tinha vergonha porque minhas botas eram de menina...

“EU GRITAVA E GRITAVA... NÃO CONSEGUIA PARAR...”

Liuda Andrêieva, cinco anos. Hoje: controladora

Da guerra me ficou a impressão de uma fogueira... Ela queimava e queimava. Infinitamente...

As crianças pequenas se reuniam, e você sabe do que falávamos? Que antes da guerra adorávamos pãezinhos e chá doce, e que isso nunca mais ia existir.

Nossas mães choravam sempre, todo dia elas choravam... Por isso tentávamos chorar menos do que na época de paz. Fazer menos birra.

Eu sabia que tinha uma mãe jovem e bonita, outras crianças tinham mães mais velhas, mas aos cinco anos entendi que para nós era ruim que mamãe fosse jovem e bonita. Era perigoso. Aos cinco anos percebi isso... Até entendi que era bom que eu fosse pequena. Como uma criança é capaz de entender isso? Ninguém me explicava nada...

Depois de tantos anos... Tenho medo de lembrar... Até de tocar nesse assunto...

Perto de nossa casa parou um carro alemão, não parou de propósito, quebrou. Os soldados entraram, mandaram eu e a vovó para o outro quarto e obrigaram a mamãe a ajudá-los. Aqueciam a água, cozinhavam o jantar. Eles conversavam tão alto que eu tinha a impressão de que não estavam falando um com o outro e rindo, mas gritando com minha mãe.

Escureceu, já era de tardinha. Caiu a noite. De repente minha mãe entrou correndo no quarto, me agarrou no colo e correu para fora. Não tínhamos jardim, e o pátio estava vazio, corríamos e não sabíamos onde nos esconder. Entramos debaixo do carro. Eles saíram para o pátio e nos procuraram, acenderam as lanterninhas. Mamãe ficou deitada em cima de mim, eu ouvia como os dentes dela batiam, ela ficou fria. Estava toda fria.

De manhã, quando os alemães foram embora e entramos em casa... Minha avó estava deitada na cama... Amarrada com cordas... Nua! Vovó... Minha avó! De horror... De medo, comecei a gritar. Mamãe me empurrou para a rua. Eu gritava e gritava... Não conseguia parar...

Passei muito tempo com medo de carro. Era só escutar o barulho que começava a tremer. A guerra já havia terminado, já íamos para a escola... Via um bonde andando e não conseguia fazer nada, meus dentes batiam. De tanto que tremia. Na sala éramos três que havíamos passado pela ocupação. Um menino tinha medo do barulho de avião. Na primavera fazia calor, a professora abria a janela... Um barulho de avião... Ou um carro passando por perto... Os meus olhos e os desse menino ficavam enormes, as pupilas dilatavam, entrávamos em pânico. E as crianças que haviam voltado da evacuação riam de nós.

Os primeiros fogos de artifício... As pessoas correram para a rua, eu e a mamãe nos escondemos numa vala. Ficamos ali até que viessem os vizinhos: "Saiam: não é guerra, é a festa da Vitória".

Como queria brinquedos de criança! Queria ser criança... Pegávamos um pedacinho de tijolo e imaginávamos que era uma boneca. Ou o menorzinho de nós fingia ser uma boneca. Se hoje eu vejo um vidrinho colorido na areia, quero pegar. Até hoje acho bonito.

Cresci... E alguém disse: "Como você é bonita. Feito sua mãe". Eu não fiquei feliz, me assustei. Nunca gostei que dissessem essas palavras...

"TODAS AS CRIANÇAS DERAM AS MÃOS..."

Andrei Tólstik, sete anos. Hoje: doutor em economia

Eu era um menino pequeno...

Lembro da minha mãe... Ela assava o pão mais gostoso da aldeia, tinha os canteiros mais bonitos na horta. As maiores dálias floresciam no nosso jardinzinho e no pátio. Ela bordou camisas lindas para todos nós — para o meu pai, dois irmãos mais velhos e para mim. Bordava o colarinho. Com ponto de cruz vermelho, azul, verde...

Não lembro quem foi o primeiro a me dizer que haviam fuzilado minha mãe. Acho que foi uma das mulheres da vizinhança. Corri para casa. Me disseram: "Não a fuzilaram na *khata*, e sim perto da aldeia". Meu pai não estava, meu pai estava com os *partisans*; meus irmãos mais velhos não estavam, eles estavam com os *partisans*; meu primo não estava, ele estava com os *partisans*. Fui à casa do vizinho, o vô Karp:

— Mataram a mamãe. Temos que trazê-la.

Atrelamos a vaca (não tínhamos cavalo) e fomos. Perto da floresta o vô Karp me deteve.

— Você pare aqui. Eu sou velho, não é tão terrível se me matarem. Mas você é um menino.

Fiquei esperando. Me passavam várias ideias pela cabeça: o que eu diria para o meu pai? Como ia contar para ele que haviam matado a mamãe? Coisas infantis também — se eu visse mamãe morta, ela nunca mais ficaria viva. Se eu não a visse morta, iria para casa e mamãe estaria lá.

Mamãe levara uma rajada de metralhadora em todo o peito. Havia uma faixa na blusa... E um buraquinho preto na têmpora... Eu queria que amarrassem logo o lenço branco dela, para não ver esse buraquinho preto. Tinha a sensação de que ela ainda sentia dor.

Não subi na carroça, fui andando ao lado...

Na aldeia, todo dia enterravam alguém... Lembro do enterro de quatro *partisans*. Três homens e uma moça. Enterrávamos *partisans* com frequência, mas era a primeira vez que eu via enterrarem uma mulher. Abriram uma sepultura separada para ela... Ela ficou na grama sozinha, sob uma pereira antiga... Umas mulheres idosas se sentavam ao lado dela e faziam carinho nas suas mãos...

— Por que a puseram separada? — eu perguntava.

— Era jovem... — respondiam as mulheres.

Quando fiquei só, sem parentes, sem familiares, me assustei. O que fazer? Me levaram para a aldeia de Zalesie, para a tia Marfa. Ela não tinha filhos, o marido estava lutando no front. Ficávamos escondidos no porão. Ela apertava minha cabeça contra a dela: "Filhinho...".

Tia Marfa teve tifo. Depois dela, eu fiquei doente. A vó Zenka me levou para a casa dela. Os dois filhos dela lutavam no front. Uma noite eu acordei, ela estava cochilando ao meu lado na cama: "Filhinho...". Todo mundo da aldeia ia para a floresta fugindo dos alemães, e a vó Zenka ficava ao meu lado. Não me largou nem uma vez: "Vamos morrer juntos, filhinho".

Depois do tifo, passei muito tempo sem conseguir andar. Se a estrada era plana eu andava, mas, se havia uma inclinação mínima, as pernas fraquejavam. Já estávamos esperando nossos soldados. As mulheres foram para a floresta, colheram morangos. Não havia nenhuma outra guloseima.

Os soldados caminhavam cansados. A vó Zenka enchia capacetes com morangos vermelhos para eles. Todos eles me ofereceram. Eu estava sentado no chão e não conseguia levantar.

Meu pai voltou dos *partisans*. Ele sabia que eu estava doente e trouxe para mim um pedacinho de pão e um pedacinho de toucinho, da grossura de um dedo. O toucinho e o pão tinham cheiro de tabaco. Tudo tinha o cheiro do meu pai.

Ouvimos a palavra "Vitória!" quando estávamos colhendo azedinha no prado. Todas as crianças deram as mãos e correram assim para a aldeia...

"NÃO SABÍAMOS NEM COMO ENTERRAR... E AÍ, NÃO SEI COMO, LEMBRAMOS..."

Mikhail Chinkariov, treze anos. Hoje: ferroviário

Nossos vizinhos tinham uma filha surda...

Todos estavam gritando: "Guerra! Guerra!", e ela correu para minha irmã com a boneca, cantando uma musiquinha. Nem nossas crianças riam. "Que bom", pensei, "ela não ouviu nada sobre a guerra."

Eu e meus amigos embrulhamos nossos broches vermelhos de outubro e nossos lenços vermelhos num oleado e enterramos em arbustos ao lado do riacho. Na areia. Também éramos conspiradores! Todo dia íamos para aquele lugar.

Todos tinham medo dos alemães, até as crianças e os cachorros. Mamãe colocava ovos no banco perto de casa. Do lado de fora. Assim eles não entravam na *khata*. Não perguntavam: "*Jude?*". Eu e minha irmã tínhamos cabelos pretos encaracolados...

Estávamos nadando no riacho... E vimos que algo preto subia do fundo. Justo naquele momento! Desvendamos: era um tronco submerso, mas ela, aquela coisa, foi levada pela corrente até a margem, e avistamos braços, uma cabeça... Vimos que era uma pessoa. Acho que ninguém se assustou. Não gritamos. Lembramos que os adultos diziam que nosso fuzileiro havia morrido naquele lugar e que caíra na água com sua metralhadora Degtiariov.

A guerra começara havia poucos meses... Mas já não tínhamos medo diante da visão da morte. Arrastamos o fuzileiro para a margem e o enterramos. Alguém correu para pegar uma pá, e cavamos uma vala. Enterramos. Ficamos de pé, calados. Uma menina até fez o sinal da cruz, a avó dela havia servido na igreja em outra época e ela sabia as orações.

Fizemos tudo sozinhos. Sozinhos, sem adultos. Antes da guerra não sabíamos nem como enterrar. E aí, não sei como, lembramos…

Passamos dois dias mergulhando à procura da metralhadora…

"RECOLHEU UMA CESTINHA…"

Leonid Sivakov, seis anos. Hoje: serralheiro-instrumentador

O solzinho já havia saído…

Os pastores estavam juntando as vacas. Os soldados do destacamento punitivo deram tempo para tocar o rebanho até depois do riozinho Greza e começaram a andar pelas *khatas*. Entravam nelas com uma lista e fuzilavam de acordo com ela. Liam: mãe, avô, tantos filhos de tal idade… Seguiam a lista, se um não estava lá, iam procurar. Encontravam uma criança embaixo da cama, outra embaixo do fogão…

Quando encontravam todos, atiravam…

Na nossa casa havia seis pessoas: vovó, mamãe, minha irmã mais velha, eu e dois irmãozinhos mais novos. Seis pessoas… Vimos pela janela que eles foram até os vizinhos, eu e meu irmãozinho menor corremos para a entrada, trancamos com um gancho. Sentamos num baú perto da mamãe.

O gancho era fraquinho, o alemão arrancou na hora. Passou pela soleira e atirou uma rajada. Eu não consegui enxergar: era velho ou jovem? Todos nós desmoronamos, eu caí atrás do baú…

A primeira vez que recobrei a consciência foi quando senti que algo pingava em mim… Pingava e pingava, como água. Levantei a cabeça: era o sangue da minha mãe que estava pingando, mamãe estava morta. Me arrastei para debaixo da cama, estava tudo cheio de sangue... Eu estava encharcado de sangue, como se fosse água... Molhado...

Escutei: entraram dois. Conferiram quantos mortos havia. Um disse: "Aqui falta um. Temos que procurar". Começaram a procurar, se inclinaram para ver debaixo da cama, mas minha mãe havia guardado ali um saco de centeio, e eu estava atrás dele. Eles levaram o saco e saíram satisfeitos. Esqueceram que faltava um da lista. Saíram, e eu perdi a consciência...

Voltei a mim pela segunda vez quando nossa *khata* começou a pegar fogo...

Senti um calor insuportável e enjoo. Via que estava ensanguentado mas não entendia que estava ferido, não sentia dor. A *khata* estava toda cheia de fumaça... De alguma maneira me arrastei para fora até chegar à horta, depois fui ao jardim do vizinho. E só ali senti que minha perna estava ferida e meu braço estava quebrado. E me veio a dor! Por algum tempo não lembro de nada novamente...

Recobrei a consciência pela terceira vez quando escutei um terrível grito de mulher... Me arrastei na direção dele...

O grito ficava suspenso no ar. Me arrastei na direção desse grito, como se ele fosse um fiozinho, e cheguei à Oficina do colcoz. Não via ninguém... O grito vinha de algum lugar debaixo da terra... Então adivinhei que alguém estava gritando da vala de inspeção.

Eu não conseguia levantar, me arrastei até a vala e me inclinei para baixo... Estava cheia de gente... Eram todos os refugiados de Smolensk, eles estavam morando na nossa escola. Umas vinte famílias. Estavam todos caídos na vala, e em cima deles uma menina ferida se erguia e caía. E gritava. Olhei para trás: para onde ia me arrastar? A aldeia já estava toda queimando. E ninguém vivo... Só aquela menina. Caí na direção dela... Quanto tempo fiquei deitado, não lembro...

Senti que a menina estava morta. Empurrei, chamei — não respondia. Só eu estava vivo, e eles todos estavam mortos. O sol aquecia, saía fumaça do sangue quente. A cabeça girava…

Fiquei muito tempo deitado, ora consciente, ora não. Nos fuzilaram na sexta, e no sábado a irmã da minha mãe e o meu avô vieram de outra aldeia. Eles me acharam na vala e me puseram num carrinho de mão. O carrinho dava saltos, eu sentia dor, queria gritar, mas não tinha voz. Só conseguia chorar… Passei muito tempo sem falar. Sete anos… Sussurrava um pouco, alguma coisa, mas ninguém conseguia decifrar minhas palavras. Depois de sete anos consegui articular bem uma palavra, depois outra… Escutava a mim mesmo…

Lá onde ficava nossa casa vovô recolheu uma cestinha de ossos. Não deu nem uma cesta inteira…

Aí está, contei… Isso é tudo? Tudo o que sobrou daquele horror? Algumas dezenas de palavras…

"ELES TIRARAM OS GATINHOS DA *KHATA*…"

Tônia Rudakova, cinco anos. Hoje: diretora de jardim de infância

O primeiro ano da guerra… Lembro pouco…

Os alemães vieram de manhã, ainda estava cinza no pátio. Puseram todos em fila no prado, e disseram aos que estavam com o cabelo raspado: "Saiam!". Os de cabelo raspado eram prisioneiros de guerra que as pessoas haviam recebido em casa. Eles os levaram para a floresta e atiraram.

Antes disso, corríamos nos arredores da aldeia. Brincávamos perto da floresta. E então o medo atacou.

Lembro que mamãe assou pão. Ela havia assado uma grande quantidade: havia pão nos bancos, na mesa, no chão, sobre as toalhas de mesa, na entrada. Eu me surpreendi:

— Mamãe, para que vamos ter tanto pão? Atiraram nos tios. Para quem você vai dar de comer?

Ela me enxotou para a rua:

— Vá ficar com as crianças...

Eu tinha medo de que matassem minha mãe, e corria atrás da mamãe o tempo todo.

À noite os *partisans* pegaram o pão. Nunca mais vi tanto pão. Os alemães tinham limpado todas as casas, estávamos passando fome. Eu não entendia... Pedia para minha mãe:

— Acenda o fogão e asse pão. Muito, muito.

É só disso que me lembro do primeiro ano da guerra...

Acho que cresci, porque depois me lembro melhor. Quando queimaram nossa aldeia... No começo nos fuzilaram, depois queimaram. Voltei do outro mundo...

Eles não fuzilavam na rua, entravam nas *khatas*. Ficamos de pé ao lado da janela:

— Lá vão eles fuzilar Aniska...

— Terminaram na casa da Aniska. Estão indo para a tia Anfissa...

Estávamos de pé, esperando: iam vir e nos fuzilar. Ninguém chorava, ninguém gritava. Estávamos parados. Uma vizinha estava na nossa casa com os filhos, ela disse:

— Vamos para a rua. Na rua não fuzilam.

Eles entraram no pátio: o primeiro, um soldado, o segundo, um oficial. O oficial era alto, as botas dele eram altas, o quepe era alto. Lembro bem...

Começaram a nos mandar para casa. A vizinha caiu na grama e beijou as botas do oficial:

— Não vamos entrar. Sabemos que lá vocês vão atirar.

E eles: "*Zurück! Zurück!*", isso significa: para trás. Em casa, mamãe sentou no banco ao lado da mesa. Ficou na minha memória que ela pegou uma canequinha com leite e começou a dar de beber para o nosso pequeno. E o silêncio era tanto que o escutávamos estalando a boca.

Me sentei num cantinho, pus a vassoura na minha frente. Sobre a mesa havia uma toalha longa, o menino da vizinha se escondeu debaixo da mesa. Sob a toalha. Meu irmão entrou debaixo da cama. E a vizinha ficou de joelhos ao lado da soleira e começou a pedir por todos:

— Senhorzinho, temos filhos pequenos. Senhorzinho, temos mais crianças que ervilhas...

Gravei na memória como ela pedia. Passou muito tempo pedindo.

O oficial se aproximou da mesa, levantou a toalha e atirou. De lá saiu um grito, e ele atirou de novo. O menino da vizinha gritava... Ele atirou cinco vezes...

Ficou olhando para mim... Por mais que eu tentasse me esconder atrás da vassoura, não conseguia. Ele tinha olhos castanhos tão bonitos... Ave Maria, lembro... Eu me assustei tanto que de medo perguntei: "Moço, o senhor vai me matar?". Mas ele não me respondeu nada. Justo nessa hora o soldado saiu do outro quarto, e quando saiu... arrancou a grande cortina entre os quartos, e só isso. Chamou o oficial e apontou: sobre a cama havia uns filhotinhos de gato. A gata não estava, só os filhotinhos. Eles os pegaram nos braços, sorriram e começaram a brincar com eles. Brincaram um pouco, e o oficial os entregou ao soldado para que os levasse para a rua. Eles tiraram os gatinhos da *khata*...

Lembro que os cabelos da minha mãe, morta, estavam pegando fogo... E a fralda do pequeno ao lado dela também... Eu e meu irmão mais velho nos arrastamos e passamos por eles, eu me segurava na perna da calça dele: primeiro até o pátio, depois para a horta, e nos escondemos nas batatas até a noite. À noite rastejamos para os arbustos. E ali eu desandei a chorar...

De que forma ficamos vivos? Não lembro... Ficamos vivos

eu, meu irmão e os quatro gatinhos. Nossa avó veio, ela morava depois do rio. Levou nós todos...

"GRAVE: MARIÚPOL, PÁRKOVAIA, 6..."

Sacha Soliánin, catorze anos. Hoje: veterano de guerra do primeiro grupo

Não queria morrer de jeito nenhum... Não queria morrer principalmente ao amanhecer...

Estavam nos levando para o fuzilamento. Levavam rápido. Os alemães estavam com pressa, isso eu entendi da conversa deles. Antes da guerra eu amava as aulas de alemão. Até havia decorado alguns poemas de Heine. Éramos três: dois prisioneiros de guerra, tenentes superiores, e eu. Um pirralho... Havia sido capturado na floresta, quando estava recolhendo armas. Escapei algumas vezes, mas na terceira me pegaram.

Não queria morrer...

Sussurraram para mim:

— Corra! Nós vamos nos jogar contra a escolta, pule nos arbustos.

— Não vou correr.

— Por quê?

— Vou ficar com vocês.

Eu queria morrer com eles. Como um soldado.

— Estamos ordenando: corra! Viva!

Um deles, Danila Grigórievitch Iordanov, era de Mariúpol... o outro, Aleksandr Ivánovitch Ilínski, de Briansk...

— Grave: Mariúpol, Párkovaia, 6... Gravou?

— Briansk, rua... Gravou?

Começaram a atirar...

Saí correndo... Corria... Ficava martelando na cabeça: tal e tal... gravar... tal e tal... gravar. E de medo esqueci.

Esqueci do nome da rua e do número da casa em Briansk.

"EU ESCUTAVA O CORAÇÃO DELE PARAR..."

Lena Arónova, doze anos. Hoje: jurista

De repente nossa cidade virou uma cidade militar. Nossa Gómel tranquila e verde...

Meus pais decidiram me mandar para Moscou, meu irmão estudava lá, na academia militar. Todos consideravam que Moscou nunca na vida seria ocupada, que era uma fortaleza invencível. Eu não queria ir, mas meus pais insistiram porque, quando nos bombardeavam, eu passava dias sem comer nada, tinham que me empurrar comida à força. Havia emagrecido perceptivelmente. Minha mãe decidiu que Moscou era tranquila, que em Moscou estava tudo bem. Lá eu me recuperaria. Ela e o meu pai iriam assim que terminasse a guerra. Muito em breve.

O trem para Moscou não chegou à cidade, nos fizeram descer em Maloiaroslavets. Na estação havia um telefone interurbano, eu corria sem parar, tentava ligar para meu irmão para saber o que devia fazer depois. Consegui ligar, meu irmão disse: "Fiquei aí e espere, vou buscar você". Passei a noite inquieta, havia muita gente, de repente comunicaram: em meia hora sai um trem para Moscou, embarquem. Peguei minhas coisas e corri para o trem, me enfiei numa cama da parte superior e dormi. Quando acordei, o trem estava parado perto de um riozinho pequeno, havia mulheres lavando roupa. "Onde está Moscou?", me surpreendi. Responderam que estávamos sendo levados para o leste...

Saí do vagão e caí no choro de raiva, de desespero. E... oh!

Dina me viu, era minha amiga, havíamos saído de Gómel juntas, nossas mães nos levaram juntas para a estação, mas em Maloiaroslavets nos perdemos. Agora éramos duas novamente. E eu já não tinha tanto medo. Nas estações, traziam comida para nós no trem: sanduíches, galões de leite nas carroças, uma vez trouxeram até sopa.

Na região de Kustanaiskaia, na estação de Djarkuls, nos desembarcaram. Eu e Dina andamos de telega pela primeira vez. Nos tranquilizávamos uma à outra, dizíamos que chegaríamos e escreveríamos para casa imediatamente. Eu dizia: "Se as bombas não tiverem destruído nossas casas, nossos pais vão receber as cartas, mas se tiverem destruído, para onde vamos escrever?". Minha mãe era médica-chefe num hospital infantil, e meu pai era diretor de uma escola de ofícios. Meu pai era um homem pacífico, tinha uma figura toda professoral; quando chegou do trabalho pela primeira vez com uma pistola (davam pistolas para eles) e vestiu o coldre sobre a jaqueta do uniforme, eu me assustei. Acho que ele também tinha medo, à noite a tirava com cuidado e punha sobre a mesa. Morávamos num edifício grande, mas não havia militares nele, antes disso eu nunca tinha visto uma arma. Achava que uma pistola começava a atirar sozinha, que a guerra já estava morando na nossa casa. Quando papai tirasse a pistola, a guerra terminaria.

Eu e Dina éramos meninas urbanas, não sabíamos fazer nada. Chegamos, e no dia seguinte nos mandaram para o trabalho no campo, passamos o dia inteiro curvadas. Minha cabeça girava, e eu caí. Dina chorava ao meu lado, mas não sabia como me ajudar. Tínhamos vergonha: as meninas locais cumpriam as cotas, nós chegávamos à metade do campo e elas já estavam em algum lugar lá longe. O mais terrível foi quando me mandaram ordenhar uma vaca, me deram um tarro, mas eu nunca havia ordenhado, tinha medo de me aproximar dela.

Uma vez alguém veio da estação e trouxe jornais. Neles lemos que Gómel fora tomada; eu e Dina choramos muito. Se Gómel havia sido tomada, isso significava que nossos pais haviam morrido e que nós tínhamos que ir para o orfanato. Eu não queria ouvir falar em orfanato, pensava em procurar meu irmão. Mas os pais de Dina vieram nos buscar, por algum milagre eles nos encontraram. O pai dela trabalhava como médico-chefe na cidade de Saraktach, província de Tchkálovskaia. No território do hospital havia uma pequena *khata*, e nós morávamos ali. Dormíamos em tarimbas de madeira feitas de tábuas, enchíamos os colchões com palha. Minhas tranças longas me incomodavam muito, iam abaixo dos joelhos. Eu não podia cortar a trança sem autorização da minha mãe. Tinha a esperança de que mamãe ainda estivesse viva, de que ela me encontraria. Mamãe amava minhas tranças e brigaria comigo se eu as cortasse.

Uma vez... Ao amanhecer... Essas coisas só acontecem em contos de fadas e na guerra. Uma batida ressoou na janela... Levantei e lá estava minha mãe. E perdi a consciência. Logo minha mãe cortou minha trança e esfregou minha cabeça com querosene para matar os piolhos.

Mamãe já sabia que a escola de papai fora evacuada para Novosibirsk, e fui com ela encontrar meu pai. Lá, comecei a ir à escola. De manhã estudávamos, e depois do almoço íamos ajudar no hospital; muitos feridos passavam pela cidade, eram enviados do front para a retaguarda. Fomos aceitas como auxiliar de enfermagem, me puseram na cirurgia, a ala mais difícil. Nos davam lençóis velhos, nós os rasgávamos em ataduras, enrolávamos, depois botávamos num compartimento isolado e levávamos para a esterilização. Lavávamos ataduras velhas, mas às vezes traziam do front umas ataduras em tal estado que as tirávamos das cestas e enterrávamos no pátio. Tinham sangue, pus...

Cresci numa família de médicos e antes da guerra sonhava

que seria médica, com certeza. Se é na cirurgia, que seja. Outras meninas tinham medo, mas para mim dava no mesmo, só queria ajudar, me sentir necessária. A aula acabava, corríamos rápido para o hospital, para não nos atrasarmos, para chegar na hora. Lembro que desmaiei algumas vezes. Abriam as feridas, estava tudo grudado, os feridos gritavam... Várias vezes comecei a sentir enjoo com o cheiro das ataduras, tinham um cheiro muito forte, não de remédio, mas... de algo... Desconhecido, sufocante... De morte... Eu já sabia qual era o cheiro da morte. Entrávamos na enfermaria — o ferido ainda estava vivo, mas você já sentia aquele cheiro. Muitas meninas saíram, não conseguiram aguentar. Elas costuravam luvas para o front, quem sabia tricotava. Mas eu não podia ir embora do hospital — como iria embora se todos sabiam que minha mãe era médica?

Mas eu chorava muito quando os feridos morriam. Eles morriam e chamavam: "Doutor! Doutor! Mais rápido!". O médico vinha correndo, mas não conseguia salvar, na cirurgia ficavam os feridos em estado grave. Lembro de um tenente... Ele me pediu uma bolsa de água quente. Levei a bolsa, ele me agarrou pela mão... Eu não conseguia tirá-la... Ele a apertava contra si. Se agarrava a mim, se agarrava com todas as forças. Eu escutava o coração dele parar. Bateu, bateu e parou...

Aprendi tanto na guerra... Mais do que em toda a vida...

"FUGI PARA O FRONT ATRÁS DA MINHA IRMÃ, A SARGENTO SUPERIOR VERA REDKINA..."

Nikolai Riédkin, onze anos. Hoje: mecânico

Na casa baixou um silêncio... A família diminuiu...

Meus irmãos mais velhos foram convocados para o Exército

imediatamente. Minha irmã Vera ia sempre ao centro de recrutamento, e em março de 1942 também foi para o front. Ficamos em casa só eu e minha irmã mais nova.

Na evacuação, uns parentes da província de Orlov nos abrigaram. Eu trabalhava no colcoz, já não havia mais homens, todas as tarefas masculinas ficavam nos ombros de rapazes como eu. Adolescentes. Em vez de homens, éramos nós, de dez a catorze anos. Fui arar a terra pela primeira vez. As mulheres estavam de pé ao lado de seus cavalos e os conduziam. Fiquei parado esperando que alguém viesse me ensinar, mas elas já haviam passado por um sulco e viraram no segundo. E eu, sozinho. Fui tentar fazer eu mesmo, numas partes ao lado do sulco, noutras por cima dele, e assim levei adiante. Eu ficava no campo desde a manhã, e à noite ia com os meninos ao turno da noite. Levava os cavalos para pastar. Um dia assim, depois outro... No terceiro dia eu arei, arei e caí.

Em 1944, minha irmã Vera passou um dia em casa, vinda do hospital depois de ser ferida. De manhã a levaram de telega para a estação, e eu corri atrás dela a pé. Na estação, o soldado não me deixava entrar no vagão: "Com quem você está, menino?". Eu não me abalei: "Com a sargento superior Vera Redkina".

E assim me deixaram ir para a guerra...

"PARA O LADO ONDE NASCE O SOL..."

Vália Kojanóvskaia, dez anos. Hoje: operária

Memória infantil... Na memória infantil ficam só o medo ou as coisas boas...

Nossa casa ficava perto do hospital militar. Bombardearam o hospital, e vi feridos caindo das janelas com muletas. Nossa casa pegou fogo... Mamãe saltou em direção ao fogo: "Vou pegar roupas para as meninas".

Nossa casa queimou... Nossa mãe queimou... Corremos atrás dela, as pessoas nos alcançaram e seguraram: "Crianças, vocês já não vão conseguir salvar sua mãe". Para onde todos corriam, nós íamos também. Havia mortos jogados... Os feridos gemiam, pediam ajuda. Mas quem ia ajudar? Eu tinha onze anos, minha irmã, nove. Eu me perdi dela...

Nos encontramos no orfanato de Gorodok Ostrochitski, perto de Minsk. Antes da guerra nosso pai nos levara até lá, para o acampamento de pioneiros. Era um lugar bonito. Os alemães transformaram o acampamento de pioneiros num orfanato. Tudo era familiar e desconhecido. Por alguns dias era só choro, só lágrimas: havíamos ficado sem pais, nossa casa fora consumida pelo fogo. As educadoras eram velhas, a ordem era alemã. Um ano depois... Acho que foi um ano depois... Começaram a nos selecionar para enviar à Alemanha. Não escolhiam por idade, e sim por altura, e eu, infelizmente, era alta como meu pai, e minha irmãzinha era pequena como nossa mãe. Os veículos se aproximaram, alemães com submetralhadora em volta de nós, me fizeram entrar no veículo, minha irmã gritava, afastavam-na, atiravam em direção aos pés dela. Não a deixavam vir até mim. Foi assim que nos separaram...

O vagão. Abarrotado... Um vagão repleto de crianças, não havia ninguém com mais de treze anos. Da primeira vez, paramos em Varsóvia. Ninguém nos deu nada para comer ou beber, só um velho entrou com os bolsos cheios de papéis enrolados, nos quais estava escrito o pai-nosso em russo, e deu um papel desse para cada um.

Depois de Varsóvia ainda viajamos por dois dias. Nos levaram para um posto, pelo visto de enfermagem. Tiraram a roupa de todos, meninos e meninas juntos, eu chorava de vergonha. As meninas queriam ir para um lado, os meninos para outro, nos bateram para ficarmos no mesmo monte, apontaram a mangueira... Água fria... Com algum cheiro incompreensível, nunca mais o senti, não sei qual produto desinfetante havia ali. Não prestavam atenção: tanto fazia se ia no olho, na boca, no ouvido — fizeram a desinfecção. Depois distribuíram calças listradas e casacos como de pijama; nos pés, sandálias de madeira, e no peito prenderam plaquinhas de ferro escrito "*Ost*".*

Nos fizeram sair e formar uma fila. Eu achava que nos levariam para algum lugar, para algum campo, mas sussurraram de trás: "Vão nos vender". Um velho alemão se aproximou, separou mais três meninas junto comigo, entregou o dinheiro e indicou uma telega com palha: "Subam!".

Nos levaram para alguma propriedade... Havia uma casa grande, alta, e em volta dela um velho parque. Nos instalaram num galpão, em uma metade dele viviam doze cachorros, na outra, nós. Nos mandaram na mesma hora trabalhar no campo: recolher pedras para que os arados e as semeadeiras não quebrassem. Era preciso arrumar as pedras uniformemente, no mesmo lugar. E nós com aquelas sandálias de madeira, os pés cobertos de calos. Nos alimentavam com pão ruim e leite desnatado.

Uma menina não aguentou, morreu. Levaram-na a cavalo para a floresta e enterraram direto, sem nada. Trouxeram de volta para a propriedade as sandálias de madeira e o pijama listrado. Lembro que ela se chamava Ólia.

Lá havia um alemão muito, muito velho, ele alimentava o cachorro. Falava russo muito mal, mas falava, tentava nos amparar: "*Kinder, Hitler kaput*. Russos *komm*".** Ia até o galinheiro,

* Do alemão: "Leste".

** Do alemão: "Crianças, Hitler foi morto. Os russos estão a caminho".

roubava ovos com o gorro e escondia na caixa de ferramentas — também fazia trabalhos de carpintaria na propriedade. Pegava o machado nas mãos e fazia como se fosse trabalhar, mas botava a caixa de ferramentas perto de nós, olhava para os lados e acenava para que fôssemos rápido. Bebíamos os ovos e enterrávamos as cascas.

Dois meninos sérvios que também trabalhavam naquela propriedade nos chamaram. Eram escravos, como nós. Contaram o segredo deles... Confessaram que tinham um plano: "Precisamos fugir, senão vamos todos morrer, como Ólia. Vão nos enterrar na floresta e trazer de volta nossas sandálias de madeira e os pijamas". Estávamos com medo, mas eles nos convenceram. Foi assim... Atrás da propriedade, havia um pântano; de manhã, sem ninguém perceber, demos um jeito de ir para lá e depois saímos correndo. Corremos para o lado onde o sol nascia, para o leste.

À noite todos caímos numas moitas e dormimos, cansados. De manhã, abrimos os olhos: silêncio, só os sapos coaxavam. Nos levantamos, nos lavamos com o orvalho e avançamos. Andamos bem pouco e vimos adiante uma rodovia, precisávamos atravessá-la, em frente havia uma floresta densa e bonita. Era nossa salvação. Um menino foi se arrastando, examinou a rodovia e chamou: "Correndo!". Fomos para a estrada, e um veículo alemão com armas automáticas saiu da floresta. Eles nos cercaram e começaram a bater nos meninos, pisotear.

Jogaram os dois no carro, mortos, e nos sentaram, a menina e eu, ao lado deles. Disseram que eles tiveram uma boa lição, mas a de vocês vai ser ainda melhor, porcas russas. Reconheceram que éramos do leste pelas plaquinhas. Estávamos com tanto medo que nem chorávamos.

Nos levaram para o campo de concentração. Lá, vimos crianças sentadas sobre a palha, e piolhos rastejavam sobre elas.

Traziam a palha dos campos que começavam logo depois do arame farpado eletrificado.

Toda manhã a tranca de ferro batia, entravam um oficial e uma mulher bonita rindo, ela nos dizia em russo:

— Quem quiser mingau forme rapidamente duas filas. Vamos levar vocês para comer...

As crianças tropeçavam, se empurravam, todas queriam mingau.

— Só vinte e cinco — a mulher contava. — Não briguem, o resto espera até amanhã.

No começo eu acreditava e corria com os pequenos, empurrava, depois comecei a ter medo: "Por que os que são levados para comer mingau não voltam?". Me sentava bem em frente à porta de ferro na entrada e, quando já éramos poucos, a mulher mesmo assim não me notava. Ela sempre contava de costas para mim. Por quanto tempo isso durou, não sei dizer. Acho que... na época eu perdi a memória...

Não vi nenhum passarinho no campo de concentração, nem besouro. Sonhava com encontrar ao menos uma minhoca. Mas eles não viviam ali...

Uma vez escutamos: um barulho, grito, tiroteio. A tranca de ferro bateu; os nossos soldados entraram de supetão no barracão com um grito: "Crianças!". Nos puseram nos ombros, pegaram no colo, cada um pegava vários porque já não pesávamos nada. Beijavam, abraçavam e choravam. Nos levaram para fora...

Vimos a chaminé preta do crematório...

Passaram várias semanas cuidando da gente, dando comida. Me perguntavam: "Quantos anos você tem?". Eu respondia: "Treze...". "Achávamos que tinha oito." Quando nos fortalecemos, nos levaram para o lado onde nasce o sol.

Para casa...

"A CAMISA BRANCA BRILHAVA NO ESCURO..."

Efrim Fridliand, nove anos. Hoje: vice-diretor de um conglomerado de produtos de sílica

A infância acabou... Com os primeiros tiros. Uma criança vivia dentro de mim, mas já ao lado de alguma outra pessoa...

Antes da guerra eu tinha medo de ficar sozinho no apartamento, e nessa hora o medo passou. Nem nos duendes da mamãe que ficavam atrás do fogão eu acreditava mais, nem ela lembrava deles. Saímos de Khótimsk numa carroça, mamãe comprou uma cesta de maçãs, pôs junto de mim e de minha irmã, e comíamos. Começou um bombardeio, minha irmã estava com duas belas maçãs nas mãos, começamos a brigar por elas, ela não me entregava. Mamãe dava bronca: "Escondam-se!", e nós dividindo as maçãs. Ficamos brigando até eu pedir para minha irmã: "Me dê ao menos uma maçã, senão vão matar a gente, e eu não vou provar". Ela me deu uma, a mais bonita. E aí terminou o bombardeio. Eu não comi a maçã da sorte.

Estávamos viajando na carroça, e na nossa frente ia um rebanho. Sabíamos pelo meu pai (antes da guerra ele era diretor do Zagotskot* de Khótimsk) que não eram vacas comuns, mas um rebanho de raça, que se comprava por muito dinheiro no exterior. Lembro que meu pai não conseguia explicar quanto era muito dinheiro, até usar o exemplo de que cada vaca custava o mesmo que um trator. Que um tanque. Se era o mesmo que um tanque, era muito. Cuidávamos de cada vaca.

Como cresci numa família de zootécnico, eu amava animais. Quando ficamos sem telega depois de um bombardeio, eu ia andando na frente do rebanho, amarrado ao touro Vaska. Ele tinha

* Departamento encarregado da preparação do rebanho.

uma argola no nariz, amarrávamos uma corda à argola, e eu amarrava a corda a mim. As vacas por muito tempo não se acostumaram ao bombardeio, elas eram pesadas, não se adaptavam a grandes travessias, os cascos rachavam, elas ficavam terrivelmente cansadas. Depois dos tiroteios era difícil juntá-las. Mas, se o boi ia para a estrada, todas iam atrás dele. E o touro só obedecia a mim.

À noite, minha mãe lavava minha camisa branca em algum lugar... Ao amanhecer: "De pé!", gritava o tenente superior Turtchin, que comandava a caravana. Eu vestia a camisa, pegava o touro e íamos. Disso eu me lembro, estava sempre de camisa branca. Ela brilhava no escuro, todos me viam de longe. Eu dormia junto do boi, sob as patas dianteiras dele: assim era mais quentinho. Vaska nunca era o primeiro a se levantar, esperava até que eu me levantasse. Sentia que havia uma criança perto dele e que podia machucar. Eu me deitava com ele e nunca me preocupava.

Fomos a pé até Tula. Mais de mil quilômetros. Andamos por três meses, íamos até descalços, estávamos completamente esfarrapados. Sobraram poucos pastores. As tetas das vacas ficavam inchadas, não tínhamos tempo de ordenhá-las. A teta doía, a vaca parava ao seu lado e ficava olhando. Minhas mãos tinham câimbras, por dia ordenhávamos quinze, vinte vacas cada um. Vejo como se fosse agora: uma vaca estava deitada na estrada, com a perna traseira quebrada, e das tetas azuis pingava leite. Ela estava olhando para as pessoas. Esperando. Os soldados pararam e pegaram a espingarda: iam matar a tiros para que ela não sofresse. Pedi para eles: "Esperem...".

Me aproximei e ordenhei o leite na terra. A vaca lambia meu ombro, agradecida. "Certo", me levantei, "agora atirem." Fui embora correndo para não ver...

Em Tula ficamos sabendo que todo o rebanho de raça que havíamos conduzido ia para o matadouro, já não havia onde botá-lo. Os alemães estavam se aproximando da cidade. Vesti a camisa branca e fui me despedir de Vaska. O touro respirava pesadamente no meu rosto...

... Em maio de 1945... Estávamos voltando para casa de trem. Chegávamos perto de Orcha, e naquele momento eu estava perto da janela. Minha mãe se aproximou. Abri a janela. Mamãe disse: "Está sentindo o cheiro dos nossos pântanos?". Eu raramente chorava, mas ali desatei a chorar. Na evacuação eu até sonhava que ceifavam o feno no pântano, que o juntavam em pequenas medas e que depois de secar um pouco, mais enxuto, ele soltava um cheiro. Em nenhum outro lugar senti o querido cheiro do feno do pântano. Acho que só na nossa terra, na Bielorrússia, o cheiro do feno do pântano é tão intenso, ele me perseguia por toda parte. Até em sonho eu o sentia.

No Dia da Vitória, o vizinho, o tio Kólia, saiu correndo na rua e começou a atirar para cima. Os meninos o rodearam:

— Tio Kólia, deixa eu!

— Tio Kólia, deixa eu...

Ele deixava todos. Até eu atirei pela primeira vez...

"NO CHÃO LIMPO, QUE EU TINHA ACABADO DE LAVAR..."

Macha Ivánova, oito anos. Hoje: professora escolar

Nossa família era muito unida. Todos se amavam...

Meu pai havia lutado na guerra civil. Desde então, usava muletas. Mas ele era o líder do colcoz, com uma administração de vanguarda. Quando aprendi a ler, ele me mostrava recortes do jornal *Pravda* em que haviam escrito algo sobre nosso colcoz. Como o melhor presidente, antes da guerra mandaram meu pai para um congresso de chefes de colcoz *udárniki*,* e para a exposição de administração agrícola de Moscou. Ele me trouxe de lá lindos livros infantis e uma caixinha de ferro com bombons.

Eu e minha mãe amávamos o papai. Eu o adorava, e ele nos adorava. Eu e mamãe. Será que estou enfeitando minha infância? Mas tudo de antes da guerra que me vem à memória é alegre e radiante. Porque... Era a infância. A verdadeira infância...

As músicas ficaram na minha memória. As mulheres voltavam do campo cantando. O sol começava a se pôr no horizonte, e de trás das montanhas já começava a chegar:

Já está na hora de ir para casa. Está na hora.
O sol está se pondo...

Eu corria ao encontro da música — lá estava minha mãe, eu escutava a voz dela. Mamãe me pegava nos braços, eu a abraçava forte pelo pescoço, descia e corria na frente, mas a música chegava até mim, ela preenchia todo o mundo ao redor: e era tão alegre, tão bom!

Depois de uma infância tão feliz... De repente... Logo veio a guerra!

Nos primeiros dias meu pai foi embora... Deixaram-no trabalhando na clandestinidade. Não ficava em casa porque todos o conheciam em nossa terra. Ele só vinha nos encontrar à noite.

Uma vez o escutei falando com mamãe:

— Explodimos um veículo alemão na estrada ao lado...

Eu comecei a tossir no fogão, meus pais se assustaram.

— Ninguém pode saber disso, filhinha — eles me avisaram.

Comecei a ter medo da noite. Papai viria nos ver, os fascistas iam ficar sabendo e levariam nosso papai, que eu tanto amava.

* O termo masculino de *udárenitsa*, usado para os trabalhadores-modelo, que possuíam alta produtividade.

Passava o tempo todo esperando por ele. Entrava no canto mais longe do nosso grande forno à lenha, abraçava a minha avó, mas tinha medo de adormecer, se caísse no sono ficava acordando. A nevasca uivava na chaminé, o abafador tremia e tilintava. Eu tinha um pensamento: não queria dormir e perder o meu pai.

De repente comecei a achar que não era a tempestade que estava uivando, mas minha mãe que chorava. Eu estava com febre. Tifo.

Meu pai chegou tarde da noite. Eu fui a primeira a ouvi-lo e chamei a vovó. Ele estava frio, e eu ardia de febre, ele sentou ao meu lado e não conseguia ir embora. Estava cansado, envelhecido, mas tão próximo, tão querido. Bateram à porta inesperadamente. Bateram forte. Meu pai não conseguiu nem vestir o casaco, e os alemães irromperam em casa. Ele foi posto para fora aos empurrões, fui atrás, ele estendeu as mãos para mim, mas bateram na mão dele com a automática. Batiam na cabeça dele. Corri descalça atrás dele pela neve até o riacho e gritava: "Papaizinho! Papaizinho...". Em casa, a vovó pranteava: "E onde é que está Deus? Onde ele está se escondendo?".

Mataram o meu pai...

A vovó não conseguiu sobreviver a um desgosto desses. Chorava cada vez mais baixo, e depois de duas semanas morreu à noite no fogão; eu estava dormindo ao lado dela e abraçada a seu corpo morto. Não havia mais ninguém em casa, mamãe e meu irmão estavam escondidos na casa dos vizinhos.

Depois da morte do meu pai, minha mãe também mudou completamente. Não saía de casa para lugar nenhum. Só falava do papai, cansava facilmente, e antes da guerra ela era *stakhanovista*,* sempre a primeira em tudo. Ela não me notava, eu tentava chamar a atenção dela o tempo todo. Alegrá-la com algo. Mas ela só revivia quando nos lembrávamos do papai.

* Título dado a trabalhadores com alta produtividade.

Lembro que umas mulheres chegaram correndo felizes:

— Mandaram um rapazinho da aldeia vizinha a cavalo: a guerra acabou. Logo nossos homens vão começar a voltar.

Mamãe caiu no chão limpo, que eu tinha acabado de lavar…

"DEUS ESTAVA VENDO AQUILO? E O QUE ELE ACHAVA…?"

Iúra Karpóvitch, oito anos. Hoje: motorista

Vi o que não deve ser visto… O que o ser humano não deve ver. E eu era pequeno…

Vi um soldado correr e parecer tropeçar. Cai. Arranha a terra por muito tempo, a abraça…

Vi fazerem nossos prisioneiros de guerra cruzar a aldeia. Em longas fileiras. Com capotes rasgados e queimados. Nos lugares onde eles ficavam à noite, a casca das árvores aparecia roída. Em vez de comida, jogavam um cavalo doente para eles. Eles o dilaceravam.

Vi um trem alemão que descarrilou à noite e pegou fogo, e de manhã puseram todos os que trabalhavam na ferrovia sobre os trilhos e passaram uma locomotiva por cima deles.

Vi atrelarem pessoas a uma charrete. Elas tinham estrelas amarelas nas costas. Eram açoitadas com chicotes. Os alemães passeavam alegremente.

Vi como tiravam crianças dos braços da mãe a golpes de baioneta. E jogavam no fogo. No poço… Mas não chegou a minha vez e a de minha mãe.

Vi chorar o cachorro do vizinho. Estava sentado sobre as cinzas da *khata* vizinha. Sozinho. Ele tinha os olhos de um homem velho…

E eu era pequeno…

Cresci com isso… Cresci sombrio e desconfiado, tenho uma personalidade pesada. Quando alguém chora, não fico com pena, ao contrário, acho mais fácil, porque eu mesmo não sei chorar. Me casei duas vezes, e nas duas a minha esposa foi embora, ninguém aguentou muito tempo. É difícil me amar. Eu sei… Eu mesmo sei…

Muitos anos se passaram… Agora quero perguntar: Deus estava vendo aquilo? E o que ele achava…?

"O MUNDO É MARAVILHOSO…"

Liudmila Nikanórova, doze anos. Hoje: engenheira

Quero lembrar… Antes da guerra, falávamos de guerra?

No rádio tocavam músicas: "Se a guerra fosse amanhã" e "A blindagem é forte, e nossos tanques são velozes". As crianças podiam dormir tranquilamente…

Nossa família morava em Vorônej. A cidade da minha infância… Na escola havia muitos professores da antiga intelligentsia. Uma cultura musical elevada. O coro infantil da nossa escola, no qual eu cantava, era muito popular na cidade. Acho que todos amavam o teatro.

Nosso prédio era habitado por famílias de militares. Era um prédio de quatro andares atravessado por corredores; no pátio, durante o verão, florescia uma acácia perfumada. Brincávamos muito no jardinzinho público na frente da casa, lá havia lugar para se esconder. Tive muita sorte com meus pais. Papai era militar de carreira. Passei toda a infância com um uniforme militar diante dos olhos. Mamãe tinha uma índole suave, mãos de ouro. Eu era filha única. Como é hábito nesses casos, sou insistente, mimada e tímida ao mesmo tempo. Estudava música e coreografia na Casa do Exército Vermelho. Aos domingos, o único dia em que não estava ocupado, papai adorava passear conosco pela cidade. Eu e mamãe precisávamos andar à esquerda, porque papai toda hora cumprimentava os militares que encontrava. Fazia continência.

Ele também gostava de ler poesias comigo, especialmente Púchkin:

Aprenda, meu filho: menos ciência
*Nossa experiência é a vida que passa rápido...**

Naquele dia de junho... Usando um belo lenço, fui ao jardim da Casa do Exército Vermelho com uma amiga ver um espetáculo marcado para o meio-dia. Vimos que todos estavam escutando um alto-falante fixado num poste. Os rostos desnorteados.

— Está ouvindo? Estamos em guerra! — disse minha amiga.

Corri para casa. Dei um puxão na porta. O apartamento estava quieto, mamãe tinha saído, papai fazia a barba compenetrado, uma bochecha com espuma de barbear.

— Papai, estamos em guerra!

Papai se voltou para mim e continuou se barbeando. Vi nos olhos dele uma expressão que eu não conhecia. Lembro que a caixa de som na parede estava desligada. Foi tudo o que ele conseguiu fazer para adiar para mim e para mamãe o momento de receber aquela notícia terrível.

A vida mudou imediatamente... Não me lembro em absoluto de papai em casa naqueles dias. O cotidiano passou a ser outro. Faziam reuniões gerais dos moradores: como apagar um incêndio se a casa pegasse fogo, como cobrir as janelas à noite: a cidade

* Trecho da peça *Boris Godunov*, de Aleksandr Púchkin.

devia estar sem luz. Os produtos sumiram dos balcões, apareceram os cartões de racionamento.

E então veio a última noite. Ela foi completamente diferente do que vejo nos filmes agora: lágrimas, abraços, subir de um salto no trem já andando. Não tivemos isso. Tudo aconteceu como se papai estivesse se aprontando para um exercício de manobras. Mamãe arrumou as coisas dele, o colarinho já estava pregado, os galões de campanha, os botões testados, as meias, os lenços. Papai enrolou o capote, acho que o ajudei.

Saímos os três no corredor. Estava tarde, naquela hora todas as portas do edifício estavam fechadas, menos a porta principal; para sair no pátio tivemos que, do primeiro andar, subir para o segundo, passar por um longo corredor e descer de novo. Na rua estava escuro, e meu pai, sempre atencioso, disse:

— Não precisam me acompanhar daqui pra frente.

Nos abraçou:

— Vai ficar tudo bem. Não se preocupem, meninas.

E foi embora.

Ele mandou várias cartas do front: "Logo vamos vencer, e então começaremos uma vida diferente. Como nossa Liudmílotchka está se comportando?". Não consigo lembrar como eu me ocupava antes do dia 1º. de setembro. Com certeza dava desgosto à minha mãe porque passava muito tempo na casa das amigas sem pedir. O alarme aéreo tornou-se comum, podia-se dizer. Nos acostumamos a ele rapidamente: não descíamos para o abrigo antibombas, ficávamos em casa. Mais de uma vez fui surpreendida por um bombardeio na rua, no centro. Corria para uma loja ou para uma portaria, e pronto.

Circulavam muitos boatos. Mas eu não os guardei na memória. Na minha cabeça de criança... Mamãe fazia plantão no hospital. Todo dia chegavam trens com feridos.

O que é surpreendente é que as mercadorias apareceram nos

balcões de novo, as pessoas estavam comprando. Eu e mamãe passamos alguns dias decidindo: vamos comprar um piano novo? Decidimos não comprar naquele momento e esperar o papai. Afinal, era uma compra grande.

Para a razão é inconcebível, mas começamos a estudar, como de hábito, no dia 1º de setembro. Passamos agosto inteiro sem receber uma palavra do meu pai. Acreditávamos e esperávamos, apesar de já conhecer palavras como "cerco" e "*partisans*". No fim do mês anunciaram: deveríamos estar prontos para ser evacuados a qualquer momento. Acho que soubemos da data exata um dia antes. As mães sofriam. Mesmo assim estávamos convencidos de que íamos embora por uns dois meses, ficaríamos um tempo em algum lugar em Sarátov e depois voltaríamos. Uma trouxa de roupa de cama, uma trouxa de louça e uma mala com roupa. Estávamos prontas.

Do caminho, gravei esta imagem: nosso trem começava a se afastar sem apitar; pegávamos as panelas das fogueiras, não havia tempo de apagá-las: viajávamos, e ao longo do aterro havia uma série de foguinhos. O trem chegou a Almati, depois voltou para Tchimkent. E fez isso várias vezes: para lá e para cá. Por fim, entramos no *aul*, em boi vagarosos atrelados às *mojari* (carroças). Vi uma *kibitka** pela primeira vez... Como nas histórias orientais... Era tudo colorido, incomum. Eu achava interessante.

Mas, quando notei o primeiro cabelo branco da mamãe, fiquei muda. Comecei a amadurecer rápido. As mãos da mamãe! Não sei o que elas não sabiam fazer. Como mamãe teve a ideia de pegar a máquina de costura no último momento (sem caixa, num travesseiro) e jogar no carro que ia para o trem? A máquina de costura foi nosso ganha-pão. À noite mamãe dava um jeito de costurar. Minha mãe dormia?

* Carroça coberta.

No horizonte viam-se os contrafortes nevados do Tian Shan; na primavera, a estepe ficava vermelha por causa das tulipas, e no outono, coberta de melões e cachos de uvas. Mas como comprá-los? E a guerra!? Estávamos procurando nosso pai! Em três anos, escrevemos três dezenas de requisições: Estado-Maior do Exército, correio de campanha número 116, *narkomat* de defesa,* GUK — Administração Central do Efetivo do Exército Vermelho no Buguruslão. De todos os lados vinha a resposta: "Não consta das listas de mortos e feridos...". Se não consta, vamos aguardar e aguardar, temos esperanças.

O rádio passou a dar notícias alegres. Nossos exércitos estavam liberando uma cidade atrás da outra. Eis que Orcha foi libertada. Era a cidade natal da minha mãe. Lá viviam minha avó e a irmã da minha mãe. Libertaram Vorônej. Mas Vorônej sem o papai era estranha para nós. Trocamos cartas e fomos encontrar a vovó. Fomos todas numa plataforma fechada — era preciso saber entrar no vagão. Cinco dias na plataforma.

Meu lugar preferido na casa da vovó era atrás do fogão russo. Ficávamos de sobretudo na escola, muitas meninas costuravam um sobretudo com o capote, e os meninos simplesmente usavam o capote. De manhã cedo, ouvi no alto-falante: vitória! Tinha quinze anos... Vesti um presente que meu pai havia me dado antes da guerra: uma blusa de lã (penteada), sapatos de salto, novinhos, e fui à escola. Havíamos guardado aquelas coisas, elas tinham sido compradas num número maior, e eu já tinha crescido.

À noite nos sentávamos à mesa; sobre ela ficavam uma foto do papai e um livrinho gasto do Púchkin... Tinha sido o presente dele para sua noiva: minha mãe. Lembro que eu e meu pai líamos os poemas juntos e que ele, quando gostava especialmente

* Comissariado Popular da Justiça.

de algo, dizia: "O mundo é maravilhoso...". Ele sempre repetia essas palavras nos momentos bons.

Papai era tão amado, não consigo imaginá-lo sem vida...

"TRAZIAM DOCES COMPRIDOS E FINOS... COMO LÁPIS..."

Leonida Biêlaia, três anos. Hoje: passadeira

Uma criança de três anos consegue guardar algo? Vou responder...

Guardei três ou quatro cenas com absoluta nitidez.

... Atrás da *khata*, no campo, uns moços estavam fazendo ginástica, tomando banho no riacho. Jogavam água, gritavam, riam, perseguiam uns aos outros, como nossos meninos da aldeia. Só que mamãe não me deixava ir com eles, dessa vez ela gritava assustada e não me deixava sair da *khata*. À minha pergunta: "Quem são esses moços?", ela respondia com medo: "Alemães". Outras crianças corriam para o rio e traziam doces compridos e finos... Me davam...

De dia esses moços marchavam por nossa rua. Matavam a tiros todos os cachorros que latiam para eles.

Depois disso mamãe me proibiu de ir para a rua de dia. Eu e o gato passávamos dias em casa.

... Estávamos correndo para algum lugar... O orvalho era frio. A saia da vovó estava molhada até o cinto, meu vestido e minha cabeça também estavam molhados. Nos escondemos na floresta, eu me sequei com a jaqueta da minha avó, o vestido estava secando.

Algum vizinho subiu numa árvore. Escutei: "Queimando... Queimando... Queimando...". Só uma palavra...

... Voltamos para a aldeia. Em vez de *khatas*, tições pretos. No lugar onde viviam nossos vizinhos encontramos um pequeno pente. Reconheço esse pente, a filha dos vizinhos — ela se chamava Aniutka — me penteava com ele. Mamãe não conseguia me responder onde estavam ela e a mãe. Por que não voltam? Minha mãe pôs as mãos no coração. Lembro que Aniutka me trazia os doces compridos e finos dos moços que nadavam alegremente no riozinho. Finos como lápis... Muito gostosos, não conhecíamos aqueles doces... Ela era bonita, sempre davam muitos doces para ela. Mais do que para os outros.

À noite enfiávamos os pés nas cinzas para nos aquecermos e dormir. As cinzas eram quentinhas, suaves...

"O BAUZINHO TINHA O TAMANHO DELE..."

Dúnia Gólubeva, onze anos. Hoje: ordenhadora

A guerra... E era preciso lavrar a terra...

Minha mãe, minha irmã e meu irmão foram para o campo. Semear linho. Eles foram e, uma hora depois, não mais que isso, vieram umas mulheres correndo:

— Dúnia, mataram os seus parentes. Estão no campo...

Mamãe estava deitada sobre um saco, e dele caíam grãos. Havia muitos, muitos buracos de bala...

Fiquei sozinha com meu sobrinho pequeno. Minha irmã tivera um filho havia pouco tempo, e o marido dela estava com os *partisans*. E eu com aquele menino...

Eu não sabia ordenhar a vaca. Ela gritava no estábulo, sentia que a dona não estava lá. O cachorro uivava a noite inteira. E a vaca...

O pequeno me procurava... Pedia peito... Leite... Lembrei de como a minha irmã dava de mamar... Dei o mamilo para ele, ficou chupando e dormiu. Eu não tinha leite, mas ele cansava, se extenuava e dormia. Onde ele ficou resfriado? Como ficou doente? Eu era pequena, não sabia de nada. Tossia e tossia. Não havia nada para comer. Os *politsai* já tinham levado a vaca.

E o menino morreu. Gemeu, gemeu e morreu. Escutei: baixou um silêncio. Levantei os paninhos, ele estava preto, só o rostinho estava branco, limpo. O rostinho branco, e ele todo preto.

Era de noite. As janelas estavam escuras. Para onde eu ia? Ia esperar a manhã, de manhã eu chamaria umas pessoas. Fiquei sentada chorando porque não tinha ninguém na *khata*, nem aquele menininho pequeno. Começou a amanhecer, eu o pus num bauzinho... Guardamos o bauzinho do vovô, onde ele botava os instrumentos, um bauzinho pequeno como uma encomenda. Eu tinha medo de que viessem gatos ou ratos e o roessem. Ele estava tão pequeno, até menor do que quando estava vivo. Eu o enrolei numa toalha limpa. De linho. E o beijei.

O bauzinho tinha o tamanho dele...

"TINHA MEDO DE SONHAR ESSE SONHO..."

Lena Starovóitova, cinco anos. Hoje: rebocadora

Me ficou um sonho... Um sonho...

Minha mãe vestiu o sobretudo verde, botas, enrolou minha irmãzinha de seis meses num cobertor quentinho. E foi embora. Fiquei sentada perto da janela esperando ela voltar. De repente, vi que estavam levando várias pessoas pela estrada, e entre elas minha mãe e minha irmãzinha. Perto de nossa casa, mamãe virou a cabeça e olhou pela janela. Não sei se ela me viu ou não. O fascista bateu nela com a coronha. Bateu de tal forma que ela se curvou...

À noite, veio minha tia, irmã da minha mãe... Ela chorava

muito, arrancava os cabelos e me chamava: orfãzinha, orfãzinha. Foi a primeira vez que escutei essa palavra...

À noite, sonhei que mamãe acendia o fogão, o fogo ardia vivamente, e minha irmãzinha chorava. Mamãe me chamava... Mas eu estava em algum lugar longe e não escutava. Acordei com medo: mamãe estava me chamando, e eu não respondia. Mamãe chorava no sonho... Eu não conseguia me perdoar por ela estar chorando. Passei muito tempo tendo esse sonho... Sempre o mesmo. Eu queria e... tinha medo de sonhá-lo...

Não tenho nem foto da minha mãe. Só esse sonho... Não posso ver minha mãe em nenhum outro lugar...

"EU QUERIA SER A ÚNICA FILHA DA MAMÃE... E QUE ELA ME MIMASSE..."

Maria Puzan, sete anos. Hoje: operária

Desculpe, quando lembro disso... Não consigo... Eu... eu não consigo olhar nos olhos de outra pessoa...

Enxotaram as vacas que estavam no galpão e empurraram as pessoas para lá. Nossa mãe também. Eu e meu irmão ficamos nos arbustos; ele tinha dois aninhos, não chorou. Nosso cachorro também estava lá.

De manhã fomos à nossa casa, a casa estava de pé mas mamãe não estava lá. Não havia ninguém. Ficamos só nós. Fui pegar água, precisava acender o fogão, meu irmãozinho estava pedindo para comer. Nossos vizinhos estavam enforcados no poço. Virei para o outro extremo da aldeia, lá havia outro poço, era a melhor água. A mais gostosa. Lá também havia gente enforcada. Voltei com os baldes vazios. Meu irmãozinho estava chorando porque estava com fome: "Me dá pão. Me dá uma casquinha". Uma vez o mordi para ele parar de chorar.

Vivemos assim por alguns dias. Sozinhos na aldeia. Os cadáveres estavam jogados no chão ou enforcados. Não tínhamos medo dos mortos, eram todos gente conhecida. Depois encontramos uma mulher desconhecida, começamos a chorar: "Vamos morar com vocês. Estamos com medo de ficar sozinhos". Ela nos acomodou no trenó e levou para sua aldeia. Ela tinha dois meninos e nós dois. Vivemos assim até que chegassem nossos soldados.

... No orfanato me deram um vestido laranja com bolsinhos. Eu gostava tanto dele que pedia a todos: "Se eu morrer, me enterrem com esse vestido". Mamãe tinha morrido, papai tinha morrido, logo eu morreria. Esperei por muito, muito tempo o momento em que eu morreria. Sempre chorava quando escutava a palavra "mamãe". Uma vez me deram bronca por alguma coisa e me puseram de castigo, e eu fugi do orfanato. Fugi várias vezes para procurar minha mãe.

Não me lembrava do dia do meu aniversário... Disseram: escolha o seu dia preferido, o que você quiser. Um que te agrade. Eu adorava os feriados de maio. "Mas", pensei, "ninguém vai acreditar se eu disser que nasci em Primeiro de Maio, no dia 2 também não vão acreditar, mas se eu disser 3 de maio, vai parecer verdade." Comemorávamos os aniversários por trimestre, faziam uma mesa festiva para nós com bombons e chá, davam presentes: para as meninas, alguma fazenda para um vestido, para os meninos, camisas. Uma vez um senhor desconhecido chegou ao orfanato e trouxe muitos ovos cozidos, distribuiu para todos e ficou muito feliz por nos fazer um agrado. Bem no dia do meu aniversário...

Eu já era grande, mas sentia saudade de ter brinquedos. Quando me deitava e todos já estavam dormindo, eu tirava peninhas do travesseiro e olhava para elas. Era minha brincadeira preferida. Se estava doente, dormia e sonhava com minha mãe. Queria ser a única filha da mamãe... e que ela me mimasse.

Passei muito tempo sem crescer... Todos nós no orfanato

crescíamos mal. Acho que era de tristeza, provavelmente. Não crescíamos porque ouvíamos poucas palavras carinhosas. Sem mãe não crescíamos.

“ELAS NÃO AFUNDAVAM, COMO BOLINHAS...”

Vália Iurkiévitch, sete anos. Hoje: aposentada

Mamãe estava esperando um menino... Papai também queria um menino. Mas eu nasci menina...

Mas todos queriam tanto um menino... Cresci mais menino do que menina. Meus pais me vestiam com roupas de menino e cortavam meu cabelo como o de um garoto. Eu gostava das brincadeiras de menino: cossacos e bandidos, guerra, faquinhas. Gostava especialmente de brincar de guerra. Eu me considerava corajosa.

Perto de Smolensk bombardearam por inteiro nosso vagão de evacuados. Não sei como saímos são e salvos, nos puxaram dos escombros. Chegamos a uma aldeia, e lá começou uma batalha. Estávamos no porão de alguém, a casa desabou, ficamos soterrados. Quando a batalha se acalmou, nos arrastamos de algum jeito para fora do porão, e a primeira coisa de que me lembro são os carros. Passavam carros de passeio, e neles estavam pessoas sorridentes usando capas pretas brilhantes. Não consigo transmitir esse sentimento, era medo e também era algum tipo de interesse doentio. Eles passaram pela aldeia e se esconderam. Nós, crianças, fomos olhar o que estava acontecendo fora da aldeia. Quando saímos para o campo, foi terrível. Todo o campo de centeio estava coberto de mortos. Talvez eu não tivesse uma personalidade de menina, porque não tive medo de olhar, apesar de estar vendo tudo aquilo pela primeira vez. Eles jogados na fuligem preta, havia tantos que não dava para acreditar que eram pessoas. Foi minha primeira impressão da guerra... Nossos soldados cobertos de preto...

Voltei com mamãe para nossa casa em Vítebsk. Nossa casa estava destruída, mas vovó estava nos esperando. Fomos todos acolhidos por uma família judia, dois velhinhos muito doentes e muito bondosos. Passávamos o tempo todo preocupadas com eles porque por toda a cidade estavam pendurados cartazes dizendo que os judeus deviam ir para o gueto; pedíamos que eles não saíssem de casa para lugar nenhum. Uma vez não estávamos... Eu estava brincando com minha irmã em algum lugar, minha mãe havia se ausentado. A vovó também... Quando voltamos, encontramos um bilhetinho que dizia que os donos tinham ido para o gueto porque temiam pelo que podia nos acontecer; nós devíamos viver, e eles eram velhos. Havia ordens espalhadas pela cidade: os russos deviam entregar judeus para o gueto se soubessem onde estavam se escondendo. Caso contrário, também seriam fuzilados.

Lemos aquele bilhetinho, e eu e minha irmã fomos correndo ao Duína; não havia ponte ali, levavam as pessoas para o gueto em barcos. Os alemães haviam cercado a margem. Diante dos nossos olhos estavam carregando os barcos com velhos e crianças, puxavam com uma lancha até metade do rio e viravam o barco. Ficamos procurando, nossos velhinhos não estavam ali. Vimos uma família subir no barco: marido, esposa e dois filhos; quando viraram o barco, os adultos foram imediatamente para o fundo, e as crianças boiavam. Os fascistas, rindo, batiam nelas com os remos. Batiam nelas num lugar, elas apareciam em outro, os soldados as alcançavam e batiam de novo. Mas elas não afundavam, como bolinhas...

Havia um silêncio tal, ou talvez meu ouvido tenha se tapado e por isso me pareceu que estava tudo silencioso, tudo paralisado.

De repente, no meio desse silêncio ressoou uma risada. Uma espécie de risada jovem, uterina... Ao nosso lado estavam rapazes alemães e, ao observar tudo aquilo, eles riam. Não lembro como eu e minha irmã fomos para casa, como eu a arrastei. Na época, pelo visto, as crianças tornavam-se adultas muito rápido; ela tinha três anos, entendia tudo, ficava calada e não chorava.

Eu tinha medo de andar pelas ruas, e de alguma forma me sentia mais tranquila quando andava pelos escombros. Uma vez, à noite, os alemães invadiram nossa casa e começaram a nos acordar aos empurrões. A nos levantar. Eu dormia com minha irmã, e mamãe com a vovó. Nos fizeram sair todas para a rua, não nos deixaram levar nada, e era o começo do inverno, nos puseram nuns veículos e levaram para um trem.

Alitus — assim se chamava a cidade lituana na qual nos vimos depois de várias semanas. Na estação nos puseram em fila e nos levaram, encontrávamos lituanos pela estrada. Eles provavelmente sabiam para onde estavam nos levando; uma mulher se aproximou da minha mãe e disse: "Estão levando vocês para o campo da morte, me dê sua filha que eu vou salvá-la. Se você ficar viva, vai encontrá-la". Minha irmã era bonitinha, todos tinham pena dela. Mas como uma mãe vai entregar seu filho?

No campo nos tiraram a vovó imediatamente. Disseram que iam transferir os velhos para outro barracão. Esperávamos que nossa avó desse sinal de vida, mas ela sumiu. Depois se soube que haviam mandado todos os idosos para a câmara de gás já nos primeiros dias. Depois da vovó, uma manhã levaram minha irmã. Antes disso, alguns alemães haviam andado pelo barracão e feito uma lista das crianças, escolhido as bonitas, obrigatoriamente brancas. Minha irmã tinha cachinhos brancos e olhos azuis. Não listaram todas, só essas. Não me levaram, eu era moreninha. Os alemães faziam carinho na cabeça da minha irmã, gostavam muito dela.

Levavam minha irmã de manhã e devolviam de noite. Todo dia ela minguava um pouco mais. Mamãe perguntava, mas ela não contava nada. Ou os assustavam, ou davam algo para eles lá, alguma pílula, mas ela não lembrava de nada. Depois soubemos que tiravam sangue deles. Pelo visto tiravam muito sangue, alguns meses depois minha irmã morreu. Ela morreu de manhã, quando vieram buscar as crianças de novo ela já estava morta.

Eu amava muito a vovó porque sempre ficava com ela quando meu pai e minha mãe iam para o trabalho. Não vimos a morte dela, e todos tínhamos esperanças de que ela estivesse viva. Já a morte da minha irmã aconteceu perto de nós... Estava deitada como se estivesse viva... Estava bonita...

No barracão vizinho moravam as mulheres de Oriol, elas andavam de casaco de pele, os casacos eram amplos, e todas tinham muitos filhos. Faziam com que elas saíssem do barracão, formassem filas de seis e marchassem junto com os filhos; as crianças se agarravam a elas. Até botavam uma música... Se uma mulher não ia no mesmo passo das outras, batiam com um chicote. Batiam, e ela andava mesmo assim porque sabia: se caísse, fuzilavam ela e os filhos. Eu sentia um aperto no peito quando as via levantar e andar. Com os casacos de pele pesados...

Faziam os adultos trabalhar, eles tiravam lenha do Neman e carregavam para a margem. Lá mesmo, na água, muitos morriam. Uma vez o comandante me pegou e pôs no grupo que devia ir trabalhar. Então, um homem velho saiu correndo da multidão, me empurrou e ficou no meu lugar. Quando eu e minha mãe quisemos agradecer-lhe à noite, não o encontramos. Nos disseram que ele havia morrido no rio.

Minha mãe era professora. Ela sempre dizia: "É preciso continuar sendo humano". Mesmo no inferno ela se esforçava para manter alguns hábitos da nossa casa. Não sei onde ela lavava, nem quando, mas eu sempre usava roupas limpas, lavadas. No inverno, lavava com neve. Ela tirava toda a minha roupa, eu ficava na tarimba debaixo do cobertor, e ela ia lavar. Só tínhamos a roupa do corpo.

Mas mesmo assim comemorávamos nossas festas… Guardávamos algo de comer para aquele dia. Um pedacinho de beterraba cozida. Ou cenoura. Mamãe tentava rir nesse dia. Ela acreditava que os nossos estavam vindo. Graças a essa fé sobrevivemos.

Depois da guerra, não fui para o primeiro ano na escola, fui direto para o quinto. Eu era adulta. Mas era muito fechada, muito isolada das pessoas. Amei a solidão a vida inteira. Eu me sentia incomodada com as pessoas, achava difícil estar com elas. Guardava algo dentro de mim que não conseguia dividir com ninguém.

Mamãe notou como eu havia mudado, claro. Ela tentava me distrair, inventava festas, não esquecia meus aniversários. Sempre tínhamos convidados, amigos dela. Ela mesma chamava as minhas conhecidas. Eu achava difícil de entender. Mas ela era atraída pelas pessoas. E eu não imaginava quanto minha mãe me amava.

Ela me salvou com amor mais uma vez…

"LEMBRO DO CÉU AZUL, AZUL… E DOS NOSSOS AVIÕES NAQUELE CÉU…"

Piotr Kalinóvski, doze anos. Hoje: engenheiro civil

Antes da guerra…

Lembro que estávamos estudando para a guerra. Nos preparávamos. Aprendíamos a atirar, jogar granadas. Até as meninas. Todos queriam ganhar a insígnia de Atirador de Vorochílov, ardíamos de vontade. Cantávamos a canção "Granada".* Eram palavras maravilhosas sobre um herói que saía para lutar "para devolver a

* Canção baseada no poema de mesmo nome de Mikhail Svetlov (1926).

terra de Granada aos camponeses". Levar adiante a revolução. A revolução mundial! Sim, éramos assim. Esses eram nossos sonhos.

Na infância eu criava contos de fadas. Aprendi a ler e escrever cedo. Era um menino talentoso. Mamãe queria que eu virasse artista, acho, mas meu sonho era aprender a voar, vestir o uniforme de piloto. E nisso também há um traço da nossa época. Por exemplo, antes da guerra eu não conhecia nenhum menino que não sonhasse em ser piloto ou marinheiro. Precisávamos do mar ou do céu. De todo o globo terrestre!

Agora imagine o que acontecia comigo... Em nossas almas... O que aconteceu conosco quando vimos os alemães na nossa cidade natal. Nas ruas em que nascemos. Eu chorei. Quando caía a noite, as pessoas fechavam as janelas e choravam nas casas fechadas.

Papai se juntou aos *partisans*... No outro lado da rua uma família vizinha vestiu camisa branca bordada e recebeu os alemães com pão e sal.* Filmavam os alemães.

Quando vi os primeiros enforcados do nosso lado, corri para casa: "Mamãe, os nossos estão pendurados no céu". Foi a primeira vez que me assustei com o céu, depois disso minha relação com o céu mudou, ele passou a me deixar inquieto. Lembro que as pessoas estavam penduradas muito alto, ou talvez foi o que me pareceu por causa do medo. Se eu já tinha visto pessoas mortas no chão? Já, mas não havia me assustado tanto.

Logo meu pai voltou para nos buscar... Então fomos embora juntos...

Um posto *partisan*, outro... E de repente escutamos: em toda a floresta estavam cantando canções russas. Reconheci a voz de Ruslanova.** No destacamento havia um gramofone e três ou

* Símbolos de hospitalidade na tradição russa.

** Lídia Ruslanova (1900-73), cantora russa, famosa por suas interpretações de canções folclóricas.

quatro discos, completamente gastos. Fiquei aturdido e não acreditava que estava com os *partisans* e que ali tocava música. Havia morado por dois anos numa cidade ocupada pelos alemães, tinha esquecido como as pessoas cantavam. Eu via como elas morriam... Como tinham medo...

Em 1944 participei da parada dos *partisans* em Minsk. Andamos na ponta da fila direita, me puseram lá para que eu visse o público. "Você ainda é pequeno", diziam os *partisans*, "se ficar entre nós vai se perder e não vai ver nada; você precisa se lembrar deste dia." Entre nós não havia fotógrafos. Uma pena. Não consigo imaginar como eu era na época. Queria saber... Ver meu rosto...

Não me lembro do público. Lembro do céu azul, azul... E dos nossos aviões naquele céu... Nós esperamos tanto por eles, esperamos toda a guerra...

"COMO ABÓBORAS MADURAS..."

Iákov Kolodínski, sete anos. Hoje: professor escolar

Os primeiros bombardeios...

Começaram a bombardear... Nós levamos travesseiros, roupas, almofadas para debaixo das cerejeiras; ali não nos viam, só apareciam os pés. Os aviões iam embora, levávamos tudo de volta para casa. E assim foi, algumas vezes por dia. Depois nós já não lamentávamos pelos objetos, minha mãe só reunia nós, as crianças, e largávamos o resto.

Naquele dia... Acho que eu incorporei algumas coisas das histórias do meu pai, mas eu mesmo me lembro de muita coisa.

De manhã... A hora estava enevoada. Já tinham posto as vacas para fora. Minha mãe me acordou, me deu uma caneca de leite morno. Logo devíamos ir para o campo. Meu pai estava rebitando a gadanha.

— Volódia — o vizinho bateu na janela e chamou meu pai. Ele saiu para a rua.

— Vamos fugir... Os alemães estão andando pela aldeia com uma lista. Alguém listou todos os comunistas. Levaram a professora...

Os dois foram se arrastando pelas hortas até a floresta. Algum tempo depois dois alemães e um *politsai* vieram à nossa casa.

— Onde está o pai?

— Foi segar o feno — respondeu minha mãe.

Andaram um pouco pela casa, olharam, não tocaram em nós e saíram.

O azul da manhã ainda se alongava esfumaçado. Fazia frio. Eu e mamãe olhamos por trás da cerca: estavam empurrando um vizinho para fora, amarraram as mãos dele, estavam levando a professora... Amarravam as mãos de todos nas costas e formavam duplas. Eu nunca tinha visto uma pessoa amarrada. Senti um pequeno arrepio. Minha mãe me mandou embora: "Entre em casa. Vista a jaquetinha". Eu estava de camiseta, tremendo, mas não entrei em casa.

Nossa casa estava no meio da aldeia. Todos foram sendo levados para lá. Tudo acontecia rapidamente. As pessoas estavam de pé, amarradas, de cabeça baixa. Contaram novamente as pessoas pela lista e as levaram para fora da aldeia. Havia vários homens da aldeia e a professora.

As mulheres e as crianças corriam atrás deles. Os alemães os faziam andar rápido. Ficamos para trás. Quando alcançamos correndo o último galpão, ouviram-se tiros. As pessoas começaram a cair; ora caíam, ora se levantavam. Terminaram de atirar neles rapidamente e estavam se preparando para ir embora. Um alemão de moto virou e contornou aquelas pessoas mortas. Ele tinha algo pesado na mão... Um porrete ou a manivela da moto... Não lembro... Sem descer da moto, ele foi andando lentamente e quebrando todas as cabeças... Outro alemão queria terminar de matar as pessoas com a pistola, aquele fez um sinal com as mãos como quem diz "não precisa". Todos saíram, mas ele não foi embora até quebrar todas as cabeças. Antes disso, eu nunca havia escutado ossos humanos estalando... Me ficou na memória que eles estalavam como abóboras maduras quando meu pai as cortava com um machado, e eu recolhia as sementes.

Fiquei com tanto medo que larguei a mamãe, larguei todo mundo e saí correndo para algum lugar. Sozinho. Não me escondi em casa, mas, não sei por que, num galpão, minha mãe me procurou por muito tempo. Não consegui proferir uma palavra por dois dias. Nenhum som.

Tinha medo de sair na rua. Vi pela janela: uma pessoa carregava uma tábua, outra um machado, a terceira corria com um balde. Lavravam as tábuas, havia um cheiro de madeira recém-aplainada em cada casa, porque em quase todas havia um caixão. Até hoje esse cheiro me dá um nó na garganta. Até hoje...

Nos caixões havia conhecidos meus. Nenhum deles tinha cabeça. Em vez de cabeça, algo num lenço branco... O que tinham recolhido...

... Meu pai voltou com dois *partisans*. Era uma noite silenciosa, levaram as vacas. Era preciso ir dormir, mas minha mãe estava nos preparando para viajar. Vestimos nossas roupinhas. Eu tinha mais dois irmãos, um de quatro anos, outro de nove meses. Eu era o mais velho. Fomos até a ferraria, paramos lá e meu pai olhou para trás. Eu também olhei para trás. A aldeia já não parecia mais uma aldeia, e sim uma floresta negra e desconhecida.

Mamãe estava com o pequeno nos braços, meu pai levava as trouxas e meu irmão do meio. E eu não conseguia acompanhá-los. Um *partisan* jovem disse: "Deixem que eu o levo nas costas".

Ele carregava uma metralhadora e a mim...

"COMÍAMOS O PARQUE"

Ánia Grúbina, doze anos. Hoje: artista

Fico sem voz quando conto isso... Minha voz morre...

Chegamos a Minsk depois da guerra. Eu sou de Leningrado. Sobrevivi ao cerco. O cerco de Leningrado... Quando uma cidade inteira morreu de fome, minha cidade, linda e amada. Nosso pai morreu... Mamãe salvou os filhos. Antes da guerra ela era um "foguinho". Em 1941 nasceu meu irmão Slavik. Quantos anos ele tinha quando começou o cerco? Seis meses, logo faria seis meses... Ela salvou até aquele pingo de gente... Todos nós, os três... Mas o papai nós perdemos. Em Leningrado os pais de todo mundo morriam, eles morriam mais rápido, e as mães ficavam. Elas certamente eram proibidas de morrer. Como ficaríamos?

De Leningrado, quando romperam o cerco, nos levaram pela Estrada da Vida* até os Urais, na cidade de Karpinsk. Primeiro salvaram as crianças. Evacuaram toda a nossa escola. Na estrada todos falavam de comida sem parar, de comida e dos pais. Em Karpinski corremos direto para o parque, não passeávamos no parque, nós o comíamos. Amávamos o lariço em particular, as agulhinhas felpudas — eram uma iguaria! Comíamos os brotos dos pinheirinhos, tirávamos as folhinhas da grama. Desde o bloqueio eu conheço todas as ervas comestíveis, as pessoas comiam tudo o que havia de verde na cidade. Nos parques e no jardim botânico não havia sobrado nenhuma folha desde a primavera. E no parque de Karpinsk havia muitos falsos trevos, as assim chamadas azedinhas. Era em 1942, também estavam passando fome nos Urais, mas mesmo assim não era tão assustador quanto em Leningrado.

* Estrada usada para a evacuação de Leningrado depois do cerco.

Naquele orfanato onde eu estava reuniram apenas crianças de Leningrado; não conseguiam matar nossa fome. Passaram muito tempo sem conseguir matar nossa fome. Assistíamos às aulas e mastigávamos papel. Tinham cuidado ao nos dar comida... Eu estava sentada à mesa, isso foi no café da manhã. E vi um gato. Um gato vivo... Saltei da mesa: "Um gato! Um gato!". Todas as crianças o viram e começaram a correr atrás dele: "Um gato! Um gato!". As educadoras eram locais, elas olhavam para nós como se estivéssemos loucos. Em Leningrado não havia sobrado nenhum gato vivo... Um gato vivo era um sonho. Comida para um mês inteiro... Falávamos, mas não acreditavam em nós. Lembro que faziam muito carinho na gente. Nos abraçavam. Ninguém levantava a voz para nós até nosso cabelo crescer depois da viagem. Haviam passado "máquina zero" em todos antes da viagem, meninos e meninas igualmente, e alguns continuaram sem cabelo por causa da fome. Não brincávamos, não corríamos. Ficávamos sentados olhando. E comíamos tudo...

Não lembro quem nos contou sobre os prisioneiros alemães no orfanato... Quando vi o primeiro alemão... eu já sabia que era um prisioneiro, eles trabalhavam nos arredores da cidade em minas de carvão. Até hoje não entendo por que eles vinham correndo para o nosso orfanato, justamente o de crianças de Leningrado?

Quando eu o vi... Esse alemão... Ele não dizia nada. Não pedia. Havíamos acabado de terminar o almoço e eu, pelo visto, ainda estava com cheiro de comida: ele ficou ao meu lado cheirando o ar, o maxilar dele se mexia involuntariamente, como se estivesse mastigando algo, e ele tentava segurá-lo com as mãos. Fazer parar. Mas ele se mexia e se mexia. Eu não conseguia ver uma pessoa passando fome, de jeito nenhum. Em absoluto! Todos nós tínhamos essa doença... Corri e chamei as meninas, alguém tinha um pedacinho de pão, entregamos aquele pedacinho a ele.

Ele agradeceu e agradeceu.

— *Danke schon… Danke schon…*

No dia seguinte veio nos ver com um camarada. E assim foi… Eles usavam sapatos pesados de madeira. Toc, toc. Quando ouvia essa batida, saía correndo…

Já sabíamos quando viriam, até esperávamos por eles. Saíamos correndo com o que tínhamos. Quando eu tinha plantão na cozinha, deixava o pedaço de pão do meu dia inteiro para eles, e de noite raspava as panelas. Todas as meninas deixavam algo para eles, não lembro se os meninos deixavam. Nossos meninos estavam sempre com fome, faltava comida para eles o tempo todo. As educadoras nos davam bronca porque nós, meninas, também desmaiávamos de fome, mas mesmo assim deixávamos comida para aqueles prisioneiros em segredo.

Em 1943 eles já não vinham, naquele ano tudo ficou mais fácil. Já não se passava tanta fome nos Urais. No orfanato havia pão de verdade, nos davam mingau à vontade. Mas até hoje não consigo ver uma pessoa passando fome. A forma como olha… Ela nunca olha direto, sempre fita um ponto além… Há pouco tempo mostraram uns refugiados na televisão… Está acontecendo uma guerra em algum lugar, de novo. Estavam atirando. Gente faminta fazia fila com tigelas vazias. Com olhos vazios. Lembro daqueles olhos… Saí correndo para o outro quarto, tive uma crise de histeria.

No primeiro ano da evacuação não reparávamos na natureza, tudo o que era natureza só nos despertava um desejo: provar para ver se era comestível. E só um ano depois eu vi como era bonita a natureza nos Urais. Os pinheiros selvagens que havia ali, o capim alto, uma floresta inteira de cerejas-galegas. Que pôr do sol! Passei a desenhar. Não havia tintas, desenhávamos a lápis. Eu desenhava cartões-postais, nós os mandávamos para nossos pais em Leningrado. O que eu mais gostava de desenhar eram as cerejeiras. Karpinsk tem cheiro de cereja-galega.

Há anos me persegue o desejo de ir para lá. Quero muito ver

se nosso orfanato ainda está de pé... O prédio era de madeira — será que sobreviveu à nova vida? Como estará o parque municipal agora? Queria ir na primavera, quando tudo começa a florir. Agora não imagino que dê para comer cerejas-galegas aos punhados, mas nós comíamos. Comíamos até quando ainda estavam verdes. Amargas.

Depois do cerco... Sei que o ser humano pode comer de tudo. As pessoas comiam até terra... Nas feiras vendiam a terra dos depósitos de alimentos queimados e destruídos de Badáievski, e davam valor particular à terra na qual havia sido derramado óleo de girassol, ou à terra misturada com doce de fruta queimado. Uma e outra custavam caro. Nossa mãe só podia comprar a terra mais barata, sobre a qual ficavam os barris de arenque, essa terra só tinha cheiro de sal, mas não havia sal nela. Só o cheiro de arenque.

Me alegrar com as flores... Com a grama nova... Só me alegrar... Demorei para aprender...

Décadas depois da guerra...

"QUEM CHORAR VAI LEVAR UM TIRO..."

Vera Jdan, catorze anos. Hoje: ordenhadora

Tenho medo de homens... Tenho isso desde a guerra...

Nos pegaram com as submetralhadoras e nos levaram, levaram para a floresta. Acharam uma clareira. "Não", o alemão balançou a cabeça. "Aqui não..." Levaram adiante. Os *politsai* diziam: "É um luxo deixar uns bandidos *partisans* como vocês num lugar tão bonito. Vamos deixar vocês na sujeira".

Escolheram o lugar mais asqueroso, sempre havia água parada ali. Deram pás para meu pai e para meu irmão cavarem uma vala. E puseram minha mãe e eu debaixo de uma árvore, olhando.

Olhávamos como cavavam uma vala, meu irmão cavou pela última vez: "Ê, Verka!...". Tinha dezesseis anos... Dezesseis... Só isso...

Eu e mamãe vimos como eles foram fuzilados... Nos proibiram de desviar os olhos ou de fechá-los. Os *politsai* ficavam vigiando... Meu irmão não caiu na vala, ele se dobrou por causa da bala e deu um passo para a frente, ficou sentado perto da vala. Empurraram-no com as botas para dentro da vala, para a sujeira. E o que era mais terrível não era que haviam atirado neles, mas que eles tinham sido deixados naquela lama pegajosa. Na água. Não nos deixaram chorar, nos fizeram ir para a aldeia. Nem jogaram terra por cima.

Eu e mamãe choramos por dois dias. Chorávamos baixinho, em casa. No terceiro dia veio aquele mesmo alemão e dois *politsai*: "Preparem-se para enterrar os seus bandidos". Fomos para o mesmo lugar, eles estavam boiando na vala; aquilo era um poço, e não uma sepultura. Pegamos nossas pás, cobrimos a vala com terra e choramos. E eles diziam: "Quem chorar vai levar um tiro... Sorriam". Eles nos obrigaram a sorrir. Eu me curvei, um deles se aproximou e espiou meu rosto para ver: eu estava sorrindo ou chorando?

Estavam de pé... Todos homens jovens, bonitos... Sorriam... Eu já nem estava com medo dos mortos, mas dos vivos. Desde aquela época tenho medo de homens jovens...

Não me casei. Não conheci o amor. Tinha medo: vai que dou à luz um menino.

"MÃEZINHA E PAIZINHO SÃO PALAVRAS DE OURO..."

Ira Mazur, cinco anos. Hoje: construtora

Talvez eu deva contar sobre minha solidão. Como aprendi a viver com ela.

Uma menina, Lênotchka, tinha um cobertor vermelho, e o meu era marrom. Quando os aviões alemães voavam, nos deitávamos no chão e nos cobríamos com os cobertores. Embaixo o vermelho, e em cima o meu, marrom. Eu dizia para as meninas que o piloto veria o marrom de cima e pensaria que era uma pedra…

Sobre a minha mãe, só me ficou na memória o medo que eu tinha de perdê-la. Eu conhecia uma menina cuja mãe tinha morrido num bombardeio. Ela chorava o tempo todo. Minha mãe a pegava no colo e a tranquilizava. Depois… Eu e uma senhora desconhecida enterramos minha mãe na aldeia… Nós a lavamos, ela estava magra como uma menina. Eu não tinha medo, fazia carinho nela o tempo todo. Os cabelos e as mãos dela tinham o mesmo cheiro de sempre, eu não notei onde ela estava ferida. Pelo visto, era ferida de bala, pequena. Por alguma razão achava que a ferida de bala da mamãe era pequena, tinha visto balas pequenas na estrada uma vez. E já ficara surpresa: como é possível matar uma pessoa grande com essas balinhas? Até eu: eu que era mil, um milhão de vezes maior que as balas. Não sei por que me ficou na memória esse "milhão", me parecia que era muito, de verdade, tanto que não dava para contar.

Mamãe não morreu imediatamente. Ela passou muito tempo deitada na grama, abria os olhos:

— Ira, tenho que te contar…

— Não quero, mamãe…

Eu achava que, se ela dissesse o que queria, morreria.

Quando lavamos a mamãe, ela jazia com um lenço na cabeça e uma grande trança. Ah, era uma menina… Isso já é o meu olhar de hoje sobre ela. Eu já sou duas vezes mais velha do que ela era, mamãe tinha 25 anos. Agora tenho uma filha dessa idade, e ela é até fisicamente parecida com minha mãe.

O que me ficou do orfanato? Uma personalidade categórica, não consigo ser suave, ter cuidado com as palavras. Não sei perdoar. Na família reclamam que não sou muito carinhosa. Conseguiria crescer carinhosa sem mãe?

No orfanato eu queria ter uma xícara individual, que fosse só minha. Sempre tive inveja: as outras pessoas guardavam alguns objetos da infância, e eu não tinha nenhum. Não tenho nada para dizer: "Isso é da minha infância". Queria tanto dizer isso que às vezes até inventava...

Outras meninas se apegavam às nossas educadoras, mas eu amava as zeladoras. Elas se pareciam com nossas mães imaginárias. As educadoras eram rígidas e arrumadas, e as zeladoras estavam sempre descabeladas, familiarmente rabugentas, podiam até dar umas palmadas na gente, mas não doíam nem um pouco. Como fazem as mães. Elas nos davam banho, lavavam a roupa na banheira, podíamos sentar nos joelhos delas. Elas tocavam nossos corpos sem roupa. Só uma mãe podia fazer isso, eu entendia; elas nos davam comida, tratavam nossos resfriados e secavam as lágrimas da maneira delas. Quando íamos para os braços delas, já não estávamos no orfanato, estávamos em casa.

Sempre escuto dizerem: "minha mãe" ou "meu pai". Eu não entendo o que é isso: mãe, pai? É como se fossem pessoas desconhecidas. Só mamãe ou papai. Se tivesse pais vivos, eu os chamaria assim: "mãezinha" e "paizinho".

São palavras de ouro...

"ELES A TROUXERAM EM PEDACINHOS..."

Vália Emitróvitch, onze anos. Hoje: operária

Não quero lembrar... Não quero lembrar, nunca quero...

Éramos sete filhos. Antes da guerra, a mamãe ria: "O sol está brilhando, todas as crianças vão crescer"; a guerra começou, ela chorava: "Numa hora de tanto aperto... Tem mais criança em casa do que feijão...". Iuzik tinha dezessete anos; eu tinha onze; Ivan, nove; Nina, quatro; Gália, três; Álika, dois; e Sacha, cinco meses. Bebê de peito, ainda mamava e chorava.

Naquela época eu não sabia, nos contaram isso depois da guerra, que nossos pais tinham ligações com os *partisans* e com nossos prisioneiros que trabalhavam na fábrica de laticínios. A irmã da minha mãe trabalhava lá. Lembro de uma coisa: à noite, uns homens estavam em nossa casa, e pelo visto passava luz pela janela, ainda que ela estivesse coberta com um cobertor grosso; ouviu-se um tiro na direção da janela. Mamãe pegou a lâmpada e escondeu embaixo da mesa.

Mamãe estava cozinhando algo feito de batatas para nós, ela sabia fazer tudo de batata: como se diz hoje em dia, mil e um pratos. Estávamos nos preparando para algum feriado. Lembro que havia um cheiro de comida gostosa em casa. E meu pai estava colhendo trevos na floresta. Os alemães rodearam a casa e ordenaram: "Saiam!". Saímos mamãe e nós, três crianças. Começaram a bater na mamãe, ela gritou:

— Crianças, entrem em casa.

Puseram-na contra a parede embaixo da janela, e nós estávamos na janela.

— Onde está seu filho mais velho?

Mamãe respondeu:

— Está revolvendo a turfa.

— Vamos para lá.

Empurraram mamãe para dentro do carro e subiram.

Gália saiu correndo da *khata* e gritou, pedia pela mamãe. Jogaram-na no carro junto com minha mãe. Minha mãe gritava:

— Crianças, entrem em casa...

Papai veio correndo do campo, pelo visto foram falar para ele; pegou uns documentos e saiu correndo atrás da minha mãe. Ele também gritou para nós: "Crianças, entrem em casa". Como se a casa fosse nos salvar ou como se nossa mãe estivesse ali. Ficamos esperando no pátio... À noite uns subiram no portão, outros nas macieiras: será que nosso pai, mãe, nossa irmã e irmão estavam vindo? Avistamos pessoas correndo da outra ponta da aldeia: "Crianças, larguem a *khata* e corram. Seus pais já se foram. E estão vindo atrás de vocês...".

Nos arrastamos pelo campo de batatas até o pântano. Ficamos lá à noite, o sol começou a sair: o que faríamos? Lembrei que havíamos esquecido da pequena no berço. Fomos para a aldeia, pegamos a pequena, ela estava viva, só estava azul de tanto gritar. Meu irmão Ivan disse: "Dê comida para ela". Que comida eu ia dar para ela? Nem peito tinha. Mas ele ficou com medo de que ela morresse e pediu: "Tente...".

Veio a vizinha:

— Crianças, vão vir buscar vocês. Vão para a casa da sua tia.

Mas nossa tia morava em outra aldeia. Dissemos:

— Vamos procurar nossa tia, mas você nos diz onde estão nossa mãe, o papai, irmãzinha e irmãozinho?

Ela nos contou que eles haviam sido fuzilados. Estavam na floresta...

— Mas vocês não devem ir para lá, crianças.

— Vamos embora da aldeia e passamos lá para nos despedir.

— Não podem, meninos...

Ela nos levou até a parte de fora da aldeia, mas não deixou ir para o lugar onde estavam nossos parentes.

Muitos anos depois eu soube que haviam arrancado os olhos da mamãe, os cabelos e cortado o peito dela. Soltaram cães policiais em cima da pequena Gália, que havia se escondido debaixo do pinheiro e não respondia aos chamados. Eles a trouxeram em pedacinhos... Mamãe ainda estava viva, mamãe entendia tudo... Diante dos olhos dela...

Depois da guerra sobramos eu e minha irmãzinha Nina. Eu a encontrei na casa de desconhecidos e a levei. Fomos para o Comitê Executivo Regional: "Deem um quarto para a gente, nós duas vamos morar juntas". Nos deram um corredor no alojamento dos operários. Eu trabalhava na fábrica, Nina estudava na escola. Eu nunca a chamava pelo nome, era sempre: "irmãzinha". Eu só tenho ela. É a única.

Não quero lembrar. Mas as pessoas precisam contar suas desgraças. É difícil chorar sozinha...

"NOSSOS PINTINHOS HAVIAM ACABADO DE SAIR DO OVO... EU TINHA MEDO DE QUE OS MATASSEM..."

Aliocha Krivochei, quatro anos. Hoje: ferroviário

Minha lembrança... A única...

Nossos pintinhos haviam acabado de sair do ovo. Amarelinhos, eles rolavam pelo chão, vinham até as minhas mãos. Na hora do bombardeio a vovó os juntava numa peneira:

— Ora essa, guerra e pintinhos.

Eu tinha medo de que matassem os pintinhos. Até hoje lembro como chorava de medo disso. Eles bombardeavam... Todo mundo corria para se esconder no porão, mas não conseguiam me tirar de casa. Eu abraçava os pintinhos... Minha avó levava a peneira com eles, e então eu ia. Ia e contava: um pintinho, dois, três... Havia cinco...

Contava as bombas. Uma, duas, três... Sete...

Aprendi a contar assim...

"REI DE PAUS... REI DE OUROS..."

Galina Matussiêieva, sete anos. Hoje: aposentada

A pessoa nasce...

Ao lado dela estão dois anjos, e eles lhe dão um destino. Determinam quanto ela vai viver, se seu caminho vai ser longo ou curto. E Deus olha de cima, foi ele que mandou os anjos para saudar a nova alma. Para dizer que Ele existe.

Minha querida... Eu vejo pelos olhos se uma pessoa é feliz ou não. Não chego perto de cada um na rua e paro: "Meu belo jovem, posso lhe fazer uma pergunta?". Estão correndo, as pessoas estão correndo, e eu escolho um na multidão, como se o reconhecesse, algo reage no meu peito, dá um calor e surgem as palavras. O calor da fala. Começo a falar... Leio o destino... Abro as cartas, está tudo ali: o que foi e o que vai ser, como a alma se tranquilizará e com o que ela vai embora. Ela vai para o lugar de onde veio — para o céu. As cartas vão mostrar... O ser humano é orgulhoso, mas o destino dele já está escrito de antemão nos céus. Lá há um texto... Mas cada um o lê à sua maneira...

Nós somos ciganos... Um povo livre... Temos nossas leis, as leis ciganas. Nossa pátria é onde moramos e onde nosso coração se alegra — para nós, a pátria está em todo lugar. Em todo lugar debaixo do céu. Foi assim que meu pai me ensinou, minha mãe também. A *kibitka* ondula, treme nos solavancos da estrada, e minha mãe recita nossas preces para mim. Cantarola. A cor cinza... É a cor da estrada, a cor do pó... A cor da minha infância... Minha querida, você já viu uma tenda cigana? É redonda e alta, como o céu. Eu nasci numa delas. Na floresta. Sob as estrelas. Desde o berço não tenho medo de pássaros nem de animais noturnos. Aprendi a dançar e cantar junto à fogueira. Não dá para imaginar a vida cigana sem canções, entre nós todos cantam e dançam. Assim como falam. As letras de nossas músicas são ternas. Funestas... Quando eu era pequena não entendia, mas chorava mesmo assim. Letras como aquelas... Elas chegam ao coração humano furtivamente, provocam. Acalentam. Provocam com seu caminho. Com a liberdade... Com o grande amor... Não é à toa que se diz que os russos morrem duas vezes: uma vez pela pátria, e outra escutando músicas ciganas.

Minha querida, por que está fazendo tantas perguntas? Eu mesma vou contar...

Na infância conheci a felicidade. Acredite em mim!

No verão vivíamos juntos no acampamento. Uma família. Sempre parávamos perto de um rio. Ao lado de uma floresta. Num lugar bonito. De manhã os passarinhos cantavam e minha mãe também. Me acordava. No inverno pedíamos às pessoas que nos deixassem ficar em seus apartamentos, naquela época as pessoas eram de ouro. Tinham um bom coração. Vivíamos bem com elas. Mas, quanto mais caía neve, mais esperávamos a primavera. Cuidávamos dos cavalos, ciganos se preocupam com cavalos como se fossem crianças. Em abril... Na Páscoa cumprimentávamos as pessoas boas e nos preparávamos para pegar a estrada. Sol, vento... Vivemos só o dia, hoje é uma felicidade — se alguém te abraça de noite, ou se as crianças estão saudáveis e de barriga cheia, você está feliz. Amanhã vai ser outro dia. Palavras da minha mãe... Mamãe não me ensinou muito. Se a criança é filha de Deus, não precisa passar muito tempo ensinando, ela mesma aprende.

Eu crescia assim... Minha curta felicidade. Cigana...

Uma manhã, acordei com conversas. Com gritos.

— Guerra!

— Que guerra?

— Contra Hitler.

— Pois eles que lutem. Nós somos gente livre. Como pássaros. Moramos na floresta.

Ali fomos atacados por aviões. Metralharam umas vacas no campo. Fumaça até o céu... À noite mamãe pôs as cartas, e o que saiu a fez cobrir a cabeça e rolar na grama.

O acampamento parou. Não se mexia. Fiquei entediada. Eu amo a estrada.

Certa noite, uma velha cigana chegou perto da fogueira. Tinha rugas como a terra seca de sol. Eu não a conhecia, era de outro acampamento. De longe.

Ela contou:

— De manhã nos cercaram. Com cavalos bons, bem alimentados. A crina daqueles cavalos brilhava, as ferraduras eram resistentes. Os alemães ficaram montados, e os *politsai* foram tirando os ciganos das tendas. Arrancavam os anéis dos dedos, puxavam os brincos das orelhas. Todas as mulheres ficaram com as orelhas sangrando e os dedos torcidos. Furaram os colchões de penas com as baionetas. Estavam procurando por ouro. Depois, começaram a atirar...

Uma menina pediu a eles: "Moços, não atirem. Vou cantar uma canção cigana para vocês". Eles começaram a rir. Ela cantou para eles, dançou, depois eles a fuzilaram... Todo o acampamento. O acampamento inteiro sumiu. Queimaram as tendas. Só ficaram os cavalos. Sem gente. Eles levaram os cavalos.

A fogueira ardia. Os ciganos estavam calados. Eu estava sentada ao lado da minha mãe.

De manhã fizemos os preparativos: trouxas, travesseiros, potes voavam para a *kibitka*.

— Para onde vamos?

— Para a cidade — respondeu minha mãe.

— Para que vamos para a cidade? — Eu tinha pena de abandonar o riacho. Lamentava pelo sol.

— Os alemães mandaram...

Nos permitiram morar em três ruas em Minsk. Tínhamos nosso gueto. Uma vez por semana os alemães anunciavam e conferiam a lista: "*Ein Zigeuner... Zwei Zigeuner...*". Minha querida...

Como vivíamos?

Eu e mamãe andávamos pelas aldeias. Pedíamos. Um dava

trigo, outro milho. Todos nos chamavam: "Ei, ciganinha, entre. Me diga meu destino. Meu marido está no front". A guerra separou as pessoas, estavam todos separados. À espera. Queriam receber esperança.

Mamãe adivinhava. Eu escutava... Rei de paus, rei de ouros... A morte era uma carta preta. Carta de espadas. O sete... Amor ardente é o rei branco. Um militar, o rei negro de espadas. Uma viagem em breve era o seis de ouros...

Mamãe saía da casa feliz, mas na estrada chorava. É terrível dizer a verdade a uma pessoa: seu marido foi morto, seu filho já não está mais vivo. A terra os recebeu, eles estão lá. As cartas eram testemunhas...

Paramos para pernoitar numa casa. Eu não estava dormindo... À meia-noite, vi as mulheres soltarem as longas tranças e fazerem feitiços. Cada uma abria a janela, jogava uns grãos na noite escura e escutava o vento: se o vento ficasse quieto, o prometido estava vivo, e se começava a uivar e bater na janela, então não espere, ele não vai voltar. O vento uivava e uivava. Batia no vidro.

As pessoas nunca nos amaram tanto como na guerra. Na hora da dificuldade. Mamãe conhecia os feitiços. Era capaz de ajudar pessoas e animais: salvava vacas, cavalos. Falava com eles na língua deles.

Circulavam boatos: tinham fuzilado um acampamento, outro... Um terceiro levaram para o campo de concentração...

A guerra acabou, nos alegrávamos de ver uns aos outros. Você encontrava e abraçava. Sobraram poucos de nós. Mas as pessoas pediam de novo que adivinhássemos o futuro e faziam bruxarias. Estava lá, na casa dela, debaixo do ícone, um comunicado de morte em combate, e a mulher mesmo assim pedia: "Ei, ciganinha, leia o futuro. De repente o meu está vivo. Será que o escrivão não se enganou?".

Mamãe adivinhava. Eu escutava...

A primeira vez que li o futuro foi numa feira, para uma menina. Saiu um grande amor para ela. Uma carta feliz. E ela me deu um rublo. Eu dei uma alegria a ela, mesmo que por um instante.

Minha querida, você também seja feliz! Vá com Deus. Conte a todos nosso destino cigano. As pessoas sabem pouco...

Te aves baxtalo... Vá com Deus!

"UMA GRANDE FOTO DE FAMÍLIA..."

Tólia Tcherviakov, cinco anos. Hoje: fotógrafo

Se me ficou algo na memória, é como uma grande foto de família.

Em primeiro plano meu pai com a espingarda e o quepe de oficial — ele o usava no inverno também. O quepe e a espingarda se distinguem com mais nitidez do que o rosto do meu pai. Queria muito ter um e outro: o quepe e a espingarda. Eu era um menino!

Ao lado do meu pai está minha mãe. Não me lembro da minha mãe naquela época, ficou mais gravado o que ela fazia: estava sempre lavando alguma roupa branca, que tinha cheiro de remédio. Mamãe era enfermeira no destacamento *partisan*.

Em algum lugar ali estamos eu e meu irmãozinho. Ele está sempre doente. É assim que me lembro dele: vermelho, com o corpo todo coberto por crostas. Ele e mamãe, os dois choravam à noite. Ele de dor, mamãe de medo de que ele morresse.

Depois, vejo mulheres com canecas indo para uma grande *khata* camponesa, na qual havia sido instalado o hospital da minha mãe. Nas canecas tem leite. Derramam o leite num balde, e mamãe mergulha meu irmão nele. À noite, meu irmão não grita, dorme. Foi a primeira noite... De manhã, mamãe disse para o meu pai:

— Como vou pagar às pessoas?

Grande fotografia... Uma grande fotografia...

"MAS PELO MENOS VOU ENCHER SEU BOLSO COM BATATAS..."

Kátia Záiats, doze anos. Hoje: operária do sovkhoz Klitchevski*

Minha avó nos expulsava das janelas...

Ela mesma ficava olhando e contava para a mamãe:

— Acharam o velho Topor no campo de centeio... Todos os nossos soldados feridos estavam lá... Ele havia levado as roupas dos filhos para os soldados, queria disfarçá-los para que os alemães não os identificassem. Atiraram nos soldados no campo de centeio, mas levaram Todor para a casa dele e mandaram cavar uma cova ao lado da *khata*. Estava cavando...

O velho Todor era nosso vizinho. Da janela dava para vê-lo cavando a vala. Terminou de cavar... Os alemães tiraram a pá dele, gritaram algo na língua deles. O velho não entendeu ou não ouviu, porque havia muito tempo era surdo, então o empurraram para a vala e fizeram sinal para ficar de joelhos. E assim o enterraram vivo... De joelhos...

Todos ficaram com medo. Quem são eles? Será que são humanos? Os primeiros dias da guerra...

Passamos muito tempo evitando a *khata* do velho Todor. Todos sentiam que ele estava gritando de debaixo da terra.

* Fazenda estatal.

Queimaram nossa aldeia de uma forma que só sobrou terra. Só pedras nos pátios, e mesmo elas estavam pretas. Na nossa horta não sobrou nem capim. Queimou. Vivíamos de caridade — eu e minha irmãzinha íamos para outras aldeias, pedíamos para as pessoas:

— Deem algo para a gente…

Mamãe estava doente. Mamãe não conseguia ir conosco, ela tinha vergonha.

Chegávamos a uma casa:

— De onde vocês são, meninas?

— De Iádrena Slobodá. Queimaram nossas coisas.

Davam: uma tigelinha de cevada, um pedacinho de pão, um ovo… Assim, agradeço às pessoas, todos nos davam algo.

Em outra ocasião, a gente cruzou a soleira, e as mulheres choravam alto:

— Ah, crianças, quantas vocês são! De manhã passaram aqui duas duplas.

Ou:

— Umas pessoas acabaram de sair. Não sobrou pão, mas pelo menos vou encher seu bolso com batatas.

E assim não nos deixavam sair da casa de mãos vazias. Nem que fosse um punhado de linho, davam algo, e no fim do dia juntávamos um feixe de linho. Mamãe fiava ela mesma, tecia. Tingia de preto no pântano de turfa.

Meu pai voltou do front. Começamos a construir uma casa, haviam sobrado duas vacas em toda a aldeia. Trazíamos lenha nas vacas. Carregávamos. Eu não conseguia levantar uma acha de lenha maior do que eu, mas, se fosse da minha altura, eu puxava.

A guerra não terminou logo… Dizem que durou mais quatro anos. Por quatro anos atiraram… Mas para esquecer, quanto tempo leva?

"VO-VÔ VIU A U-VA..."

Fédia Trutkó, treze anos. Hoje: chefe de seção de uma fábrica de cal

A história é essa...

Dois dias antes da guerra, levamos a mamãe para o hospital, ela estava muito doente. O hospital era em Brest. Nunca mais vimos nossa mãe.

Dois dias depois, os alemães entraram na cidade. Eles expulsaram os doentes do hospital, e quem não conseguia andar levaram de automóvel para algum lugar. Entre eles, disseram umas pessoas, estava minha mãe. Foram fuzilados em algum lugar. Mas onde? Como? Quando? Não fiquei sabendo, não sobrou nenhum vestígio.

A guerra nos surpreendeu, minha irmã, meu pai e eu, em casa, em Berioza. Meu irmão Volódia estudava no colégio técnico-rodoviário de Brest. Outro irmão, Aleksandr, se formou no colégio da Frota Vermelha de Pinsk, trabalhava lá mesmo como mecânico de navios a vapor.

Nosso pai, Stepan Alekséievitch Trutko, era vice-presidente do Comitê Executivo Regional de Berioza. Ele recebeu ordens de evacuar para Smolensk com os documentos. Deu um pulo em casa, correndo:

— Fédia, pegue sua irmã e vá para a casa do vovô em Ogoródniki.

De manhã chegamos ao sítio do vovô e de noite meu irmão Volódia bateu na janela, tinha andado a pé de Brest por dois dias e duas noites. Em outubro, Aleksandr também apareceu no sítio. Ele contou que o barco a vapor no qual eles haviam navegado para Dnepropetrovski tinha sido bombardeado. Quem sobreviveu foi feito prisioneiro. Algumas pessoas haviam fugido, entre elas nosso Sacha.

Todos ficamos felizes quando os *partisans* passaram na casa do vovô: vamos com eles! Vamos nos vingar.

— Em que série você está? — o comandante me perguntou quando nos levaram até ele.

— Quinta série.

Escutei a ordem:

— Deixem o menino no acampamento familiar.

Meus irmãos haviam recebido espingardas, e eu, um lápis para estudar.

Mas eu já era pioneiro. Este era meu grande trunfo, que eu já era pioneiro. Pedia para ir ao destacamento de combate.

— Temos menos lápis que espingardas — brincava o comandante.

A guerra acontecia ao redor, e nós estudávamos. Chamávamos nossa escola de "escola verde". Não havia carteira, salas de aula, livros, só havia alunos e professores. Havia uma cartilha para todos, um livro de história, um livro de exercícios de aritmética e uma gramática. Sem papel, giz, tinta nem lápis. Limpávamos uma clareira, jogávamos areia, e essa era nossa "lousa escolar"; desenhávamos nela com galhinhos finos. Em vez de cadernos, os *partisans* nos trouxeram panfletos alemães, papel de parede velho e jornais. Até uma campainha escolar tinham conseguido. Eles ficaram muito felizes com isso. Como ia ser uma escola de verdade sem uma campainha para dar o sinal? Tínhamos lenços vermelhos.

— Ataque aéreo! — gritava o guarda.

A clareira se esvaziava.

Depois do bombardeio a aula continuava. Os alunos do primeiro ano traçavam na areia com galhinhos:

— Vo-vô viu a u-va…

Com galhinhos e pedaços de madeira fizemos um grande ábaco vertical. Talhamos alguns conjuntos de letras de madeira.

Tínhamos até educação física. Montamos um ginásio de esportes com barra de exercícios, pista de corrida, vara e um círculo para arremesso de granadas. De todos, eu era o que jogava as granadas mais longe.

Terminei o sexto ano e disse com firmeza que iria para o sétimo depois da guerra. Me deram uma metralhadora. Depois, eu mesmo consegui uma carabina belga, ela era pequena e leve.

Aprendi a atirar bem. Mas esqueci a matemática...

"ELE ME DEU UMA *KUBANKA* COM UMA FITINHA VERMELHA..."

Zoia Vassílieva, doze anos. Hoje: engenheira de patentes

Quantas alegrias tive antes da guerra! Que felicidade! E isso me salvou...

Entrei para o estúdio de coreografia do nosso Teatro de Ópera e Balé. Era um estúdio experimental, escolhiam as crianças mais talentosas. O famoso diretor Galizovski escreveu uma carta de recomendação para mim. Em 1938 houve uma parada dos esportistas em Moscou e eu estava nela, fomos mandados pelo Palácio de Pioneiros de Minsk. Soltaram balões azuis e vermelhos no céu. Andamos em fileira... Galizovski era o diretor-geral da parada, ele reparou em mim.

Um ano depois ele veio para Minsk, me encontrou e escreveu uma carta para Zinaída Anatólievna Vassílievna, artista do povo...* Nossa celebridade bielorrussa... Naquela época ela estava organizando um estúdio de coreografia. Eu levei a carta, que-

* Condecoração dada a partir de 1936 pelo governo soviético aos artistas mais importantes do cenário teatral, musical e cinematográfico.

ria muito ler o que estava escrito nela, mas não me permiti fazer isso. Zinaída Anatólievna morava no Hotel Europa, perto do conservatório. Como eu estava fazendo tudo escondida dos meus pais, saí de casa na maior pressa. Corria descalça pela rua e só passei em casa para pôr a sandália, não troquei de roupa. Se eu vestisse uma roupa de festa, mamãe perguntaria: "Aonde você vai?". E meus pais não queriam nem ouvir falar de balé, eram absolutamente contra. Categoricamente.

Entreguei a carta a Zinaída Anatólievna, ela leu e disse: "Tire a roupa. Vamos ver suas pernas e seus braços". Eu congelei de pânico: como eu ia tirar as sandálias, se meus pés estavam sujos? Pelo visto, minha expressão no rosto era tal que ela entendeu tudo. Me deu uma toalha, aproximou uma cadeira do lavabo...

Me matricularam na escola, de vinte pessoas só sobraram cinco. Começou uma nova vida: arte clássica, ritmo, música... Como eu era feliz! Zinaída Anatólievna me amava. E todos nós a amávamos, era nosso ídolo, nossa divindade, ninguém no mundo era mais bonito do que ela. Em 1941 eu já dançava no balé *O rouxinol*, de Krochner, entrava no segundo ato, na dança dos cossacos. Ainda tivemos tempo de apresentá-lo nos Dez Dias de Arte Bielorrussa em Moscou. Foi um sucesso. Também dancei como pintinho na nossa estreia do estúdio: no balé *Os pintinhos*. Havia uma grande mãe-galinha, e eu era o menor pintinho.

Depois dos dez dias em Moscou nos premiaram com uma estadia num acampamento de pioneiros perto de Bobrúisk. Lá também dançamos nossos "pintinhos". Como presente, nos prometeram assar uma enorme torta. Assaram-na no dia 22 de junho...

Em sinal de solidariedade com a Espanha nós usamos barretes, meu enfeite de cabeça preferido. Eu o pus na hora em que as crianças começaram a gritar: "Guerra!". Na estrada para Minsk perdi meu barrete...

Em Minsk mamãe me abraçou na soleira de casa e corremos para a estação. Nos perdemos no bombardeio. Não achei minha mãe nem minha irmãzinha, fui sem elas. De manhã o trem parou em Krupki e não foi em frente. As pessoas entravam nas *khatas* da aldeia, mas eu tinha vergonha, porque estava sem a mamãe, sozinha. Mesmo assim, à noite entrei numa casa, pedi algo para beber. Me deram leite. Levantei os olhos da caneca e na parede vi minha mãe jovem, com vestido de casamento. Que grito soltei: "Mamãe!". O velho e a velha começaram a me indagar. "De onde você é? Quem é você?" Essas coisas só podem acontecer na guerra — fui parar na casa do meu tio-avô, irmão do pai do meu pai, que eu nunca tinha visto. Claro, ele não me deixou ir embora. Que milagre!

Em Minsk eu interpretava um "pintinho", e agora eu precisava vigiá-los para que as pegas não os levassem. Os pintinhos tudo bem, mas dos gansos eu tinha medo. Tinha medo de tudo, até do galo. A primeira vez que testei minha coragem foi quando levei os gansos para o pasto. Um ganso era inteligente, entendeu que eu tinha medo dele, resmungava e fazia de tudo para puxar meu sarafazinho por trás. Foi preciso ser esperta com meus novos amigos que desde a infância não tinham medo nem de ganso, nem de galo. Eu também morria de medo de tempestade. Se eu via uma tempestade se armando, na mesma hora inventava algo e fugia para a primeira casa que aparecia. Não havia som pior do que o estrondo de um trovão. E eu já havia visto um bombardeio…

Gostava das pessoas do campo, da bondade delas: todos me chamavam de "molequinha". Lembro que me interessava muito pelo cavalo, gostava de conduzi-lo, meu tio-avô permitia. Ele bufava, agitava a cauda, mas o mais importante é que ele me escutava: eu puxava com a mão direita, ele sabia que era preciso virar para lá, se fosse para a esquerda, ele ia para a esquerda.

Pedia ao meu tio-avô:

— Me leve de cavalo para encontrar a mamãe.

— Quando a guerra terminar eu te levo.

Meu tio-avô era carrancudo e severo.

Eu preparei uma fuga, uma amiguinha me acompanhou até os arredores da aldeia.

Na estação, subi escondida num vagão de carga, me expulsaram de lá. Me enfiei em algum veículo, sentei na ponta. Dá medo só de lembrar: entraram no veículo um alemão e uma alemã, e com eles dois *politsai*, e eu lá, mas eles não me tocaram. Na estrada, começaram a fazer perguntas: "Onde você estudou? Em que ano está?".

Quando souberam que também tinha feito escola de balé, não acreditaram. Bem ali, na carroceria, mostrei a eles meu "pintinho". Perguntaram se eu tinha estudado alguma língua estrangeira.

No quinto ano nós já tínhamos começado a aprender francês, ainda estava tudo fresco na memória. A alemã me perguntou algo em francês, eu respondi. Eles ficaram pasmos por ter pegado no campo uma menina que estava no quinto ano, havia estudado numa escola de balé e até falava francês. Pelo que entendi, eles eram do serviço médico, pessoas instruídas. Haviam metido na cabeça deles que éramos uns selvagens. Seres inferiores.

Isso é engraçado: eu, que tinha medo de galo, vi um *partisan* de *papakha*,* boldrié, estrelinhas e submetralhadoras e disse: "Moços, eu sou corajosa. Me levem com vocês". Todos os meus sonhos com o departamento *partisan* se acabaram comigo na cozinha descascando batatas. Imagine a revolta na minha alma! Depois de uma semana de plantão na cozinha, fui falar com o comandante do destacamento. "Quero ser uma soldada de verdade." Ele me deu uma *kubanka*** com uma fitinha vermelha, mas eu queria logo uma espingarda. Não tinha medo de morrer.

* Gorro caucasiano de pele.

** Gorro de pele semelhante à *papakha*, mas um pouco mais baixo.

Voltei para a mamãe com a medalha de segundo grau *Partisan* da Guerra Patriótica. Fui para a escola e esqueci tudo, brincava com as meninas de *laptá*,* andava de bicicleta. Uma vez entrei com tudo de bicicleta numa cratera de bomba, me feri, vi o sangue e nem pensei na guerra, e sim no estúdio de balé. Como eu ia dançar agora? Logo chegaria Zinaída Anatólievna Vassílievna, e eu com o joelho quebrado.

Só que não deu para voltar para a escola de balé. Fui trabalhar numa fábrica, precisava ajudar a mamãe. Mas queria estudar... Quando minha filha começou o primeiro ano, eu fui para o décimo. Na escola noturna.

Meu marido me deu de presente uma entrada para o Teatro de Ópera e Balé. Passei o espetáculo todo chorando...

"E ATIRAVA PARA CIMA..."

Ánia Pávlova, nove anos. Hoje: cozinheira

Ai, minha alma vai doer... Vai começar a doer de novo...

Os alemães me arrastavam para um galpão... Mamãe corria atrás e arrancava os cabelos. Ela gritava: "Façam o que quiserem comigo, mas não toquem em minha menina". Eu tinha mais dois irmãos pequenos, eles também gritavam...

Somos da aldeia Mekhovaia, na província de Oriol. De lá nos mandaram a pé para a Bielorrússia. Nos mandavam de um campo de concentração para outro... Quando queriam me mandar para a Alemanha, mamãe fez uma barriga falsa para mim e me deu meu irmão menor nos braços. Assim eu me salvei. Me riscaram da lista.

* Jogo russo com bolas e tacos, semelhante ao críquete e ao beisebol.

Ai! Hoje, minha alma vai ficar fora do lugar o dia inteiro e a noite inteira. Abalada, remexida...

Os cachorros estraçalhavam as crianças. Ficávamos sentados perto de uma criança arrebentada e esperávamos o coração dela parar. Então cobríamos com neve... E assim ela tinha um tumulozinho até a primavera...

Em 1945... Depois da Vitória... Mandaram mamãe para a construção do sanatório de Jdanovitchi, e eu vim com ela. E assim fiquei aqui. Trabalho no sanatório há quarenta anos... Estou aqui desde a primeira pedra, levantaram tudo isso diante dos meus olhos. Me deram uma espingarda e dez prisioneiros alemães, e eu os levava para o trabalho. No primeiro dia, umas mulheres nos cercaram: uma com uma pedra, outra com uma pá, a outra com um porrete. E eu corria em volta dos prisioneiros com a espingarda e gritava: "Mulheres! Não toquem neles... Mulheres, eu passei um recibo por eles. Vou atirar!". E atirava para cima.

As mulheres choravam, eu também chorava. E os alemães de pé. Não levantavam os olhos.

Mamãe não me levou nenhuma vez ao museu da guerra. Uma vez ela viu que eu estava olhando um jornal com fotos de fuzilados — ela tomou o jornal e brigou comigo.

Na nossa casa até hoje não tem nenhum livro de guerra. E eu já vivo há muito tempo sem minha mãe...

"MAMÃE ME LEVOU PARA A PRIMEIRA AULA NO COLO..."

Inna Starovóitova, seis anos. Hoje: agrônoma

Mamãe nos beijou e saiu...

Ficamos os quatro em uma cabana: os mais novos — meu irmãozinho, meu primo, minha prima — e eu, a mais velha, com sete anos. Não era a primeira vez que ficávamos sozinhos e aprendemos a não chorar, a ficar calmos. Sabíamos que nossa mãe era batedora, que havia sido mandada em uma missão e que precisávamos esperar por ela. Mamãe tinha nos levado da aldeia, e na época morávamos com ela no campo familiar *partisan*. Era nosso sonho havia muito tempo! E agora, nossa felicidade.

Ficamos sentados escutando: as árvores faziam barulho, as mulheres lavavam roupa por perto, brigavam com os filhos. De repente, o grito: "Alemães! Alemães!". Todos começaram a sair correndo das cabanas, a chamar os filhos, a fugir para a floresta. Mas para onde íamos correr sozinhos, sem a mamãe? E se de repente mamãe soubesse que os alemães estavam no campo e corresse até nós? Como eu era a mais velha, ordenei: "Calados, todos! Aqui é escuro, os alemães não vão nos encontrar".

Nos escondemos. Fizemos silêncio absoluto. Alguém espiou dentro da cabana e disse em russo:

— Quem estiver aí, saia!

A voz era tranquila, e saímos da cabana. Vi um homem alto com uniforme verde.

— Você tem pai? — ele me perguntou.

— Tenho.

— E onde ele está?

— Está longe, no front — soltei.

Lembro que o alemão até riu.

— E sua mãe, cadê? — perguntou em seguida.

— Mamãe foi fazer um reconhecimento com os *partisans*...

Outro alemão se aproximou, este estava de preto. Eles trocaram algumas palavras, e este, o de preto, nos mostrou com a mão para onde ir. Lá estavam as mulheres com crianças que não haviam tido tempo de fugir. O alemão de preto apontou a metralhadora para nós e entendi o que ele faria então. Não tive nem tempo de soltar um grito e abraçar os pequenos...

Acordei com o choro da mamãe. Sim, eu achava que estivesse dormindo. Me soergui e vi: mamãe estava cavando uma cova e chorando. Ela estava de costas para mim, e eu não tinha forças para chamá-la, só para olhar para ela. Mamãe se levantou para descansar um pouco, virou a cabeça para mim e pareceu dar um grito: "Ínnotchka!". Ela se jogou na minha direção, me pegou nos braços. Com um braço me segurava, com a outra mão tateava os outros: de repente mais outra criança estava viva. Não, eles estavam frios...

Quando me trataram, eu e mamãe contamos dez feridas de bala em mim. Aprendi a contar: num ombrinho, duas balas, e no outro, duas balas. São quatro. Numa perninha, duas balas, e na outra, duas balas. Aí já são oito. No pescoço, uma feridinha. Já são nove.

A guerra acabou... Mamãe me levou para a primeira aula no colo...

"CACHORRO, QUERIDO, PERDÃO... CACHORRO, QUERIDO, PERDÃO..."

Galina Fírsova, dez anos. Hoje: aposentada

Eu tinha um sonho: pegar um pardal e comer...

Era raro, mas às vezes apareciam passarinhos na cidade. Mesmo na primavera todos olhavam para eles e só pensavam numa coisa, no mesmo que eu. No mesmo... Ninguém tinha forças para se distrair da ideia de comida. Por causa da fome eu sentia um frio permanente dentro de mim, um frio interno terrível. Inclusive em dias de sol. Não importava o que eu vestisse, sentia frio, era impossível me aquecer.

Queria muito viver…

Conto sobre Leningrado, onde morávamos na época. Sobre o cerco de Leningrado. Estavam nos matando de fome, estavam matando havia muito tempo. Novecentos dias de cerco… Novecentos… Quando um dia parecia uma eternidade. Você não imagina como parece longo um dia para uma pessoa com fome. Uma hora, um minuto… Você passa muito tempo esperando o almoço. Depois, o jantar. A ração do cerco chegou a 125 gramas de pão por dia. Isso para os que não trabalhavam. No cartão de dependente… Escorria água desse pão… Era preciso dividi-lo em três partes: café da manhã, almoço e jantar. Só bebíamos água quente. Água quente pura.

Na escuridão… Desde as seis da manhã, no inverno (lembro acima de tudo do inverno), eu ia para a fila da padaria. Ficava horas de pé. Longas horas. Até chegar minha vez, a rua já estava escura de novo. A vela ardia, e o vendedor cortava esses pedacinhos. As pessoas, de pé, o acompanhavam. Cada movimento… Com olhos ardentes… enlouquecidos… E tudo isso em silêncio.

Os bondes não andavam. Não havia água, não havia aquecimento, não havia eletricidade. Mas o pior de tudo era a fome. Vi uma pessoa mastigando botões. Botões pequenos e grandes. As pessoas enlouqueciam de fome…

Houve um momento em que parei de escutar. Na época comemos um gato… Vou contar como o comemos. Depois eu fiquei cega… Nos trouxeram um cachorro. Isso me salvou.

Não vou lembrar… Não lembro quando a ideia de que se pode comer seu gato ou seu cachorro ficou normal. Comum. Entrou para o cotidiano. Não percebi esse momento. Depois de pombas e andorinhas, começaram a desaparecer gatos e cachorros na cidade. Não tínhamos nenhum animal, não os levávamos para casa porque mamãe considerava que é uma responsabilidade muito grande adotar um cachorro, ainda mais um cachorro grande. Mas a amiga da mamãe não conseguia comer sozinha o gato dela e o trouxe para nós. E nós comemos. E eu voltei a escutar. Minha audição havia desaparecido de repente, de manhã eu ainda escutava, mas à noite mamãe falou algo comigo e eu não respondia.

Passou um tempo… E lá estávamos, morrendo de novo… A amiga da mamãe trouxe o cachorro dela para a gente. E nós também o comemos. Se não fosse o cachorro, não teríamos sobrevivido. Claro, não teríamos sobrevivido. Isso é evidente. Já tínhamos começado a inchar de fome. Minha irmã não queria se levantar de manhã. O cachorro era grande e carinhoso. Mamãe passou dois dias sem conseguir… Como se decidir? No terceiro dia ela amarrou o cachorro ao aquecedor da cozinha e nos expulsou para a rua…

Lembro daquelas almôndegas… Lembro…

Queria muito viver…

Nos reuníamos sempre junto à foto do papai. Papai estava no front. Raramente chegavam cartas dele. "Minhas meninas…", ele nos escrevia. Respondíamos, mas tentávamos não entristecê-lo.

Mamãe guardava alguns pedacinhos de açúcar. Um saquinho de papel pequeno. Era nossa reserva de ouro. Uma vez… Não aguentei, eu sabia onde estava o açúcar, subi e peguei um pedacinho. Alguns dias depois peguei mais um… Depois… Passou-se um pouco de tempo — de novo… Logo não sobrou nada no saquinho da mamãe. O saquinho estava vazio…

Mamãe ficou doente… Precisava de glicose. Açúcar… Ela já não conseguia nem se levantar… No conselho familiar decidimos usar o precioso saquinho. Nosso tesouro! Ele estava guardado para um momento como esse! Mamãe com certeza se recuperaria. Minha irmã mais velha começou a procurar, mas não havia açúcar. Reviramos a casa toda. Eu procurava junto com todos.

À noite confessei…

Minha irmã me bateu. Mordeu. Arranhou. E eu pedia para ela: "Me mate! Mate! Como vou viver agora?!". Eu queria morrer.

Contei para você alguns dias. Mas foram novecentos.

Novecentos dias assim...

Diante dos meus olhos, na feira, uma menina roubou o pão de uma mulher. Uma menina pequena... Alcançaram-na e derrubaram na terra. Começaram a bater... Bateram terrivelmente. Uma surra mortal. Mas ela se apressou em terminar de comer, em devorar o pão. Em devorar antes que a matassem.

Novecentos dias assim...

Nosso avô ficou tão fraco que uma vez caiu na rua. Ele já estava se despedindo da vida. Um trabalhador estava passando, o cartão de produtos alimentícios dos trabalhadores era melhor, não muito, mas melhor... Mesmo assim... E então esse trabalhador parou e deu óleo de girassol na boca do vovô — a ração dele. Vovô chegou em casa, nos contou e chorou: "Não sei nem o nome dele!".

Novecentos...

As pessoas se deslocavam pela cidade lentamente, como sombras. Como num sonho... Um sonho profundo... Digo, você via aquilo, mas achava que estava sonhando. Aqueles movimentos lentos... flutuantes... Como se a pessoa não estivesse andando pela terra, mas pela água...

A voz mudava por causa da fome. Ou sumia totalmente. Não se podia definir pela voz: é um homem ou uma mulher? Pela roupa também não era possível, todos estavam enrolados nuns trapos. Nosso café da manhã... Nosso café da manhã eram pedaços de papel de parede, papel de parede velho, mas que ainda tinha cola. Cola de farinha. Esse papel de parede... e água fervente...

Novecentos dias...

Estava vindo da padaria... Tinha recebido minha ração diária. Aquelas migalhas, aqueles gramas lamentáveis... Um cachorro veio correndo ao meu encontro. Me alcançou e cheirou: sentia o cheiro de pão.

Eu entendi que era nossa sorte. Aquele cachorro... Era nossa salvação! Levei o cachorro para casa...

Dei um pedacinho de pão, e ele veio atrás de mim. Ao lado de casa ele mordiscou mais um pedacinho, deu uma lambida na minha mão. Passamos pela portaria... Mas ia subindo pelos degrauzinhos a contragosto, parava em cada andar. Eu entreguei a ele todo o nosso pão... Pedacinho por pedacinho... E assim fomos até o quarto andar, mas nosso apartamento era no quinto. Ali ele empacou e não andava mais. Ficava olhando para mim... Como se estivesse sentindo algo. Entendendo. Eu o abracei: "Cachorro, querido, perdão... Cachorro, querido, perdão...". Pedia a ele, suplicava. E ele foi.

Queria muito viver...

Escutamos... Comunicaram no rádio... "Cerco rompido! Cerco rompido!" Não havia gente mais feliz do que nós. Impossível estar mais feliz. Havíamos resistido! O cerco tinha sido rompido...

Nossos soldados estavam andando pelas nossas ruas. Corri até eles... Me faltavam forças para abraçar.

Em Leningrado há muitos monumentos, mas falta um que deveria existir. Esqueceram dele. É o monumento ao cachorro do cerco.

Cachorro, querido, perdão...

"MAS ELA COMEÇOU A GRITAR: 'NÃO É MINHA FILHA! NÃO É MINHA-A-A...'"

Faína Liutskó, quinze anos. Hoje: funcionária de cinema

Todo dia eu me lembro mas vou vivendo... Como vivo? Me explique...

Lembro que todos os soldados do destacamento punitivo se vestiam de preto, de preto... Com quepes altos... Até os cachorros deles eram pretos. Brilhavam.

Nós nos apertávamos contra nossas mães... Eles não matavam todos, não matavam toda a aldeia. Pegaram os que estavam à direita. Do lado direito. E eu e minha mãe estávamos ali... Nos dividiram: as crianças separadas dos adultos. Entendemos que naquela hora iam fuzilar os adultos e nos deixar. Minha mãe estava ali... Mas eu não queria viver sem minha mãe. Pedia por ela e chorava. De alguma forma me deixaram ir...

Mas ela, quando viu... Começou a gritar:

— Não é minha filha!

— Mamãe! Ma...

— Não é minha filha! Não é minha filha! Não é minha-a-a...

— Ma-a-amãe!

Os olhos dela não estavam cheios de lágrimas, mas de sangue. Os olhos cheios de sangue...

— Não é minha filha!

Me arrastaram para algum outro lugar... E eu vi como primeiro atiravam nas crianças. Atiravam e ficavam olhando os pais sofrerem. Fuzilaram minhas duas irmãs e meus dois irmãos. Quando haviam matado as crianças, começaram a matar os pais. Eu já não vi mais minha mãe... Talvez ela tenha caído...

Havia uma mulher de pé, segurava uma criança de peito nos braços que tomava água numa mamadeira. Eles atiraram primeiro na mamadeira, depois na criança... E depois mataram a mãe...

Eu me surpreendo, como vivo depois disso? Sobrevivi quando criança... Mas como eu vivo adulta? Já sou adulta há muito tempo...

"POR ACASO ÉRAMOS CRIANÇAS? ÉRAMOS HOMENS E MULHERES..."

Víktor Leschínski, seis anos. Hoje: diretor de escola técnica do setor energético

Fui fazer uma visita. Minha tia chamou para passar o verão com ela...

Morávamos em Bikhov, e minha tia, na aldeia de Kommuna, perto de Bikhov. No centro da aldeia havia uma casa grande, com umas vinte famílias — uma casa comunitária. Só consigo me lembrar disso.

Disseram: "É guerra". Precisava ir encontrar meus pais. Minha tia não deixou:

— Quando a guerra acabar você vai.

— E a guerra vai acabar logo?

— Claro, logo.

Algum tempo depois meus pais chegaram, a pé: "Os alemães estão em Bikhov. As pessoas estão se espalhando pelas aldeias". Ficamos na casa da minha tia.

À noite, os *partisans* passaram pela *khata*... Pedi a espingarda. Eram os sobrinhos da minha mãe, meus primos. Eles riram e me deixaram segurar. Era pesada.

Na *khata* havia cheiro de couro o tempo todo. Cola quente. Meu pai fazia botas para os *partisans*. Eu pedia que ele costurasse botas para mim também. Ele dizia, espere, tenho muito trabalho, mas, lembro disso, eu mostrava que precisava de botas pequenas, porque meu pé era pequeno. Ele prometia...

A última lembrança do meu pai é de quando o fizeram andar pela rua para entrar num carro grande... E batiam com um porrete na cabeça dele...

... A guerra acabou, não tínhamos nem pai nem casa. Eu tinha onze anos, era o mais velho da família. Os outros dois, um irmãozinho e uma irmã, esses eram pequenos. Mamãe pegou um empréstimo. Compramos uma velha *khata*; do jeito que estava o teto, se chovesse não havia onde se esconder, pingava por todo lado. A água entrava. Aos onze anos eu mesmo coloquei as janelas, cobri o teto com palha. Construí um galpão.

Como?

Eu mesmo rolei o primeiro tronco e o coloquei, o segundo mamãe me ajudou. Acima de nós já não conseguíamos erguer. Eu fazia assim: desbastava o tronco na terra, entalhava o canto e esperava até que as mulheres fossem para o trabalho no campo. De manhã elas pegavam um tronco todas de uma vez e o levantavam, eu o afiava e botava no canto. Até a noite eu desbastava outro. De noite elas voltavam do trabalho, levantavam... E a paredezinha foi crescendo...

Na aldeia havia setenta casas, e só dois homens voltaram do front. Um, de muletas. "Filho! Meu filho!", chorava minha mãe atrás de mim. Eu, onde sentava à noite, dormia.

Por acaso éramos crianças? Com dez, onze anos éramos homens e mulheres...

"NÃO ENTREGUE O PALETÓ DO PAPAI PARA UM MOÇO DESCONHECIDO..."

Valera Nitchiporenko, oito anos. Hoje: motorista de ônibus

Isso já foi em 1944...

Já tinha, o quê, oito anos? Acho que eram oito... Já sabíamos que não tínhamos pai. Outros esperavam, recebiam a notificação de morte, mas mesmo assim esperavam. Nós tínhamos um sinal incontestável. Uma prova. Um amigo do meu pai mandou o relógio dele. Para o filho... Para mim... Papai tinha pedido a ele antes da morte. Até hoje tenho esse relógio, eu o guardo.

Vivíamos os três com o pequeno salário da mamãe. Passávamos a pão e água. Minha irmã ficou doente. Foi diagnosticada com tuberculose ativa. Os médicos disseram para a mamãe: é preciso dar uma boa alimentação para ela, é preciso manteiga. Mel. Todo dia, manteiga! Para nós isso era ouro. Um pedaço de ouro... Algo inacreditável... Pelos preços do mercado, o salário da mamãe dava para três pães. E manteiga, com aquele dinheiro, dava para comprar duzentos gramas.

Ainda tinha ficado um paletó do meu pai. Um bom paletó. Eu e mamãe o levamos para a feira. Achamos um comprador, achamos rápido. Porque o paletó era bonito. Papai havia comprado logo antes da guerra e não tivera tempo de usar. O paletó estava no armário... Novinho... O comprador perguntou o preço, barganhou, deu o dinheiro para a mamãe, e eu comecei a gritar para toda a feira: "Não entregue o paletó do papai para um moço desconhecido!". Até o policial veio para perto de nós...

Depois disso, quem vai dizer que as crianças não estiveram na guerra? Quem...?

"À NOITE EU CHORAVA: ONDE ESTÁ MINHA MÃE ALEGRE?"

Gália Spannóvskaia: sete anos. Hoje: projetista técnica

A memória tem cor...

Eu sempre me lembro do que aconteceu antes da guerra em movimento, tudo se move e muda de cor. Em geral, cores vivas. Já a guerra, o orfanato: parece que tudo parou. E as cores são cinza.

Estavam nos levando para a retaguarda. Só crianças. Sem as

mães. Durou muito tempo, era algo longo. E nos alimentavam com biscoito e manteiga de chocolate, pelo visto não tinham conseguido se abastecer com mais nada. Antes da guerra eu amava biscoito e manteiga de chocolate, era muito gostoso. Mas depois de um mês de estrada eu enjoei daquilo para o resto da vida.

Por toda a guerra eu queria que a mamãe viesse logo, e que nós voltássemos para Minsk. Sonhava com as ruas, com o cinema perto da nossa casa, sonhava com a campainha do bonde. Minha mãe era muito boa, muito alegre, eu e ela vivíamos como duas amigas. Do meu pai não lembro, ele morreu cedo.

E então mamãe me achou e veio para o orfanato. Foi completamente inesperado. Que êxtase! Corri para a mamãe... Abri a porta... Ali estava uma militar: de botas, calças, quepe, camisa militar. Quem é? E revelou-se que era minha mãe, êxtase completo! Mamãe, e ainda por cima militar!

Não lembro como ela foi embora, eu chorei muito, deve ser por isso que não lembro.

Fiquei esperando de novo pela minha mãe. Esperei por três anos. Mamãe veio já de vestido. De sapatos. Por causa da alegria de ser levada eu não via nada, só existia minha mãe: e aquilo era a alegria! Eu olhava para minha mãe mas não percebia que ela não tinha um olho. Mamãe era uma espécie de milagre... Com ela não podia acontecer nada... Mamãe! Mas mamãe voltou do front muito doente. Já era outra mãe. Ela sorria pouco, não cantava, não brincava como antes, chorava muito.

Quando voltamos para Minsk, vivemos com muita dificuldade. Não achamos nossa casa que eu tanto amava. Nosso cinema não estava lá... nem nossas ruas... No lugar de tudo isso havia pedras e mais pedras...

Mamãe estava sempre triste. Não brincava e falava pouco. Ficava mais calada.

À noite eu chorava: onde está minha mãe alegre? De manhã sorria para que mamãe não suspeitasse das minhas lágrimas...

"ELE NÃO ME DEIXA VOAR..."

Vássia Saúltchenko, oito anos. Hoje: sociólogo

Depois da guerra, o mesmo sonho me atormentou por muito tempo...

Sonhava com o primeiro alemão morto. O primeiro que eu mesmo matei, não o primeiro que vi morto. Ora eu voo, mas ele não me solta. Então eu me alço... Voo... Voo... Ele me alcança e caio junto com ele. Despenco em alguma vala. Quero me levantar, ficar de pé... Mas ele não deixa... Ele não me deixa voar...

O mesmo sonho... Ele me perseguiu por décadas...

Na época em que matei aquele alemão eu já tinha visto muita coisa... Vi matarem meu avô na rua, a tiros, e minha avó perto do nosso poço... Deram coronhadas na cabeça da minha mãe bem diante dos meus olhos... Os cabelos dela ficaram vermelhos... Mas, quando atirei naquele alemão, não consegui pensar nisso. Ele estava ferido... Eu queria tirar a submetralhadora dele, haviam dito para tirar a submetralhadora dele. Eu tinha dez anos, os *partisans* já me levavam nas missões. Me aproximei dele correndo e vi a pistola dançar diante dos meus olhos, o alemão a empunhava com as duas mãos e a mantinha diante do meu rosto. Mas ele não teve tempo de atirar primeiro, eu tive...

Não me assustei por ter matado... E não me lembrei dele durante a guerra. Em volta havia muitos mortos, vivíamos entre mortos. Estávamos até acostumados. Só uma vez tive medo. Entramos numa aldeia, ela tinha sido queimada havia pouco tempo. Queimaram de manhã, e de noite entramos. Vi uma mulher queimada... Ela estava deitada, com o corpo preto, as mãos brancas, mãos vivas de mulher. Essa foi a primeira vez que tive medo. Quis gritar, mal me contive.

Não, eu não era criança. Não lembro de mim criança. No entanto... Eu não tinha medo de mortos, mas de andar à noite ou no fim da tarde pelo cemitério eu tinha. Os mortos que estavam sobre a terra não me assustavam, mas os que estavam debaixo da terra me assustavam. Um medo infantil... Ele permaneceu. No entanto... No entanto acho que as crianças não têm medo de nada...

Libertaram a Bielorrússia... Havia alemães mortos por toda parte, pegávamos os nossos e enterrávamos em valas comuns, mas os alemães ficavam muito tempo jogados, especialmente no inverno. As crianças corriam para o campo para olhar os mortos... E ali mesmo, por perto, continuávamos a brincar de guerra ou de cossacos e bandidos.

Fiquei surpreso quando, muitos anos depois, apareceu esse sonho do alemão morto... Foi inesperado para mim...

O sonho me perseguiu por décadas...

Tenho um filho, já é um homem adulto. Quando ele era pequeno, me torturava só a ideia de tentar contar. Contar a ele sobre a guerra... Ele perguntava, e eu desviava a conversa. Adorava ler contos de fadas para ele, queria que ele tivesse infância. Ele cresceu, e mesmo assim não tenho vontade de falar sobre a guerra com ele. Pode ser que algum dia conte a ele do meu sonho. Pode ser... Não tenho certeza...

Isso pode destruir o mundo dele. Um mundo sem guerra. As pessoas que não viram um ser humano matar outro ser humano são pessoas totalmente diferentes...

"TODOS QUERIAM BEIJAR A PALAVRA 'VITÓRIA'..."

Ánia Kórzun, dois anos. Hoje: zootécnica

Lembro de quando a guerra acabou... Dia 9 de maio de 1945... Umas mulheres chegaram correndo ao jardim de infância:

— Crianças, vitória! Vitória-a-a!

Todos riam e choravam. Choravam e riam.

Todos começaram a nos beijar. Mulheres desconhecidas... Beijavam e choravam... Beijavam... Ligaram o alto-falante. Todos ficaram escutando. Nós, pequenos, não entendíamos as palavras, mas entendíamos que a felicidade vinha dali, de cima, do pratinho preto do alto-falante. Os adultos levantavam alguns nos braços... Outros subiam sozinhos... Subíamos uns nos outros como uma escadinha, só o terceiro ou o quarto alcançava o pratinho preto e o beijava. Depois mudávamos... Todos queriam beijar a palavra "vitória"...

À noite houve fogos de artifício. O céu brilhava. Mamãe abriu a janela e começou a chorar:

— Filhinha, lembre disso para o resto da vida...

Quando meu pai voltou do front, eu tinha medo dele. Ele me dava uma balinha e pedia:

— Diga: papai...

Eu pegava a balinha, me escondia com ela debaixo da mesa:

— Moço...

Por toda a guerra não tive pai. Cresci com minha mãe e minha avó. Com minha tia. Não imaginava o que meu pai faria em nossa casa.

Ele viria com uma espingarda...

"DE CAMISA FEITA COM A TÚNICA MILITAR DO MEU PAI..."

Nikolai Beriozka, nascido em 1945. Hoje: taxista

Nasci em 1945, mas lembro da guerra. Conheço a guerra.

Minha mãe me fechava em outro quarto... Ou me mandava

para a rua com os meninos... Mas mesmo assim eu escutava meu pai gritando. Ele passava muito tempo gritando. Eu me grudava na frestinha da porta: meu pai estava segurando a perna com as duas mãos e a balançava. Ou ficava rolando no chão e batendo com os punhos: "Guerra! Maldita guerra!".

Quando a dor passava, meu pai me pegava no colo, e eu tocava na perna dele:

— É a guerra que está doendo?

— É a guerra! É, a maldita — respondia meu pai.

E também... O vizinho tinha dois meninos pequenos... Eu fiquei amigo deles... Uma mina fora da aldeia explodiu com eles. Acho que isso já foi em 1949...

A mãe, tia Ánia, se jogava no túmulo deles. Puxavam-na... Ela gritava... as pessoas não gritam daquele jeito...

Fui para a escola usando uma camisa feita com a túnica militar do meu pai. Feliz! Todos os meninos cujos pais tinham voltado da guerra usavam camisas feitas com as túnicas militares deles.

Depois da guerra meu pai morreu de guerra. Das feridas.

Não preciso inventar nada. Eu vi a guerra. Sonho com a guerra. Nos sonhos choro porque amanhã vão vir levar nosso pai. A casa tem cheiro de flanela militar nova...

A guerra! É uma maldita...

"EU O ENFEITEI COM CRAVOS VERMELHOS..."

Mariam Iozefóvskaia, nascida em 1941. Hoje: engenheira

Nasci na guerra. E cresci com a guerra.

E então... Estávamos esperando meu pai voltar da guerra...

O que mamãe fazia comigo: raspava meu cabelo, esfregava querosene, jogava graxa. Eu me odiava desesperadamente. Tinha vergonha. Nem saía para o pátio. Piolhos e furúnculos no primeiro ano depois da guerra... Não tinha o que me livrasse deles...

E aí chegou aquele telegrama: meu pai tinha recebido baixa. Fomos encontrá-lo na estação de trem. Mamãe me arrumou. Amarrou um laço de fita vermelho bem no alto da cabeça. No que ele estava preso, ninguém sabe. E ficava me incomodando: "Não coce. Não coce". Era uma coceira insuportável! Maldito laço, ficava soltando. E na minha cabeça ficava girando: "E se papai não gostar de mim? Ele nunca me viu".

Mas o que aconteceu acabou sendo pior ainda. Meu pai me viu e correu para mim primeiro. Mas então... Um instante, algo como um instante... Eu senti na hora... com a pele, com todo o corpinho... Ele pareceu se afastar... Por um instante. E foi tão ofensivo. Tão insuportavelmente amargo. Que quando ele me pegou no colo, eu empurrei o peito dele com toda a força. De repente me veio no nariz o cheiro de querosene. Ele já me acompanhava por todo lugar havia um ano, eu já tinha parado de sentir. Já estava acostumada. Mas ali senti. Talvez porque meu pai tinha um cheiro tão maravilhoso e desconhecido. Ele era tão bonito em comparação comigo e com minha mãe extenuada. E isso me deixava mordida, no fundo da alma. Arranquei a fita. Joguei no chão. E pisei nela.

— O que você está fazendo? — meu pai se supreendeu.

— Ela tem o seu gênio — riu minha mãe, que entendeu tudo.

Ela segurou meu pai com as duas mãos, eles foram para casa assim.

À noite eu chamava a mamãe, pedia que me levasse para a cama dela. Eu sempre dormia com a mamãe. Por toda a guerra... Mas a mamãe não respondia, parecia que ela estava dormindo. Eu não tinha para quem contar minha ofensa.

Já adormecendo, tomei a firme decisão de fugir para o orfanato...

De manhã, meu pai me deu duas bonecas. Desde os cinco

anos eu não tinha bonecas de verdade. Só bonecas caseiras feitas de trapos. Da vovó. E as bonecas que o papai tinha trazido fechavam e abriam os olhos, mexiam pernas e braços, uma fazia um barulhinho que lembrava a palavra "mamãe". Isso me parecia mágica. Eu dava muito valor a elas, tinha até medo de levar para a rua. Mas mostrava pela janelinha. Morávamos no primeiro andar, crianças de todas as casas se juntavam para ver minhas bonecas.

Eu era fraca, estava sempre adoentada. Nunca tive muita sorte. Uma hora machucava a testa, noutra me feria com um prego. Ou então desabava desmaiada. E as crianças não me chamavam muito para as brincadeiras. Eu tentava conquistar a confiança delas como podia, inventei de tudo. Cheguei a ponto de começar a adular Dússia, filha da zeladora. Dússia era robusta, alegre, todos gostavam de brincar com ela.

Ela me pediu que levasse a boneca, eu não resisti. Não foi na hora, é verdade. Ainda me recusei por um tempo.

— Não vou mais brincar com você — ameaçou Dússia.

Isso teve efeito imediato em mim.

Levei a boneca que "falava". Mas brincamos pouco com ela. Brigamos por um motivo qualquer, e a coisa virou uma briga de galo. Dússia pegou minha boneca pelas pernas e bateu na parede. A cabeça da boneca saiu e da barriga caiu um botãozinho.

— Dússia, você está louca — começaram a chorar todas as crianças.

— Mas por que ela manda? — As lágrimas corriam pela bochecha de Dússia... — Só porque tem um papaizinho, acha que pode tudo. Tem bonecas, tem pai: é tudo dela.

Dússia não tinha nem pai nem bonecas...

Montamos o primeiro pinheiro debaixo da mesa. Na época morávamos na casa do vovô, vivíamos apertados. Aliás, tão apertados que só sobrava lugar debaixo da mesa. Pusemos um pinheiro pequeno ali. Eu o enfeitei com cravos vermelhos. Lembro bem do cheiro fresco e limpo do pinheiro. Esse cheiro ninguém tirava.

Nem a polenta que a vovó cozinhava. Nem o breu de sapateiro do vovô.

Eu tinha uma conta de vidro. Era meu tesouro. Não conseguia achar lugar para ela no pinheiro. Queria arrumar de um jeito que de qualquer lado que se olhasse ela brilharia. Ajeitei no alto da árvore. Quando ia dormir, tirava e escondia. Tinha medo de que sumisse.

Eu dormia numa bacia. Era uma bacia de zinco, tinha veios azuis e frios. Não importava quanto a limpássemos depois de lavar a roupa, ficava um restinho das cinzas usadas na lavagem, já que sabão era uma raridade. Eu gostava. Amava apertar a testa contra a ponta fria da bacia, especialmente quando estava doente. Eu gostava muito de balançar nela, como num berço. Então ela começava a fazer barulho, traiçoeiramente, e me davam bronca. A bacia era muito valorizada. Era o único objeto que nos havia restado da vida antes da guerra.

De repente compramos uma cama... Com bolinhas brilhantes na cabeceira... Tudo isso me provocou um êxtase indescritível! Eu subi nela e na mesma hora caí no chão. Como assim? Será possível? Eu não acreditava que se podia dormir numa cama tão bonita.

Papai me viu no chão, levantou e me apertou contra si muito, muito forte. Eu me apertei contra o papai... Abracei o pescoço dele como mamãe o abraçava.

Lembro que ele começou a rir, feliz...

"PASSEI MUITO TEMPO ESPERANDO O PAPAI... TODA A MINHA VIDA..."

Arséni Gútin, nascido em 1941. Hoje: eletricista

No Dia da Vitória fiz quatro anos...

Desde a manhã comecei a dizer que já tinha cinco anos. Não que depois faria cinco anos, mas que já tinha cinco anos. Queria ser grande. Meu pai voltaria da guerra, e eu já seria grande.

Naquele dia o presidente do colcoz reuniu as mulheres. "Vitória!" Beijou todas. Cada uma. Eu estava com a mamãe... Fiquei alegre. Mas mamãe estava chorando.

Todas as crianças se juntaram... Fora da aldeia queimamos as rodas de borracha dos carros alemães. Gritávamos: "Viva! Vi-va! Vitória!". Batíamos nos capacetes alemães que tínhamos juntado na floresta. Batíamos como se fossem tambores.

Nós morávamos num abrigo de terra... Fui correndo para lá... Mamãe estava chorando. Eu não entendia por que ela chorava e não estava alegre num dia como aqueles.

Começou a chover, eu quebrei um galhinho e fui medindo as poças ao lado do nosso abrigo de terra.

— O que você está fazendo? — me perguntaram.

— Medindo se é funda ou rasa. Senão, quando o papai vier nos encontrar, vai tropeçar.

Os vizinhos choravam, mamãe também chorava. Eu não entendia o que era "desapareceu sem deixar vestígios".

Passei muito tempo esperando o papai. Toda a minha vida...

"NAQUELA LINHA... NAQUELE LIMITE..."

Vália Brínskaia, doze anos. Hoje: engenheira

Bonecas... As mais bonitas... Elas sempre me fazem lembrar da guerra...

Enquanto papai estava vivo, enquanto mamãe estava viva, não falávamos da guerra. Agora que eles se foram, eu vivo pensando como é bom ter velhinhos em casa. Enquanto eles estão vivos, ainda somos as crianças. Mesmo depois da guerra, ainda somos crianças...

Nosso pai era militar. Morávamos perto de Belostok. Para nós, a guerra começou desde a primeira hora, desde os primeiros minutos. Entre os sonhos eu escutava algum estrondo, como se fosse o barulho de um trovão, mas de uma forma insólita, ininterrupta. Acordei e corri para a janela: sobre os quartéis do vilarejo de Gráievo, onde eu e minha irmã íamos para a escola, o céu estava pegando fogo.

— Papai, é uma tempestade?

Papai disse:

— Saia de perto da janela, é a guerra.

Mamãe estava arrumando a mala de viagem dele. Meu pai sempre era acordado por alertas. Por isso parecia que não estava acontecendo nada incomum... Eu queria dormir... Caí na cama porque não havia entendido nada. Eu e minha irmã tínhamos ido dormir tarde, havíamos ido ao cinema. Antes da guerra, "ir ao cinema" era completamente diferente do que é hoje. Só passavam filmes antes dos fins de semana, e havia poucos: *Somos de Kronstadt*, *Tchapáiev*, *Esli zavtra voina* [Se a guerra fosse amanhã], *Vecelie rebiata* [Gente alegre]. Faziam a sessão no refeitório do Exército Vermelho. Nós, que éramos crianças, não perdíamos nenhuma sessão e sabíamos todos os filmes de cor. Até falávamos junto com os atores ou nos adiantávamos e os interrompíamos. O povoado não tinha eletricidade, nem na unidade militar; exibiam a fita com a ajuda de um motor. O motor começava a estalar, largávamos tudo e corríamos para ocupar um lugar perto da tela, às vezes até levávamos banquinhos.

Os filmes eram longos: acabava uma parte, e todos esperavam pacientemente o projecionista rebobinar o rolo. Era bom quando a fita era nova, se fosse velha ficava cortando o tempo todo, até colarem e ela secar. Ou senão a fita queimava — era ainda pior. E quando o motor parava era um caso perdido. Várias vezes acontecia de não conseguirmos assistir ao filme até o fim. Escutava-se a ordem:

— Primeira companhia: sair! Segunda companhia: em formação!

Se tocava o alarme, até o projecionista saía correndo. Quando os intervalos entre as partes se estendiam muito, a paciência dos espectadores se esgotava e começava uma agitação, assobios, gritos. Minha irmã subia na mesa e anunciava: "Vamos começar o concerto". Ela adorava declamar, como se dizia na época. Nem sempre ela sabia o texto exato, mas subia na mesa sem medo.

Ela fazia isso desde os tempos do jardim de infância, quando morávamos na guarnição militar perto de Gómel. Depois dos poemas, eu e ela cantávamos, no bis nos pediam a música "A blindagem é forte, e nossos tanques são velozes". Os vidros do refeitório tremiam quando os soldados chegavam ao refrão:

Trovejando em fogo, reluzindo com o brilho do aço,
Os veículos avançam numa marcha furiosa...

E assim, em 21 de junho de 1941... Na noite antes da guerra... Pela décima vez, acho, vimos o filme *Se a guerra fosse amanhã*. Depois do cinema não nos dispersamos, meu pai penou para nos mandar para casa: "Vocês vão dormir hoje? Amanhã é fim de semana".

... Finalmente eu acordei quando ressoou uma explosão por perto, e os vidros da janela da cozinha se espatifaram. Mamãe estava enrolando meu irmãozinho Tólik, meio adormecido, num cobertor. Minha irmã já estava vestida, papai não estava em casa.

— Meninas — mamãe nos apressava —, mais rápido. Na fronteira está havendo provocação.

Corremos para a floresta: mamãe estava ofegante, ela levava meu irmãozinho nos braços e ficava repetindo o tempo todo.

— Meninas, não fiquem para trás... Meninas, se agachem...

Não sei por que me ficou na memória que o sol estava muito forte nos nossos olhos. Estava muito brilhante, muito. Os pássaros cantavam. E aquele barulho cortante dos aviões...

Eu tremia, depois fiquei com vergonha de estar tremendo. Eu sempre quis imitar os heróis valentes do livro de Arkádi Gaidar, *Timur i ego komanda* [Timur e sua equipe], e ali, de repente, estava tremendo. Peguei meu irmãozinho nos braços, comecei a balançá-lo e até cantarolar "E a menina jovem...". Havia uma canção "de amor" no filme *Vratar*. Mamãe sempre cantava essa canção, e ela estava muito presente no meu humor e no meu estado na época. Eu estava... apaixonada! Não sei o que diz a ciência, os livros de psicologia adolescente, mas eu estava sempre apaixonada. Havia épocas em que eu gostava de vários meninos. Mas naquele momento eu gostava de um: Vítia, da guarnição de Gráievo, ele estava no sexto ano. O sexto ano ficava na mesma sala que o nosso, o quinto. A primeira fila de carteiras era o quinto ano, a segunda, o sexto. Não imagino como os professores conseguiam dar as aulas. Eu não estava com cabeça para aulas. Como eu não torci o pescoço esticando os olhos para o Vítia?

Eu gostava de tudo nele: do fato de que era baixinho, como eu; dos olhos azuis, azuis, que eram como os do meu pai; e do fato de que ele era muito culto, ao contrário de Alka Poddubniak, que gostava de mim e me dava uns petelecos doloridos. Especialmente, porque ele amava Júlio Verne! Eu também. Na biblioteca do Exército Vermelho havia a obra completa, e eu tinha lido tudo.

Não lembro quanto tempo passamos na floresta... Não se ouviam mais as explosões. Baixou um silêncio. As mulheres suspiraram aliviadas: "Os nossos ganharam". Mas então... No meio daquele silêncio... De repente se ouviu o barulho de aviões voando... Corremos para a estrada. Os aviões estavam voando para o lado da fronteira: "Viva!". Mas havia algo naqueles aviões que não era nosso: as asas não eram como as nossas e o barulho era diferente. Eram bombardeiros alemães, eles estavam voando asa a asa, de forma lenta e pesada. Parecia que não deixavam nenhuma faixa livre no céu. Começamos a contar, perdemos a conta. Mais tarde, na crônica dos anos de guerra, vi esses aviões, mas a impressão não era a mesma. Fotografavam na altura dos aviões. Mas quando você os vê de baixo, por entre árvores densas, e ainda mais pelos olhos de uma adolescente, é um espetáculo aterrorizante. Depois eu sonhei várias vezes com aqueles aviões. Mas o sonho tinha continuação: todo aquele céu de ferro caía lentamente sobre mim e me esmagava, esmagava, esmagava. Acordava suando frio, me dava calafrios. Um horror!

Alguém disse que tinham bombardeado a ponte. Nos assustamos: e o papai? Papai não ia conseguir atravessar nadando, não sabia nadar.

Agora não sei dizer exatamente... Mas me lembro que o papai veio correndo nos encontrar: "Vão evacuar vocês num carro". Deu para mamãe um álbum grosso com fotografias e um cobertor quente de algodão: "Agasalhe as crianças, vão se resfriar". Só levamos isso. De tanta pressa. Nem documentos, nem passaporte, nem um copeque. Também tínhamos uma panela de almôndegas que mamãe havia cozinhado para o fim de semana, e as botinhas do meu irmão. E minha irmã — que milagre! — no último minuto pegou um pacote, e nele estavam o vestido de crepe da China e os sapatos da mamãe. Não sei como. Por acaso. Talvez a mamãe e o papai estivessem planejando visitar alguém no fim de semana? Naquela altura ninguém conseguia se lembrar. A vida dos tempos de paz desapareceu instantaneamente, recuou para um plano distante.

E assim fomos evacuados...

Chegamos rápido à estação, mas lá passamos muito tempo. Tudo tremia e estrondava. A luz se apagou. Começamos a queimar papel, jornais. Acharam uma lamparina. A luz dela sobre as pessoas sentadas formava sombras enormes: nas paredes, no teto. Às vezes ficavam imóveis, às vezes se moviam. E então minha imaginação brincava: via alemães na fortaleza, os nossos prisioneiros. Decidi experimentar e ver se aguentaria a tortura ou não. Pus os dedos entre duas caixas e apertei. Uivei de dor. Mamãe se assustou:

— O que foi, filhinha?

— Estou com medo de não resistir à tortura no interrogatório.

— Como assim, bobinha, que interrogatório? Os nossos não vão deixar os alemães passarem.

Ela me fazia cafuné, beijava minha cabeça.

O trem andava o tempo todo sob bombas. Assim que começavam a bombardear, mamãe deitava em cima de nós: "Se vão nos matar, morremos juntos. Ou só eu...". O primeiro morto que eu vi era um menino pequeno. Ele estava deitado olhando para cima, e eu tentava acordá-lo. Tentava... Não conseguia entender que ele não estava vivo. Eu tinha um pedacinho de açúcar, dei a ele esse pedacinho para se levantar. Mas ele não se levantava...

Bombardeavam, e minha irmã cochichava para mim: "Quando pararem de bombardear vou obedecer à mamãe. Vou obedecer sempre". E realmente, depois da guerra, Toma ficou muito obediente. Mamãe lembrava que antes da guerra a chamava de encapetada. E nosso pequeno Tólik... Antes da guerra ele andava bem, falava bem. Mas ali ele parou de falar, passava o tempo todo puxando os cabelos.

Vi minha irmã ficar grisalha. Ela tinha cabelos pretos, muito, muito longos, eles embranqueceram. Da noite para o dia.

O trem partiu. E onde está Tamara? Não estava no vagão. Vimos Tamara correndo atrás do vagão com um buquê de centáureas. Lá havia um grande campo, com trigo mais alto do que nós, e nele havia centáureas. O rosto dela… Até hoje o rosto dela aparece diante dos meus olhos. Os olhinhos pretos muito abertos, corria calada. Não gritava nem "mamãe". Corria calada.

Mamãe ficou louca… Ela tentava se soltar e pular do trem em movimento… Eu estava segurando Tólik e todos gritávamos. Então apareceu um soldado… Ele empurrou mamãe para longe da porta, saltou para fora, alcançou Tomka e com o impulso a atirou para dentro do vagão. De manhã vimos que ela estava com o cabelo branco. Por alguns dias não dissemos nada para ela, escondíamos nosso espelho até que ela por acaso olhou em outro espelho e começou a chorar:

— Mamãe, já sou uma avó?

Mamãe a tranquilizava:

— Vamos cortar, e ele vai nascer preto de novo.

Depois desse caso, mamãe disse:

— Chega. Ninguém sai do vagão. Se nos matarem, nos mataram. Se ficamos vivos quer dizer que era destino!

Quando gritavam: "Aviões! Saiam todos dos vagões!", ela nos enfiava debaixo dos cobertores e dizia para quem tentava expulsá-la do vagão:

— As crianças fugiram, e eu não consigo andar.

Preciso dizer que mamãe usava muito essa palavra enigmática, "destino". Eu sempre perguntava para ela:

— O que é destino? É Deus?

— Não, não é Deus. Eu não acredito em Deus. Destino é a linha da vida — respondia mamãe. — Eu sempre confiei no destino de vocês, crianças.

Nos bombardeios eu tinha medo… Um medo terrível. Já depois, na Sibéria, eu tinha ódio de mim mesma pela covardia. Por acaso bati o olho numa carta da minha mãe… Ela estava escrevendo para o meu pai. Nós também estávamos escrevendo cartas pela primeira vez na nossa vida, e eu decidi olhar o que a mamãe escrevia. E mamãe escrevia exatamente que, nos bombardeios, Tamara ficava calada e Vália chorava e se assustava. Para mim, foi o suficiente. Quando, na primavera de 1944, papai veio nos encontrar, eu não conseguia levantar os olhos para ele: estava com vergonha. Um horror! Mas depois falo mais sobre o encontro com meu pai. Ainda falta muito tempo até chegar lá...

Lembro de um ataque noturno... Normalmente não havia ataques noturnos e o trem andava muito rápido. Mas naquela vez houve um ataque. Um ataque forte... As balas tamborilavam no teto do vagão. O barulho dos aviões. As faixas luminosas que saíam das balas em pleno voo... Dos estilhaços... Ao meu lado morreu uma mulher. Depois eu entendi que ela estava morta... Mas ela não caía. Não tinha para onde cair, porque o vagão estava repleto de gente. A mulher estava de pé entre nós, agonizando, o sangue dela encharcava meu rosto, quente, viscoso. E até minha blusa e minha calcinha estavam molhadas de sangue. Depois de me tocar com a mão, mamãe soltou um grito:

— Vália, te mataram? — Eu não consegui responder nada.

Depois disso me aconteceu alguma reviravolta. Sei que depois disso... Sim... Parei de tremer. Para mim já dava na mesma... Não sentia medo, nem dor, nem pena. Houve algum embotamento, uma indiferença.

Lembro que não chegamos logo aos Urais. Passamos um tempo parados no povoado de Balanda, na região de Sarátov. Nos levaram para lá à noite, estávamos dormindo. De manhã, às seis horas, um pastor estalou o chicote, e todas as mulheres saltaram, pegaram as crianças e saíram correndo para a rua gritando: "Bombardeio!". Gritamos até chegar o presidente do colcoz e dizer que era o pastor levando as vacas. Então todas voltaram a si...

O depósito mecanizado começava a zumbir, nosso Tólik se assustava e começava a tremer. Ele não deixava a gente sair de perto dele nem por um segundo, só quando dormia podíamos sair sem ele para a rua. Mamãe foi conosco ao centro de recrutamento para buscar notícias sobre meu pai, pedir ajuda. O comissário militar perguntou para ela:

— Me mostre os documentos que dizem que seu marido é comandante do Exército Vermelho.

Não tínhamos documentos, só uma foto do papai, ele estava vestindo um uniforme militar. Ele pegou a foto e duvidou:

— Mas ele pode não ser o seu marido. Como a senhora vai provar?

Tólik viu que ele estava segurando a foto e não devolvia:

— Devolva o papai...

O comissário militar começou a rir:

— Bem, nesse "documento" não tenho como não acreditar.

Minha irmã estava grisalha, mamãe cortou o cabelo dela. A cada manhã, todos conferiam: como vão ser os cabelos novos: brancos ou pretos? Meu irmão a tranquilizava: "Não *chola*, Toma... Não *chola*, Toma...". O cabelo cresceu branco do mesmo jeito. Os meninos a provocavam. Acabavam com a paciência dela. Ela nunca tirava o lenço, nem nas aulas.

Chegamos da escola. Tólik não estava em casa.

— Cadê o Tólik? — Corremos para o trabalho da minha mãe.

— Tólik está no hospital.

Eu e minha irmã carregamos uma coroa de flores azuis pela rua... De campainhas-brancas... E a roupa de marinheiro do meu irmão. Mamãe ia conosco, ela disse que Tólik tinha morrido. Ao lado do necrotério, mamãe parou e não conseguia entrar. Não se decidia. Entrei sozinha e reconheci Tólik na hora: ele estava deitado, sem roupa. Não derramei uma lágrima sequer, estava sem sentimentos.

Uma carta do papai chegou para nós na Sibéria. Mamãe chorou toda a noite, como ia contar ao papai que o filho tinha morrido? De manhã todas as três levamos o telegrama juntas para o correio: "As meninas estão vivas. Toma ficou grisalha". E papai adivinhou que Tólik havia partido. Eu tinha uma amiga, o pai dela tinha morrido, e eu sempre acrescentava no fim da carta — ela pedia: "Papai, minha amiga Lera te manda um alô". Todos queriam ter pai.

Pouco depois chegou uma carta do meu pai. Ele escrevia que estava havia muito tempo numa missão especial na retaguarda e ficara doente. No hospital disseram a ele que só a família podia curá-lo: quando visse os parentes ele ficaria melhor.

Esperamos o papai por várias semanas. Mamãe tirou da mala o que havia escondido... o vestido de crepe da China e os sapatos. Tínhamos um acordo: não vender aquele vestido e os sapatos, não importava a dificuldade em que estivéssemos. Por superstição. Tínhamos medo de que, se vendêssemos, papai não voltasse.

Escutei a voz do papai pela janela e não conseguia acreditar: era ele mesmo? Não acreditava que eu podia ver o papai, estávamos acostumadas a esperar por ele. Para nós, papai era alguém por quem precisávamos esperar e só esperar. Naquele dia fugimos da aula — toda a escola se reuniu em volta da nossa casa. Estavam esperando o papai sair. Era o primeiro pai que vinha da guerra. Por mais dois dias eu e minha irmã não fomos às aulas, não parava de vir gente à nossa casa, perguntavam, escreviam bilhetinhos: "Como é o seu pai?". Nosso pai era especial — Herói da União Soviética: Anton Pietróvitch Brinski...

Papai, como antes tinha acontecido com nosso Tólik, não queria ficar sozinho. Não conseguia. Ele ficava mal quando estava só. Ele me levava para todo lugar. Uma vez escutei... Ele contou para alguém que os *partisans* se aproximaram da aldeia e viram muita terra recém-cavada. Pararam. Estavam de pé sobre ela... E cruzando o campo veio correndo um menino e gritou que ali haviam fuzilado a aldeia deles e enterrado. Todo mundo.

Papai olhou em volta e viu que eu estava caindo. Nunca mais contou nada sobre a guerra na nossa frente…

Falávamos pouco sobre a guerra. Papai e mamãe estavam convencidos de que nunca mais haveria uma guerra tão terrível. Eles acreditaram nisso por muito tempo. Para mim e para minha irmã, a única coisa que nos ficou da guerra é que comprávamos bonecas. Não sei por quê. Talvez porque sentíamos falta da infância. Da alegria infantil. Eu estava na universidade, e minha irmã sabia que o melhor presente para mim era uma boneca. Minha irmã teve uma filha, fui vê-las.

— O que você quer de presente?

— Uma boneca…

— Estou perguntando um presente para você, não para sua menina.

— Estou respondendo: me dê uma boneca.

Nossos filhos cresciam e dávamos bonecas a eles. Dávamos bonecas para todos os nossos conhecidos.

Primeiro nossa maravilhosa mãe se foi, depois nosso pai. Nós percebemos, sentimos na hora que éramos as últimas. Naquela linha… naquele limite… Somos as últimas testemunhas. Nosso tempo está acabando. Devemos falar…

Nossas palavras serão as últimas…

1978-2004

Tentativa de epílogo

A infância acaba quando:
você para de acreditar em Papai Noel;
você começa a dar a volta nas poças d'água;
já não consegue pegar o controle remoto da TV e ligar para a mamãe;
vai ao banheiro de noite e não tem medo de que alguém te devore;
já não acredita que pode alcançar a Lua com a mão...
você puxa a colega de sala pelas trancinhas e ela não chora, e sim ri.

De conversas de hoje.

1ª EDIÇÃO [2018] 3 reimpressões

ESTA OBRA FOI COMPOSTA EM MINION PELO ACQUA ESTÚDIO E IMPRESSA
PELA GEOGRÁFICA EM OFSETE SOBRE PAPEL PÓLEN DA SUZANO S.A.
PARA A EDITORA SCHWARCZ EM MAIO DE 2024